뉴텝스도 넥서스다!
NEW TEPS 마스터편

뉴텝스 500+ 목표 대비

- ☑ 서울대텝스관리위원회 NEW TEPS 경향 완벽 반영
- ☑ 뉴텝스 500점 이상 목표 달성을 위한 최적의 뉴텝스 기본서
- ☑ 신유형 문제는 한눈에 파악할 수 있도록 별도 표시
- ☑ 뉴텝스 실전 완벽 대비 Actual Test 5회분 수록
- ☑ 고득점의 감을 확실하게 잡아 주는 상세한 해설 제공
- ☑ 모바일 단어장, 받아쓰기, 보카 테스트 등 다양한 부가자료 제공

MP3 듣기
모바일 단어장
온라인 받아쓰기
정답 자동 채점

추가 제공 자료 www.nexusbook.com
1. 3가지 버전 MP3 2. 모바일 단어장 3. 정답 자동 채점 4. 온라인 받아쓰기
5. 모바일 VOCA TEST 6. 어휘 리스트 & 테스트 7. 테스트 도우미

*추가 제공 자료는 영역마다 다를 수 있습니다.

청해 라보혜, TEPS콘텐츠개발팀 지음 | 4×6배판 | 300쪽 | 18,000원
문법 테스 김 지음 | 4×6배판 | 228쪽 | 15,000원
독해 정일상, TEPS콘텐츠개발팀 지음 | 4×6배판 | 260쪽 | 17,500원

NEXUS Edu LEVEL CHART

분야	교재	초1	초2	초3	초4	초5	초6	중1	중2	중3	고1	고2	고3
VOCA	초등필수 영단어 1-2·3-4·5-6학년용	📗	📗	📗	📗	📗	📗						
VOCA	The VOCA + (플러스) 1~7						📗	📗	📘	📘	📘	📘	📘
VOCA	THIS IS VOCABULARY 입문·초급·중급			📗	📗	📗	📗	📘	📘				
VOCA	THIS IS VOCABULARY 고급·어원·수능 완성·뉴텝스								📘	📘	📘	📘	📘
Grammar	초등필수 영문법 + 쓰기 1~2			📗	📗	📗	📗						
Grammar	OK Grammar 1~4			📗	📗	📗	📗						
Grammar	This Is Grammar 초급~고급 (각 2권: 총 6권)					📗	📗	📘	📘	📘	📘	📘	📘
Grammar	Grammar 공감 1~3							📗	📘	📘			
Grammar	Grammar 101 1~3							📗	📘	📘			
Grammar	Grammar Bridge 1~3 (개정판)							📗	📘	📘			
Grammar	중학영문법 뽀개기 1~3							📗	📘	📘			
Grammar	The Grammar Starter, 1~3							📗	📘	📘	📘		
Grammar	구사일생 (구문독해 Basic) 1~2								📘	📘	📘		
Grammar	구문독해 204 1~2									📘	📘	📘	
Grammar	그래머 캡처 1~2								📘	📘	📘		
Grammar	Grammar.Zip 1~2									📘	📘	📘	📘
Grammar	[특단] 어법어휘 모의고사									📘	📘	📘	📘

분야	교재	초1	초2	초3	초4	초5	초6	중1	중2	중3	고1	고2	고3
Writing	도전만점 중등내신 서술형 1~4						■	■	■	■			
Writing	영어일기 영작패턴 1-A, B · 2-A, B				■	■	■	■	■				
Writing	Smart Writing 1~2				■	■	■	■	■	■			
Reading	Reading 공감 1~3						■	■	■	■			
Reading	Reading 101 1~3						■	■	■	■			
Reading	My Final Reading Book 1~3							■	■	■			
Reading	This Is Reading 1-1 ~ 3-2 (각 2권; 총 6권)						■	■	■	■	■		
Reading	This Is Reading 전면 개정판 1~4					■	■	■	■	■	■		
Reading	원서 술술 읽는 Smart Reading Basic 1~2						■	■	■				
Reading	원서 술술 읽는 Smart Reading 1~2								■	■	■	■	
Reading	[특단] 구문독해								■	■	■	■	■
Reading	[특단] 독해유형								■	■	■	■	■
Listening	Listening 공감 1~3						■	■	■	■			
Listening	The Listening 1~4					■	■	■	■	■			
Listening	After School Listening 1~3						■	■	■	■			
Listening	도전! 만점 중학 영어듣기 모의고사 1~3						■	■	■	■			
Listening	만점 적중 수능 듣기 모의고사 20회·35회										■	■	■	■
TEPS	NEW TEPS 기본편 실전 300⁺ 청해·문법·독해						■	■	■	■			
TEPS	NEW TEPS 실력편 실전 400⁺ 청해·문법·독해								■	■	■	■	
TEPS	NEW TEPS 마스터편 실전 500⁺ 청해·문법·독해							■	■	■	■	■	

NEW TEPS 마스터편(실전 500+) 문법

지은이 테스 김
펴낸이 최정심
펴낸곳 (주)GCC

출판신고 제 406-2018-000082호 ①
주소 10880 경기도 파주시 지목로 5
전화 (031) 8071-5700 팩스 (031) 8071-5200

ISBN 979-11-964383-8-8 14740
     979-11-964383-6-4 14740 (SET)

출판사의 허락 없이 내용의 일부를
인용하거나 발췌하는 것을 금합니다.

가격은 뒤표지에 있습니다.
잘못 만들어진 책은 구입처에서 바꾸어 드립니다.

www.nexusbook.com

출제 원리에 철저하게 맞춘 전략형 뉴텝스 문법

NEW TEPS

마스터편 실전 500+ 문법

테스 김 지음

Grammar

NEXUS Edu

TEPS 점수 환산표 [TEPS → NEW TEPS]

TEPS	NEW TEPS	TEPS	NEW TEPS	TEPS	NEW TEPS	TEPS	NEW TEPS
981~990	590~600	771~780	433~437	561~570	303~308	351~360	185~189
971~980	579~589	761~770	426~432	551~560	298~303	341~350	181~184
961~970	570~578	751~760	419~426	541~550	292~297	331~340	177~180
951~960	564~569	741~750	414~419	531~540	286~291	321~330	173~177
941~950	556~563	731~740	406~413	521~530	281~285	311~320	169~173
931~940	547~555	721~730	399~405	511~520	275~280	301~310	163~168
921~930	538~546	711~720	392~399	501~510	268~274	291~300	154~163
911~920	532~538	701~710	387~392	491~500	263~268	281~290	151~154
901~910	526~532	691~700	381~386	481~490	258~262	271~280	146~150
891~900	515~525	681~690	374~380	471~480	252~257	261~270	140~146
881~890	509~515	671~680	369~374	461~470	247~252	251~260	135~139
871~880	502~509	661~670	361~368	451~460	241~247	241~250	130~134
861~870	495~501	651~660	355~361	441~450	236~241	231~240	128~130
851~860	488~495	641~650	350~355	431~440	229~235	221~230	123~127
841~850	483~488	631~640	343~350	421~430	223~229	211~220	119~123
831~840	473~481	621~630	338~342	411~420	217~223	201~210	111~118
821~830	467~472	611~620	332~337	401~410	212~216	191~200	105~110
811~820	458~465	601~610	327~331	391~400	206~211	181~190	102~105
801~810	453~458	591~600	321~327	381~390	201~206	171~180	100~102
791~800	445~452	581~590	315~320	371~380	196~200		
781~790	438~444	571~580	309~315	361~370	190~195		

※ 출처: 한국영어평가학회

보다 세분화된 환산표는 www.teps.or.kr에서 내려받을 수 있습니다.

Preface

텝스 시험에서 문법 영역은 일상 생활에 쓰이는 실용적인 회화체 및 구어체 표현에서부터 긴 글의 내용을 파악하는 것까지 복합적인 문법 지식을 요구합니다. 문법 시험에 익숙해지기 위해서는 우선 Part 1-2를 빠른 속도로 푸는 연습이 필요하고, Part 3에서는 대화 내용 및 글의 흐름을 정확히 파악해서 문법적인 오류를 찾는 연습이 필요합니다.

텝스 문법 고득점을 위해서는 문법의 가장 기본적인 틀뿐만 아니라 시험에 자주 출제되는 문법 원리에 대한 이해가 중요합니다. 기본적인 문법 원리가 충분히 정리가 되었다면, 텝스 최신 빈출 문법을 정확하게 파악하면서 공부해야 합니다. 무엇보다도 자주 텝스 시험을 보면서 자신의 영역별 강점·약점을 파악한 후 학습 방향을 설정하는 것이 중요합니다. 또한 혼동하기 쉬운 부분들, 이해하기 어렵고 문법적 응용이 심화된 내용들은 메모를 하면서 어떠한 문법 원리가 적용되었는지 정확하게 파악해야 합니다.

본 교재는 기본 실력을 확인하는 동시에 문법 실력을 더욱 탄탄히 하고, 고난도 문법을 활용하여 문제 해결 능력을 향상시킬 수 있는 최적의 학습서입니다. 각 챕터마다 꼭 알아야 할 핵심 이론 및 최신 출제 경향의 흐름을 정리했으며, 빠른 이해력을 돕기 위해 비교적 짧은 문제로 구성된 Exercise를 풀고 나서, Practice Test 및 Actual Test로 실전에 충분히 대비할 수 있도록 구성했습니다. 문법의 종합적인 이해력 및 복합적인 요소들을 측정하는 뉴텝스 최신 출제 경향으로 미루어 볼 때, 단편적인 문법 지식만으로는 문제 해결을 할 수 없으므로 고득점 달성을 위해 꼭 필요한 내용으로 구성했습니다.

본 교재를 통해서 많은 학습자들이 텝스 고난도 문법 훈련에 도전을 하고, 나아가 더 큰 목표에 도달하는 과정이 되길 바랍니다. 이 책이 여러분의 텝스 실력 향상에 든든한 길잡이가 되어 목표하는 고득점 달성에 꼭 성공하길 바랍니다.

테스 김 (김지선)

Contents

구성과 특징 8
NEW TEPS 정보 10

I. NEW TEPS 문법 고득점 전략

Unit 01	도치 구문	32
Unit 02	빈출 어순 표현	38
Unit 03	생략 및 대용 표현	44
Unit 04	수 일치	50
Unit 05	수동태	57
Unit 06	다양한 때를 나타내는 중요 시제들	64
Unit 07	틀리기 쉬운 조동사	70
Unit 08	가정법 시제 및 if 이외의 가정법 표현	76
Unit 09	주의해야 할 분사와 분사구문	83
Unit 10	동명사와 to부정사 비교	89
Unit 11	비교 구문	96
Unit 12	관계대명사와 관계부사	104
Unit 13	가산 명사와 불가산 명사	111
Unit 14	명사와 관사	117
Unit 15	접속사와 전치사의 구별	124

 NEW TEPS 실전 모의고사

Actual Test 1   132

Actual Test 2   138

Actual Test 3   144

Actual Test 4   150

Actual Test 5   156

정답 및 상세한 해설 (부록)

Structure

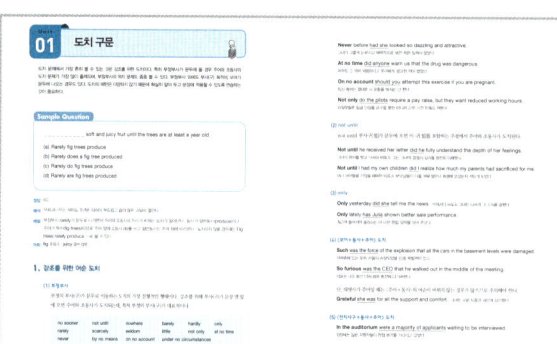

NEW TEPS 고득점 달성을 위한 핵심 전략

뉴텝스 문법 유형을 15개 Unit으로 나눠 누구나 다 알고 있는 기본적인 유형 소개를 넘어 고득점 달성을 위해 꼭 필요한 핵심 전략을 설명합니다.

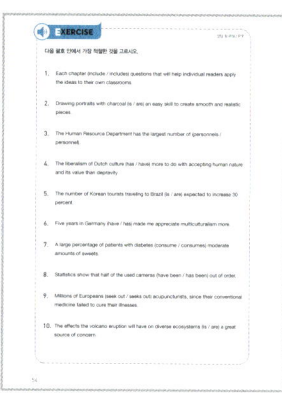

Exercise

각 Unit에서 배운 문법 유형 전략을 바로 실전에 적용해서 연습할 수 있도록 몸 풀기 연습 문제를 풀 수 있습니다.

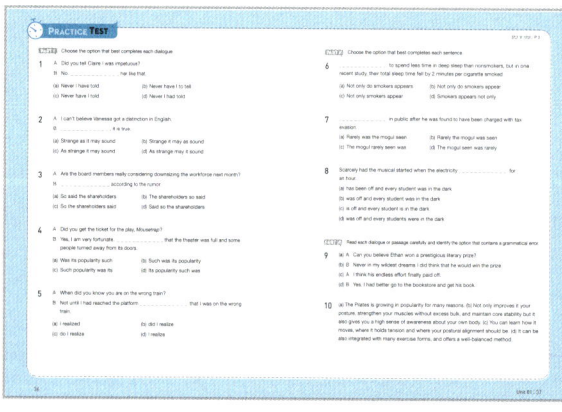

Practice Test

뉴텝스 실전 모의고사 5회분을 풀기 전에 실전 감각을 익힐 수 있도록 Exercise보다 한 단계 더 수준을 높인 실전 문제를 풀 수 있습니다.

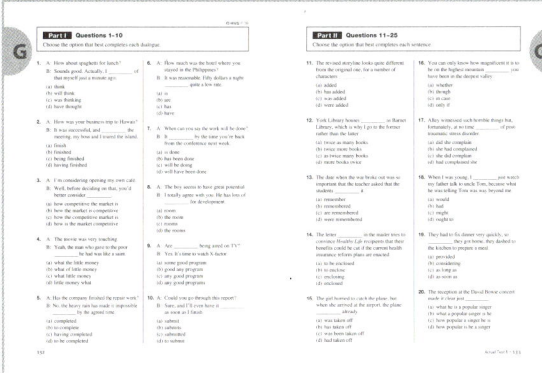

NEW TEPS 실전 모의고사 5회

뉴텝스 출제 경향에 맞춰 구성된 Actual Test를 총 150문제, 5회분 모의고사로 준비하였습니다. 고득점 달성을 위해 실전처럼 훈련할 수 있도록 구성하였습니다.

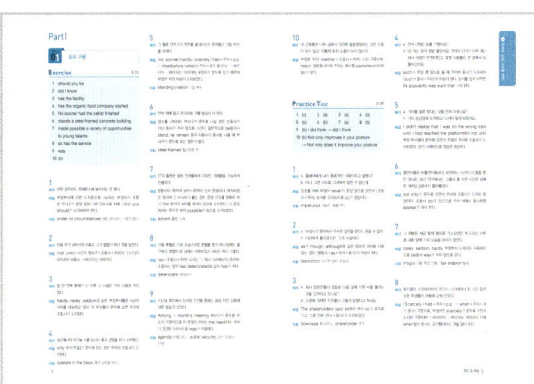

정답 및 상세한 해설

실전과 유사한 문제의 해석과 상세한 해설, 어휘를 수록했습니다. 정답과 오답이 되는 원리 설명을 통해 혼자서도 완벽하게 문제를 이해할 수 있고, 어려운 어휘까지 손쉽게 학습할 수 있도록 구성하였습니다.

부가 제공 자료

언제 어디서든 편하게 학습할 수 있도록 QR 코드를 통해 모바일 단어장 및 VOCA TEST를 제공하며, 추가로 어휘 리스트 & 테스트를 넥서스 홈페이지(www.nexusbook.com)에서 다운로드할 수 있습니다.

TEPS란?

TEPS는 Test of English Proficiency developed by Seoul National University의 약자로 서울대학교 언어교육원에서 개발하고, TEPS관리위원회에서 주관하는 국가공인 영어 시험입니다. 1999년 1월 처음 시행 이후 2018년 5월 12일부터 새롭게 바뀐 NEW TEPS가 시행되고 있습니다. TEPS는 정부기관 및 기업의 직원 채용이나 인사고과, 해외 파견 근무자 선발과 더불어 국내 유수의 대학과 특목고 입학 및 졸업 자격 요건, 국가고시 및 자격 시험의 영어 대체 시험으로 활용되고 있습니다.

1 / NEW TEPS는 타 시험에 비해 많은 지문을 주고 짧은 시간 내에 풀어낼 수 있는지를 측정하는 속도화 시험으로 수험자의 내재화된 영어 능력을 평가합니다.

2 / 편법이 없는 시험을 위해 청해(Listening)에서는 시험지에 선택지가 제시되어 있지 않아 눈으로 읽을 수 없고 오직 듣기 능력에만 의존해야 합니다. 청해나 독해(Reading)에서는 한 문제로 다음 문제의 답을 유추할 수 있는 가능성을 배제하기 위해 1지문 1문항을 고수해 왔지만 NEW TEPS부터 1지문 2문항 유형이 새롭게 추가되었습니다.

3 / 실생활에서 접할 수 있는 다양한 주제와 상황을 다룹니다. 일상생활과 비즈니스를 비롯해 문학, 과학, 역사 등 학술적인 소재도 출제됩니다.

4 / 청해, 어휘, 문법, 독해의 4영역으로 나뉘며, 총 135문항에 600점 만점입니다. 영역별 점수 산출이 가능하며, 점수 외에 5에서 1+까지 10등급으로 나눕니다.

NEW TEPS 시험 구성

영역	문제 유형	문항수	제한 시간	점수 범위
청해 Listening Comprehension	Part I : 한 문장을 듣고 이어질 대화로 가장 적절한 답 고르기 (문장 1회 청취 후 선택지 1회 청취)	10	40분	0~240점
	Part II : 짧은 대화를 듣고 이어질 대화로 가장 적절한 답 고르기 (대화 1회 청취 후 선택지 1회 청취)	10		
	Part III : 긴 대화를 듣고 질문에 가장 적절한 답 고르기 (대화 및 질문 1회 청취 후 선택지 1회 청취)	10		
	Part IV : 담화를 듣고 질문에 가장 적절한 답 고르기 (1지문 1문항) (담화 및 질문 2회 청취 후 선택지 1회 청취)	6		
	Part V : 담화를 듣고 질문에 가장 적절한 답 고르기 (1지문 2문항) (담화 및 질문 2회 청취 후 선택지 1회 청취)	신유형 4		
어휘 Vocabulary	Part I : 대화문의 빈칸에 가장 적절한 어휘 고르기	10	변경 통합 25분	0~60점
	Part II : 단문의 빈칸에 가장 적절한 어휘 고르기	20		
문법 Grammar	Part I : 대화문의 빈칸에 가장 적절한 답 고르기	10		0~60점
	Part II : 단문의 빈칸에 가장 적절한 답 고르기	15		
	Part III : 대화 및 문단에서 문법상 틀리거나 어색한 부분 고르기	5		
독해 Reading Comprehension	Part I : 지문을 읽고 빈칸에 가장 적절한 답 고르기	10	40분	0~240점
	Part II : 지문을 읽고 문맥상 어색한 내용 고르기	2		
	Part III : 지문을 읽고 질문에 가장 적절한 답 고르기 (1지문 1문항)	13		
	Part IV : 지문을 읽고 질문에 가장 적절한 답 고르기 (1지문 2문항)	신유형 10		
총계	14개 Parts	135문항	105분	0~600점

NEWTEPS 영역별 특징

청해 (Listening Comprehension) _40문항
정확한 청해 능력을 측정하기 위하여 문제와 보기 문항을 문제지에 인쇄하지 않고 들려줌으로써 자연스러운 의사소통의 인지 과정을 최대한 반영하였습니다. 다양한 의사소통 기능(Communicative Functions)의 대화와 다양한 상황(공고, 방송, 일상생활, 업무 상황, 대학 교양 수준의 강의 등)을 이해하는 데 필요한 전반적인 청해력을 측정하기 위해 대화문(dialogue)과 담화문(monologue)의 소재를 균형 있게 다루었습니다.

어휘 (Vocabulary) _30문항
문맥 없이 단순한 동의어 및 반의어를 선택하는 시험 유형을 배제하고 의미 있는 문맥을 근거로 가장 적절한 어휘를 선택하는 유형을 문어체와 구어체로 나누어 측정합니다.

문법 (Grammar) _30문항
밑줄 친 부분 중 오류를 식별하는 유형 등의 단편적이며 기계적인 문법 지식 학습을 조장할 우려가 있는 분리식 시험 유형을 배제하고, 의미 있는 문맥을 근거로 오류를 식별하는 유형을 통하여 진정한 의사소통 능력의 바탕이 되는 살아 있는 문법, 어법 능력을 문어체와 구어체를 통하여 측정합니다.

독해 (Reading Comprehension) _35문항
교양 있는 수준의 글(신문, 잡지, 대학 교양과목 개론 등)과 실용적인 글(서신, 광고, 홍보, 지시문, 설명문, 양식 등)을 이해하는 데 요구되는 총체적인 독해력을 측정하기 위해서 실용문 및 비전문적 학술문과 같은 독해 지문의 소재를 균형 있게 다루었습니다.

NEW TEPS 영역별 유형 소개

청해 Listening Comprehension

★ **PART I** (10문항)

두 사람의 질의응답 문제를 다루며, 한 번만 들려줍니다. 내용 자체는 단순하고 기본적인 수준의 생활 영어 표현으로 구성되어 있지만, 교과서적인 지식보다는 재빠른 상황 판단 능력이 필요합니다. Part I에서는 속도 적응 능력뿐만 아니라 순발력 있는 상황 판단 능력이 요구됩니다.

Choose the most appropriate response to the statement.

W I heard that it's going to be very hot tomorrow.
M _____

(a) It was the hottest day of the year.
(b) Be sure to dress warmly.
(c) Let's not sweat the details.
(d) It's going to be a real scorcher.

W 내일은 엄청 더운 날씨가 될 거래.
M _____

(a) 일 년 중 가장 더운 날이었어.
(b) 옷을 따뜻하게 입도록 해.
(c) 사소한 일에 신경 쓰지 말자.
(d) 엄청나게 더운 날이 될 거야.

정답 (d)

★ **PART II** (10문항)

짧은 대화 문제로, 두 사람이 A-B-A 순으로 보통의 속도로 대화하는 형식입니다. 소요 시간은 약 12초 전후로 짧습니다. Part I과 마찬가지로 한 번만 들려줍니다.

Choose the most appropriate response to complete the conversation.

M Would you like to join me to see a musical?
W Sorry no. I hate musicals.
M How could anyone possibly hate a musical?
W _____

(a) Different strokes for different folks.
(b) It's impossible to hate musicals.
(c) I agree with you.
(d) I'm not really musical.

M 나랑 같이 뮤지컬 보러 갈래?
W 미안하지만 안 갈래. 나 뮤지컬을 싫어하거든.
M 뮤지컬 싫어하는 사람도 있어?
W _____

(a) 사람마다 제각각이지 뭐.
(b) 뮤지컬을 싫어하는 것은 불가능해.
(c) 네 말에 동의해.
(d) 나는 그다지 음악에 재능이 없어.

정답 (a)

13

★ PART III (10문항)

앞의 두 파트에 비해 다소 긴 대화를 들려줍니다. NEW TEPS에서는 대화와 질문 모두 한 번만 들려 줍니다. 대화의 주제나 주로 일어나고 있는 일, 화자가 갖고 있는 문제점, 세부 내용, 추론할 수 있는 것 등에 대해 묻습니다.

Choose the option that best answers the question.

W I just went to the dentist, and he said I need surgery.
M That sounds painful!
W Yeah, but that's not even the worst part. He said it will cost $5,000!
M Wow! That sounds too expensive. I think you should get a second opinion.
W Really? Do you know a good place?
M Sure. Let me recommend my guy I use. He's great.

Q: Which is correct according to the conversation?
(a) The man doesn't like his dentist.
(b) The woman believes that $5,000 sounds like a fair price.
(c) The man thinks that the dental surgery is too costly for her.
(d) The woman agrees that the dental treatment will be painless.

W 치과에 갔는데, 의사가 나보고 수술을 해야 한대.
M 아프겠디!
W 응. 하지만 더 심한 건 수술 비용이 5천 달러라는 거야!
M 와! 너무 비싸다. 다른 의사의 진단을 받아 보는 게 좋겠어.
W 그래? 어디 좋은 곳이라도 알고 있니?
M 물론이지. 내가 가는 곳을 추천해 줄게. 잘하시는 분이야.

Q 대화에 의하면 다음 중 옳은 것은?
(a) 남자는 담당 치과 의사를 좋아하지 않는다.
(b) 여자는 5천 달러가 적당한 가격이라고 생각한다.
(c) 남자는 치과 수술이 여자에게 너무 비싸다고 생각한다.
(d) 여자는 치과 시술이 아프지 않을 것이라는 점에 동의한다.

정답 (c)

★ PART IV (6문항)

이전 파트와 달리, 한 사람의 담화를 다룹니다. 방송이나 뉴스, 강의, 회의를 시작하면서 발제하는 것 등의 상황이 나옵니다. Part IV, Part V는 담화와 질문을 두 번씩 들려줍니다. 담화의 주제와 세부 내용, 추론할 수 있는 것 등에 대해 묻습니다.

Choose the option that best answers the question.

Tests confirmed that a 19-year-old woman recently died of the bird flu virus. This was the third such death in Indonesia. Cases such as this one have sparked panic in several Asian nations. Numerous countries have sought to discover a vaccine for this terrible illness. Officials from the Indonesian Ministry of Health examined the woman's house and neighborhood, but could not find the source of the virus. According to the ministry, the woman had fever for four days before arriving at the hospital.

Q: Which is correct according to the news report?
(a) There is an easy cure for the disease.
(b) Most nations are unconcerned with the virus.
(c) The woman caught the bird flu from an unknown source.
(d) The woman was sick for four days and then recovered.

최근 19세 여성이 조류 독감으로 사망한 것이 검사로 확인되었고, 인도네시아에서 이번이 세 번째이다. 이와 같은 사건들이 일부 아시아 국가들에게 극심한 공포를 불러 일으켰고, 많은 나라들이 이 끔찍한 병의 백신을 찾기 위해 힘쓰고 있다. 인도네시아 보건부의 직원들은 그녀의 집과 이웃을 조사했지만, 바이러스의 근원을 찾을 수 없었다. 보건부에 의하면, 그녀는 병원에 도착하기 전 나흘 동안 열이 있었다.

Q 뉴스 보도에 의하면 다음 중 옳은 것은?
(a) 이 병에는 간단한 치료법이 있다.
(b) 대부분의 나라들은 바이러스에 대해 관심이 없다.
(c) 여자는 알려지지 않은 원인에 의해 조류 독감에 걸렸다.
(d) 여자는 나흘 동안 앓고 나서 회복되었다.

정답 (c)

★ **PART V (2지문 4문항)**

이번 NEW TEPS에 새롭게 추가된 유형으로 1지문 2문항 유형입니다. 2개의 지문이 나오므로 총 4문항을 풀어야 합니다. 주제와 세부 내용, 추론 문제가 섞여서 출제되며, 담화와 질문을 두 번씩 들려줍니다.

Choose the option that best answers each question.

Most of you have probably heard of the Tour de France, the most famous cycling race in the world. But you may not be familiar with its complex structure and award system. The annual race covers about 3,500 kilometers across 21 days of racing. It has a total of 198 riders split into 22 teams of 9. At the end of the tour, four riders are presented special jerseys.

The most prestigious of these is the yellow jerseys. This is given to the rider with the lowest overall time. The white jersey is awarded on the same criterion, but it's exclusive to participants under the age of 26. The green jersey and the polka-dot jersey are earned based on points awarded at every stage of the race. So what's the difference between these two jerseys? Well, the competitor with the most total points gets the green jersey, while the rider with the most points in just the mountain sections of the race receives the polka-dot one.

Q1:   What is the talk mainly about?
(a) How the colors of the Tour de France jerseys were chosen.
(b) How the various Tour de France jerseys are won.
(c) Which Tour de France jerseys are the most coveted.
(d) Why riders in the Tour de France wear different colored jerseys.

Q2:   Which jersey is given to the rider with the most points overall?
(a) The yellow jersey			(c) The green jersey
(b) The white jersey			(d) The polka-dot jersey

여러분은 아마도 세계에서 가장 유명한 사이클링 대회인 투르 드 프랑스에 대해 들어보셨을 것입니다. 하지만 여러분은 그 대회의 복잡한 구조와 수상 체계에 대해서는 잘 모를 것입니다. 매년 열리는 이 대회는 21일 동안 약 3,500킬로미터를 주행하게 되어있습니다. 이 대회에서 총 198명의 참가자가 각각 9명으로 구성된 22팀으로 나뉩니다. 대회 마지막에는 4명의 선수에게 특별한 저지를 수여합니다. 가장 영예로운 것은 노란색 저지입니다. 이것은 가장 단시간에 도착한 참가자에게 수여됩니다. 흰색 저지는 같은 기준에 의하여 수여되는데, 26세 미만의 참가자에게만 수여됩니다. 녹색 저지와 물방울무늬 저지는 대회의 매 단계의 점수에 기반하여 주어집니다. 그럼 이 두 저지의 차이점은 무엇일까요? 자, 가장 높은 총점을 딴 참가자는 녹색 저지를 받고, 산악 구간에서 가장 많은 점수를 딴 참가자는 물방울무늬 저지를 받습니다.

Q1 담화문의 주제는 무엇인가?

(a) 투르 드 프랑스 저지의 색깔은 어떻게 정해지는가
(b) 다양한 투르 드 프랑스 저지가 어떻게 수여되는가
(c) 어떤 투르 드 프랑스 저지가 가장 선망의 대상이 되는가
(d) 투르 드 프랑스의 선수들이 다양한 색의 저지를 입는 이유는 무엇인가 정답 (b)

Q2 가장 많은 총점을 획득한 선수에게 어떤 저지가 주어지는가?

(a) 노란색 저지   (c) 녹색 저지
(b) 흰색 저지   (d) 물방울무늬 저지 정답 (c)

어휘 Vocabulary

★ PART I (10문항)

구어체로 되어 있는 A와 B의 대화 중 빈칸에 가장 적절한 단어를 고르는 문제입니다. 단어의 단편적인 의미보다는 문맥에서 쓰인 의미가 더 중요합니다. 한 개의 단어로 된 선택지뿐만 아니라 두세 단어 이상의 구를 이루는 선택지도 있습니다.

Choose the best answer for the blank.

A Congratulations on your _____ of the training course.
B Thank you. It was hard, but I managed to pull through.

(a) improvement
(b) resignation
(c) evacuation
(d) completion

A 훈련 과정을 완수한 거 축하해.
B 고마워. 어려웠지만 가까스로 끝낼 수 있었어.

(a) 개선
(b) 사임
(c) 철수
(d) 완료

정답 (d)

★ PART II (20문항)

하나 또는 두 개의 문장 속의 빈칸에 가장 적당한 단어를 고르는 문제입니다. 어휘력을 늘릴 때 한 개씩 단편적으로 암기하는 것보다는 하나의 표현으로, 즉 의미 단위로 알아 놓는 것이 제한된 시간 내에 어휘 시험을 정확히 푸는 데 많은 도움이 됩니다. 후반부로 갈수록 수준 높은 어휘가 출제되며, 단어 사이의 미묘한 의미의 차이를 묻는 문제도 출제됩니다.

Choose the best answer for the blank.

Brian was far ahead in the game and was certain to win, but his opponent refused to _____.

(a) yield
(b) agree
(c) waive
(d) forfeit

브라이언이 게임에 앞서 가고 있어서 승리가 확실했지만 그의 상대는 굴복하려 하지 않았다.

(a) 굴복하다
(b) 동의하다
(c) 포기하다
(d) 몰수당하다

정답 (a)

문법 Grammar

★ PART I (10문항)

A와 B 두 사람의 짧은 대화를 통해 구어체 관용 표현, 품사, 시제, 인칭, 어순 등 문법 전반에 대한 이해를 묻습니다. 대화 중에 빈칸이 있고, 그곳에 들어갈 적절한 표현을 고르는 형식입니다.

Choose the best answer for the blank.

A I can't attend the meeting, either.
B Then we have no choice _____ the meeting.

(a) but canceling
(b) than to cancel
(c) than cancel
(d) but to cancel

A 저도 회의에 참석할 수 없어요.
B 그러면 회의를 취소하는 수밖에요.
(a) 그러나 취소하는
(b) 취소하는 것보다
(c) 취소하는 것보다
(d) 취소하는 수밖에

정답 (d)

★ PART II (15문항)

Part I에서 구어체의 대화를 나눴다면, Part II에서는 문어체의 문장이 나옵니다. 서술문 속의 빈칸을 채우는 문제로 수 일치, 태, 어순, 분사 등 문법 자체에 대한 이해도는 물론 구문에 대한 이해력이 중요합니다.

Choose the best answer for the blank.

_____ being pretty confident about it, Irene decided to check her facts.

(a) Nevertheless
(b) Because of
(c) Despite
(d) Instead of

그 일에 대해 매우 자신감이 있었음에도 불구하고 아이린은 사실을 확인하기로 했다.
(a) 그럼에도 불구하고
(b) 때문에
(c) 그럼에도 불구하고
(d) 대신에

정답 (c)

★ PART III (대화문: 2문항 / 지문: 3문항)

① A–B–A–B의 대화문에서 어법상 틀리거나 문맥상 어색한 부분이 있는 문장을 고르는 문제입니다. 이 영역 역시 문법 뿐만 아니라 정확한 구문 파악과 대화 내용을 이해하는 능력이 중요합니다.

Identify the option that contains an awkward expression or an error in grammar.

(a) A: What are you doing this weekend?
(b) B: Going fishing as usual.
(c) A: Again? What's the fun in going fishing? Actually, I don't understand why people go fishing.
(d) B: For me, I like being alone, thinking deeply to me, being surrounded by nature.

(a) A 이번 주말에 뭐해?
(b) B 평소처럼 낚시 가.
(c) A 또 가? 낚시가 뭐 재미있니? 솔직히 난 사람들이 왜 낚시를 하러 가는지 모르겠어.
(d) B 내 경우엔 자연에 둘러 싸여서 혼자 깊이 생각해 볼 수 있다는 게 좋아.

정답 (d) me → myself

---

② 한 문단을 주고 그 가운데 문법적으로 틀리거나 어색한 문장을 고르는 문제입니다. 문법적으로 틀린 부분을 신속하게 골라야 하므로 독해 문제처럼 속독 능력도 중요합니다.

Identify the option that contains an awkward expression or an error in grammar.

(a) The creators of a new video game hope to change the disturbing trend of using violence to enthrall young gamers. (b) Video game designers and experts on human development teamed up and designed a new computer game with the gameplay that helps young players overcome everyday school life situations. (c) The elements in the game resemble regular objects: pencils, erasers, and the like. (d) The players of the game "win" by choose peaceful solutions instead of violent ones.

(a) 새 비디오 게임 개발자들은 어린 게이머들의 흥미 유발을 위해 폭력적인 내용을 사용하는 불건전한 판도를 바꿔 놓을 수 있기를 바란다. (b) 비디오 게임 개발자들과 인간 발달 전문가들이 공동으로 개발한 새로운 컴퓨터 게임은 어린이들이 매일 학교에서 부딪히는 상황에 잘 대처할 수 있도록 도와준다. (c) 실제로 게임에는 연필과 지우개 같은 평범한 사물들이 나온다. (d) 폭력적인 해결책보다 비폭력적인 해결책을 선택하면 게임에서 이긴다.

정답 (d) by choose → by choosing

독해 Reading Comprehension

★ PART I (10문항)

지문 속 빈칸에 알맞은 것을 고르는 유형입니다. 글 전체의 흐름을 파악하여 문맥상 빈칸에 들어갈 내용을 찾아야 하는데, 주로 지문의 주제와 관련이 있습니다. 마지막 두 문제, 9번과 10번은 빈칸에 알맞은 연결어를 고르는 문제입니다. 문맥의 흐름을 논리적으로 파악할 수 있어야 합니다.

> Read the passage and choose the option that best completes the passage.
>
> Tech industry giants like Facebook, Google, Twitter, and Amazon have threatened to shut down their sites. They're protesting legislation that may regulate Internet content. The Stop Online Piracy Act, or SOPA, according to advocates, will make it easier for regulators to police intellectual property violations on the web, but the bill has drawn criticism from online activists who say SOPA will outlaw many common internet-based activities, like downloading copyrighted content. A boycott, or blackout, by the influential web companies acts to _____.
>
> (a) threaten lawmakers by halting all Internet access
> (b) illustrate real-world effects of the proposed rule
> (c) withdraw web activities the policy would prohibit
> (d) laugh at the debate about what's allowed online
>
> 페이스북, 구글, 트위터, 아마존과 같은 거대 기술업체들이 그들의 사이트를 닫겠다고 위협했다. 그들은 인터넷 콘텐츠를 규제할지도 모르는 법령의 제정에 반대한다. 지지자들은 온라인 저작권 침해 금지 법안으로 인해 단속 기관들이 더 쉽게 웹상에서 지적 재산 침해 감시를 할 수 있다고 말한다. 그러나 온라인 활동가들은 저작권이 있는 콘텐츠를 다운로드하는 것과 같은 일반적인 인터넷 기반 활동들이 불법화될 것이라고 이 법안을 비판하고 있다. 영향력 있는 웹 기반 회사들에 의한 거부 운동 또는 보도 통제는 <u>발의된 법안이 현실에 미치는 영향을 보여 주기 위한</u> 것이다.
>
> (a) 인터넷 접속을 금지시켜서 입법자들을 위협하기 위한
> (b) 발의된 법안이 현실에 미치는 영향을 보여 주기 위한
> (c) 그 정책이 금지하게 될 웹 활동들을 중단하기 위한
> (d) 온라인에서 무엇이 허용될지에 대한 논쟁을 비웃기 위한
>
> 정답 (b)

21

★ **PART II** (2문항)

글의 흐름상 어색한 문장을 고르는 문제로, 전체 흐름을 파악하여 지문의 주제나 소재와 관계없는 내용을 고릅니다.

Read the passage and identify the option that does NOT belong.

For the next four months, major cities will experiment with new community awareness initiatives to decrease smoking in public places. (a) Anti-tobacco advertisements in recent years have relied on scare tactics to show how smokers hurt their own bodies. (b) But the new effort depicts the effects of second-hand smoke on children who breathe in adults' cigarette fumes. (c) Without these advertisements, few children would understand the effects of adults' hard-to-break habits. (d) Cities hope these messages will inspire people to think about others and cut back on their tobacco use.

향후 4개월 동안 주요 도시들은 공공장소에서의 흡연을 줄이기 위해 지역 사회의 의식을 촉구하는 새로운 계획을 시도할 것이다. (a) 최근에 금연 광고는 흡연자가 자신의 몸을 얼마나 해치고 있는지를 보여 주기 위해 겁을 주는 방식에 의존했다. (b) 그러나 이 새로운 시도는 어른들의 담배 연기를 마시는 아이들에게 미치는 간접흡연의 영향을 묘사한다. (c) 이러한 광고가 없다면, 아이들은 어른들의 끊기 힘든 습관이 미칠 영향을 모를 것이다. (d) 도시들은 이러한 메시지가 사람들에게 타인에 대해서 생각해 보고 담배 사용을 줄이는 마음이 생기게 할 것을 기대하고 있다.

정답 (c)

★ PART III (13문항)

글의 내용 이해를 측정하는 문제로, 글의 주제나 대의 혹은 전반적 논조를 파악하는 문제, 세부 내용을 파악하는 문제, 추론하는 문제가 있습니다.

> Read the passage, question, and options. Then, based on the given information, choose the option that best answers each question.
>
> In theory, solar and wind energy farms could provide an alternative energy source and reduce our dependence on oil. But in reality, these methods face practical challenges no one has been able to solve. In Denmark, for example, a country with some of the world's largest wind farms, it turns out that winds blow most when people need electricity least. Because of this reduced demand, companies end up selling their power to other countries for little profit. In some cases, they pay customers to take the leftover energy.
>
> Q: Which of the following is correct according to the passage?
> (a) Energy companies can lose money on the power they produce.
> (b) Research has expanded to balance supply and demand gaps.
> (c) Solar and wind power are not viewed as possible options.
> (d) Reliance on oil has led to political tensions in many countries.
>
> 이론상으로 태양과 풍력 에너지 발전 단지는 대체 에너지 자원을 제공하고 원유에 대한 의존을 낮출 수 있다. 그러나 사실상 이러한 방법들은 아무도 해결할 수 없었던 현실적인 문제에 부딪친다. 예를 들어 세계에서 가장 큰 풍력 에너지 발전 단지를 가진 덴마크에서 사람들이 전기를 가장 덜 필요로 할 때 가장 강한 바람이 분다는 것이 판명되었다. 이러한 낮은 수요 때문에 회사는 결국 그들의 전력을 적은 이윤으로 다른 나라에 팔게 되었다. 어떤 경우에는 남은 에너지를 가져가라고 고객에게 돈을 지불하기도 한다.
>
> Q 이 글에 의하면 다음 중 옳은 것은?
> (a) 에너지 회사는 그들이 생산한 전력으로 손해를 볼 수도 있다.
> (b) 수요와 공급 격차를 조정하기 위해 연구가 확장되었다.
> (c) 태양과 풍력 에너지는 가능한 대안으로 간주되지 않는다.
> (d) 원유에 대한 의존은 많은 나라들 사이에 정치적 긴장감을 가져왔다.
>
> 정답 (a)

★ PART IV (5지문 10문항)

이번 NEW TEPS에 새롭게 추가된 유형으로 1지문 2문항 유형입니다. 5개의 지문이 나오므로 총 10문항을 풀어야 합니다. 주제와 세부 내용, 추론 문제가 섞여서 출제됩니다.

Read the passage, questions, and options. Then, based on the given information, choose the option that best answers each question.

You seem exasperated that the governor's proposed budget would triple the funding allocated to state parks. What's the problem? Such allocation hardly represents "profligate spending," as you put it. Don't forget that a third of all job positions at state parks were cut during the last recession. This left the parks badly understaffed, with a dearth of park rangers to serve the 33 million people who visit them annually. It also contributed to deterioration in the parks' natural beauty due to a decrease in maintenance work.

These parks account for less than 1% of our state's recreational land, yet they attract more visitors than our top two largest national parks and national forests combined. They also perform a vital economic function, bringing wealth to nearby rural communities by attracting people to the area. The least we can do is to provide the minimum funding to help keep them in good condition.

Q1: What is the writer mainly trying to do?
(a) Justify the proposed spending on state parks
(b) Draw attention to the popularity of state parks
(c) Contest the annual number of state park visitors
(d) Refute the governor's stance on the parks budget

Q2: Which statement would the writer most likely agree with?
(a) Low wages are behind the understaffing of the state parks.
(b) State parks require more promotion than national parks.
(c) The deterioration of state parks is due mainly to overuse.
(d) The state parks' popularity is disproportionate to their size.

여러분은 주립 공원에 할당된 예산을 세배로 증가시키려는 주지사의 제안을 듣고 분노할지도 모른다. 무엇이 문제일까? 그와 같은 할당은 여러분들이 말하듯이 '낭비적인 지출'이라고 말하기 힘들다. 지난 경제 침체기 동안 주립 공원 일자리의 1/3이 삭감되었다는 사실을 잊지 말기 바란다. 이 때문에 공원은 부족한 관리인들이 매년 공원을 방문하는 3천3백만 명의 사람들을 처리해야 하는 인력 부족에 시달리고 있다. 또 그 때문에 관리 작업 부족으로 공원의 자연 경관이 망가지게 되었다.

이 공원들은 주의 여가지의 1%도 차지하지 않지만, 규모가 가장 큰 2개의 국립공원과 국립 숲을 합친 것보다 많은 방문객을 끌어들인다. 그들은 사람들을 그 지역으로 끌어들여 부를 주변의 공동체에게 가져다줌으로써 중요한 경제적 기능을 한다. 우리가 할 수 있는 최소한의 일은 공원이 잘 관리될 수 있도록 최소한의 자금을 조달하는 것이다.

Q1 작가가 주로 하고 있는 것은?

(a) 주립 공원 예산안을 정당화하기
(b) 주립 공원 인기에 대한 주의를 환기시키기
(c) 매년 주립 공원을 방문하는 사람 수에 대한 의문 제기하기
(d) 공원 예산에 대한 주지사의 입장에 대해 반박하기

정답 (a)

Q2 저자가 동의할 것 같은 내용은?

(a) 인력난에 시달리는 주립 공원의 배경에는 낮은 임금이 있다.
(b) 주립 공원은 국립공원보다 더 많은 지원이 필요하다.
(c) 주립 공원은 지나친 사용 때문에 망가지고 있다.
(d) 주립 공원의 인기는 그 규모와는 어울리지 않는다.

정답 (b)

※ 독해 Part 4 뉴텝스 샘플 문제는 서울대텝스관리위원회에서 제공한 문제입니다. (www.teps.or.kr)

NEWTEPS 등급표

등급	점수	영역	능력검정기준(Description)
1+	526~600	전반	**외국인으로서 최상급 수준의 의사소통 능력** 교양 있는 원어민에 버금가는 정도로 의사소통이 가능하고 전문분야 업무에 대처할 수 있음 (Native Level of English Proficiency)
1	453~525	전반	**외국인으로서 최상급 수준에 근접한 의사소통능력** 단기간 집중 교육을 받으면 대부분의 의사소통이 가능하고 전문분야 업무에 별 무리 없이 대처할 수 있음 (Near-Native Level of Communicative Competence)
2+	387~452	전반	**외국인으로서 상급 수준의 의사소통능력** 단기간 집중 교육을 받으면 일반 분야업무를 큰 어려움 없이 수행할 수 있음 (Advanced Level of Communicative Competence)
2	327~386	전반	**외국인으로서 중상급 수준의 의사소통능력** 중장기간 집중 교육을 받으면 일반분야 업무를 큰 어려움 없이 수행할 수 있음 (High Intermediate Level of Communicative Competence)
3+	268~326	전반	**외국인으로서 중급 수준의 의사소통능력** 중장기간 집중 교육을 받으면 한정된 분야의 업무를 큰 어려움 없이 수행할 수 있음 (Mid Intermediate Level of Communicative Competence)
3	212~267	전반	**외국인으로서 중하급 수준의 의사소통능력** 중장기간 집중 교육을 받으면 한정된 분야의 업무를 다소 미흡하지만 큰 지장 없이 수행할 수 있음 (Low Intermediate Level of Communicative Competence)
4+	163~211	전반	**외국인으로서 하급수준의 의사소통능력** 장기간의 집중 교육을 받으면 한정된 분야의 업무를 대체로 어렵게 수행할 수 있음 (Novice Level of Communicative Competence)
4	111~162		
5+	55~110	전반	**외국인으로서 최하급 수준의 의사소통능력** 단편적인 지식만을 갖추고 있어 의사소통이 거의 불가능함 (Near-Zero Level of Communicative Competence)
5	0~54		

NEWTEPS 성적표

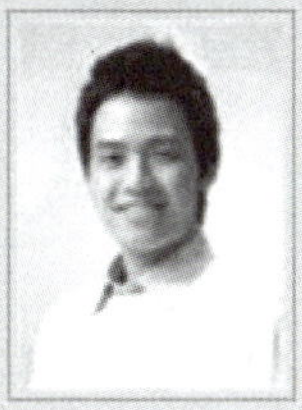

※ 자료 출처: www.teps.or.kr

NEW TEPS Q&A

1 / 시험 접수는 어떻게 해야 하나요?

정기 시험은 회차별로 지정된 접수 기간 중 인터넷(www.teps.or.kr) 또는 접수처를 방문하여 접수하실 수 있습니다. 정시 접수의 응시료는 39,000원입니다. 접수기간을 놓친 수험생의 응시편의를 위해 마련된 추가 접수도 있는데, 추가 접수 응시료는 42,000원입니다.

2 / 텝스관리위원회에서 인정하는 신분증은 무엇인가요?

아래 제시된 신분증 중 한 가지를 유효한 신분증으로 인정합니다.

일반인, 대학생	주민등록증, 운전면허증, 기간 만료전의 여권, 공무원증, 장애인 복지카드, 주민등록(재)발급 확인서 *대학(원)생 학생증은 사용할 수 없습니다.
중·고등학생	학생증(학생증 지참 시 유의 사항 참조), 기간 만료 전의 여권, 청소년증(발급 신청 확인서), 주민등록증(발급 신청 확인서), TEPS신분확인증명서
초등학생	기간 만료 전의 여권, 청소년증(발급신청확인서), TEPS신분확인증명서
군인	주민등록증(발급신청확인서), 운전면허증, 기간만료 전의 여권, 현역간부 신분증, 군무원증, TEPS신분확인증명서
외국인	외국인등록증, 기간 만료 전의 여권, 국내거소신고증(출입국 관리사무소 발행)

*시험 당일 신분증 미지참자 및 규정에 맞지 않는 신분증 소지자는 시험에 응시할 수 없습니다.

3 / TEPS 시험 볼 때 꼭 가져가야 하는 것은 무엇인가요?

신분증, 컴퓨터용 사인펜, 수정테이프(컴퓨터용 연필, 수정액은 사용 불가), 수험표입니다.

4 / TEPS 고사장에 도착해야 하는 시간은 언제인가요?

오전 9시 30분까지 입실을 완료해야 합니다. (토요일 시험의 경우 오후 2:30까지 입실 완료)

5 / 시험장의 시험 진행 일정은 어떻게 되나요?

	시험 진행 시간	내용	비고
시험 준비 단계 (입실 완료 후 30분)	10분	답안지 오리엔테이션	1차 신분확인
	5분	휴식	
	10분	신분확인 휴대폰 수거 (기타 통신전자기기 포함)	2차 신분확인
	5분	최종 방송 테스트 문제지 배부	
본 시험 (총 105분)	40분	청해	쉬는 시간 없이 시험 진행 각 영역별 제한시간 엄수
	25분	어휘/문법	
	40분	독해	

*시험 진행 시험 당일 고사장 사정에 따라 변동될 수 있습니다.
*영역별 제한 시간 내에 해당 영역의 문제 풀이 및 답안 마킹을 모두 완료해야 합니다.

6 / 시험 점수는 얼마 후에 알게 되나요?

TEPS 정기시험 성적 결과는 시험일 이후 2주차 화요일 17시에 TEPS 홈페이지를 통해 발표되며 우편 통보는 성적 발표일로부터 7~10일 가량 소요됩니다. 성적 확인을 위해서는 성적 확인용 비밀번호를 반드시 입력해야 합니다. 성적 확인 비밀번호는 가장 최근에 응시한 TEPS 정기 시험 답안지에 기재한 비밀번호 4자리입니다. 성적 발표일은 변경될 수 있으니 홈페이지 공지사항을 참고하시기 바랍니다. TEPS 성적은 2년간 유효합니다.

※자료 출처 : www.teps.or.kr

I

NEW TEPS
문법 고득점 전략

Unit 01	도치 구문	**Unit 09**	주의해야 할 분사와 분사구문
Unit 02	빈출 어순 표현	**Unit 10**	동명사와 to부정사 비교
Unit 03	생략 및 대용 표현	**Unit 11**	비교 구문
Unit 04	수 일치	**Unit 12**	관계대명사와 관계부사
Unit 05	수동태	**Unit 13**	가산 명사와 불가산 명사
Unit 06	다양한 때를 나타내는 중요 시제들	**Unit 14**	명사와 관사
Unit 07	틀리기 쉬운 조동사	**Unit 15**	접속사와 전치사의 구별
Unit 08	가정법 시제 및 if 이외의 가정법 표현		

Unit 01 도치 구문

도치 문제에서 가장 흔히 볼 수 있는 것은 강조를 위한 도치이다. 특히 부정부사가 문두에 올 경우 주어와 조동사의 도치 문제가 가장 많이 출제되며, 부정부사의 위치 문제도 종종 볼 수 있다. 부정부사 외에도 부사(구), 목적어, 보어가 문두에 나오는 경우도 있다. 도치의 패턴은 다양하지 않기 때문에 확실히 알아 두고 문장에 적용할 수 있도록 연습하는 것이 중요하다.

Sample Question

_____ soft and juicy fruit until the trees are at least a year old.

(a) Rarely fig trees produce
(b) Rarely does a fig tree produced
(c) Rarely do fig trees produce
(d) Rarely are fig trees produced

정답 (c)

해석 무화과나무는 적어도 1년은 되어야 부드럽고 즙이 많은 과일이 열린다.

해설 부정부사 rarely가 문두로 나가면서 주어와 조동사의 자리가 바뀌는 도치가 일어난다. 동사가 일반동사(produce)이고 주어가 복수(fig trees)이므로 주어 앞에 조동사 do를 쓰고 일반동사는 주어 뒤에 따라온다. 도치되지 않을 경우에는 Fig trees rarely produce ~로 쓸 수 있다.

어휘 fig 무화과 juicy 즙이 많은

1. 강조를 위한 어순 도치

(1) 부정부사

부정의 부사(구)가 문두로 이동하는 도치의 가장 전형적인 형태이다. 강조를 위해 부사(구)가 문장 맨 앞에 오면 주어와 조동사가 도치되는데, 특히 부정의 부사(구)가 대표적이다.

no sooner	not until	nowhere	barely	hardly	only
rarely	scarcely	seldom	little	not only	at no time
never	by no means	on no account	under no circumstances		

No sooner had I started the engine than my car began making weird noises.
엔진을 켜자마자 내 차가 이상한 소리를 내기 시작했다.
→ 〈Scarcely+had+주어+p.p. ~ when+주어+과거 동사〉도 같은 의미이다.

Never before had she looked so dazzling and attractive.
그녀가 그렇게 눈부시고 매력적으로 보인 적은 일찍이 없었다.

At no time did anyone warn us that the drug was dangerous.
아무도 그 약이 위험하다고 우리에게 경고한 적이 없었다.

On no account should you attempt this exercise if you are pregnant.
임신 중에는 절대로 이 운동을 해서는 안 된다.

Not only do the pilots require a pay raise, but they want reduced working hours.
파일럿들은 임금 인상을 요구할 뿐만 아니라 근무 시간 단축도 원한다.

(2) not until

not until 부사구[절]가 문두에 오면 이 구[절]를 포함하는 주절에서 주어와 조동사가 도치된다.

Not until he received her letter did he fully understand the depth of her feelings.
그녀의 편지를 받고 나서야 비로소 그는 그녀의 감정의 깊이를 완전히 이해했다.

Not until I had my own children did I realize how much my parents had sacrificed for me.
내가 아이들을 가졌을 때에야 비로소 부모님들이 나를 위해 얼마나 희생해 오셨는지 깨닫게 되었다.

(3) only

Only yesterday did she tell me the news. 어제서야 비로소 그녀는 나에게 그 소식을 말했다.

Only lately has Julia shown better sale performance.
최근에 들어서야 줄리아는 더 나은 영업 실적을 보여 주었다.

(4) 〈보어+동사+주어〉 도치

Such was the force of the explosion that all the cars in the basement levels were damaged.
지하층에 있는 모든 차들이 손상되었을 만큼 폭발력이 컸다.

So furious was the CEO that he walked out in the middle of the meeting.
대표는 너무 화가 나서 회의 중간에 나가버렸다.

단, 대명사가 주어일 때는 〈주어+동사〉의 어순이 바뀌지 않는 경우가 많으므로 주의해야 한다.
Grateful she was for all the support and comfort. 그녀는 모든 도움과 위안에 감사했다.

(5) 〈전치사구+동사+주어〉 도치

In the auditorium were a majority of applicants waiting to be interviewed.
강당에는 많은 지원자들이 면접 보기를 기다리고 있었다.

(6) as[than]절에서의 도치

The candy store is tiny but bustling **as** are all the stores on the cobblestone street.
자갈길의 모든 가게들처럼 그 사탕 가게도 작지만 북적거렸다.

Henry Ford employed more women **than** did most other employers, and at better wages.
헨리 포드는 다른 고용주들보다 더 많은 여성을 고용했고 더 나은 월급을 지급했다.

2. 도치가 필요 없는 구문

(1) 목적어가 문두에 올 때

〈주어+동사〉의 어순을 그대로 유지한다.

Clumsy people she doesn't like.
그녀는 서투른 사람들을 싫어한다.

His spare time he spends watching television.
그는 여가시간을 TV를 보면서 지낸다.

(2) 부사(구)가 문두에 오지만 동사가 자동사가 아닌 경우

동사가 자동사가 아닌 경우, 장소를 나타내는 부사(구)가 문두로 이동해도 주어와 동사가 도치되지 않는다.

In Africa's national parks, people can see many rhinoceros and antelope.
아프리카에 있는 국립 공원에서 사람들은 많은 코뿔소와 영양을 볼 수 있다.

(3) 양보절에서의 도치: 형용사[명사/동사/부사]+as+주어+동사

as가 양보를 나타내는 부사절 접속사로 쓰일 경우 형용사, 명사, 동사, 부사를 as 앞 문두에 옮김으로써 강조한다. 하지만 이때 주어와 동사는 도치되지 않는다.

Try as you may, you can't immediately get noticed for your ingenuity.
네가 아무리 열심히 시도해 본들 너의 독창성이 금방 주목받지는 못할 거야.

Talented as he is, he still can't catch up with the amazing 6-year-old piano prodigy.
그가 아무리 재능이 있다고 해도, 그는 이 놀라운 6살 피아노 신동을 따라잡지는 못할 거야.

3. 빈출 도치 표현

〈so[neither/nor]+동사+주어〉는 앞 문장과 내용상 동일한 상황을 말하는 구문으로 '~ 역시 그러하다'라는 의미이다.

She likes blueberries. So does Nancy.
그녀는 블루베리를 좋아한다. 낸시도 그렇다.

I don't like the supervisor's proposal. Nor[Neither] does my colleague.
나는 상사의 제안이 마음에 들지 않는다. 나의 동료도 그렇다.

I am not good at cooking and neither is my sister.
나는 요리를 잘 못하고 내 여동생도 그렇다.

EXERCISE

다음 괄호 안에서 가장 적절한 것을 고르시오.

1. Under no circumstances (you should be / should you be) late for the conference.

2. Not until the following week (did I know / I knew) that he had left without a word.

3. Hardly (has the facility / the facility has) been used since there was a fire a year ago.

4. Only recently (the organic food company has started / has the organic food company started) operating in the black.

5. (No sooner had the cellist finished / No sooner the cellist had finished) her performance than the audience gave her a standing ovation.

6. On the hill (stands a steel-framed concrete building / does a steel-framed concrete building stand).

7. The advent of Information Technology (made possible a variety of opportunities to young talents / made it a variety of opportunities to young talents possible).

8. Although Seoul Hotel is one of the most luxurious hotels, the room condition has deteriorated and (so do the service / so has the service).

9. Among the agendas discussed at last month's meeting (was / were) the need for increased public security.

10. My muscle pain is so severe that applying ice to my legs doesn't help and neither (do / are) painkillers.

Practice Test

PART 1 Choose the option that best completes each dialogue.

1 A Did you tell Claire I was impetuous?
B No. _____ her like that.

(a) Never I have told   (b) Never have I to tell
(c) Never have I told   (d) Never I had told

2 A I can't believe Vanessa got a distinction in English.
B _____, it is true.

(a) Strange as it may sound   (b) Strange it may as sound
(c) As strange it may sound   (d) As strange may it sound

3 A Are the board members really considering downsizing the workforce next month?
B _____ according to the rumor.

(a) So said the shareholders   (b) The shareholders so said
(c) So the shareholders said   (d) Said so the shareholders

4 A Did you get the ticket for the play, *Mousetrap*?
B Yes, I am very fortunate. _____ that the theater was full and some people turned away from its doors.

(a) Was its popularity such   (b) Such was its popularity
(c) Such popularity was its   (d) Its popularity such was

5 A When did you know you are on the wrong train?
B Not until I had reached the platform _____ that I was on the wrong train.

(a) I realized   (b) did I realize
(c) do I realize   (d) I realize

PART II Choose the option that best completes each sentence.

6 _____ to spend less time in deep sleep than nonsmokers, but in one recent study, their total sleep time fell by 2 minutes per cigarette smoked.

(a) Not only do smokers appears
(b) Not only do smokers appear
(c) Not only smokers appear
(d) Smokers appears not only

7 _____ in public after he was found to have been charged with tax evasion.

(a) Rarely was the mogul seen
(b) Rarely the mogul was seen
(c) The mogul rarely seen was
(d) The mogul seen was rarely

8 Scarcely had the musical started when the electricity _____ for an hour.

(a) has been off and every student was in the dark
(b) was off and every student was in the dark
(c) is off and every student is in the dark
(d) was off and every students were in the dark

PART III Read each dialogue or passage carefully and identify the option that contains a grammatical error.

9 (a) A Can you believe Ethan won a prestigious literary prize?
(b) B Never in my wildest dreams I did think that he would win the prize.
(c) A I think his endless effort finally paid off.
(d) B Yes. I had better go to the bookstore and get his book.

10 (a) The Pilates is growing in popularity for many reasons. (b) Not only improves it your posture, strengthen your muscles without excess bulk, and maintain core stability but it also gives you a high sense of awareness about your own body. (c) You can learn how it moves, where it holds tension and where your postural alignment should be. (d) It can be also integrated with many exercise forms, and offers a well-balanced method.

Unit 02 빈출 어순 표현

문맥에 맞는 어순 고르기 문제는 텝스 문법에서 가장 많이 등장하는 유형이다. 어순 문제는 하나의 패턴으로 정리할 수 없을 만큼 다양한 유형이 출제된다. 도치나 간접의문문 등 문장 구조에 기반을 둔 어순 문제도 있지만 다양한 수식어구를 비롯해 어떤 문장 성분이라도 어순 문제로 출제될 수 있다.

Sample Question

_____ an unfair financial arrangement between coffee franchises and the private coffee bean farm, which the customers are unaware of.

(a) There it is said to be
(b) It is said there to be
(c) It is said to be there
(d) There is said to be

정답 (d)

해석 고객들은 알지 못하는 커피 체인 회사와 민간 커피 농장 간의 불공정한 재정적 협의가 있다고 한다.

해설 〈There be동사+명사 ~〉는 '~가 있다'는 의미로 쓰인다. 이 구문은 〈There can[must …] be ~〉처럼 be동사 앞에 조동사가 놓이거나, 조동사 대신 seem to(~인 것 같다), be said to(사람들이 ~라고들 말한다), be sure to(반드시 ~한다)와 같은 표현들이 함께 쓰일 수 있다. 예를 들어 There seem to be + 명사(~가 있는 것 같다), There is said to be + 명사(~가 있다고 사람들이 말한다), There is sure to be + 명사(반드시 ~가 있을 것이다)처럼 쓰이기도 한다. 따라서 정답은 (d)이다.

어휘 arrangement 합의, 협의 be unaware of 알지 못하는

1. so, such, too, as의 어순

so, such, too, as 등이 관사, 형용사, 명사 등과 함께 올 때 올바른 어순을 고르는 문제가 나온다.

| such+부정관사+형용사+명사 | so/too/as+형용사+부정관사+명사 |

Ken's assertion of alien abduction was <u>such a shocking phenomenon</u> that many people were reluctant to accept it.
외계인 납치에 대한 켄의 주장은 너무 충격적인 현상이어서 많은 사람들이 그것을 받아들이기를 꺼렸다.

They picked <u>so fantastic a day</u> for hiking and hit the road right away.
그들은 하이킹하기에 아주 완벽한 날을 골랐고 곧장 길을 떠났다.

2. 유도부사 There 구문의 어순

| There [Here]+자동사+주어 | There is [was]+단수 명사 | There are [were]+복수 명사 |

There <u>seem</u> to be <u>some problems</u>.
몇 가지 문제가 있는 것 같다.

There <u>seems</u> to be <u>a problem</u>.
어떤 문제가 있는 것 같다.

→ There 다음에 나온 자동사(= seem)의 단수/복수는 뒤의 주어를 보고 판단한다.

<u>There are many people</u> who are struggling with credit card debts.
신용 카드 빚으로 고전하는 사람들이 많다.

<u>There is a secret engagement</u> between the colleagues which their supervisors don't know.
그들의 상사도 알지 못하는 동료들 사이의 은밀한 약속이 있다.

3. enough의 어순

enough는 결합하는 단어의 품사에 따라 다양한 어순을 만들 수 있다. 명사와 결합하는 경우와 형용사, 부사, to부정사와 결합하는 경우의 어순을 정확히 구분해서 알아 두어야 한다.

(1) enough+명사

Israel has <u>enough arms and bombs</u> that could pose a major threat to the Palestine.
이스라엘은 팔레스타인에게 큰 위협이 될 수 있는 충분한 무기와 폭탄을 보유하고 있다.

(2) 형용사[부사]+enough

Many undergraduate students are prepared <u>well enough</u> for the internship programs.
많은 대학생들이 인턴십 프로그램을 위해 충분히 잘 준비되었다.

(3) 형용사+enough+to부정사

She is very <u>brilliant enough to win</u> the Best Actress Award for the movie.
그녀는 그 영화로 여우주연상을 탈 만큼 매우 훌륭하다.

4. 구동사의 어순

〈동사+부사〉로 이루어진 구동사의 목적어가 대명사인 경우 〈동사+대명사+부사〉의 어순을 반드시 기억한다.

call off ~을 취소하다	turn on ~을 켜다	turn off ~을 끄다
put off ~을 미루다	put on ~을 입다	look up ~을 찾아보다
take off ~을 벗다	think over 곰곰이 생각하다	turn over 뒤집다
bring up (생각, 의견 등을) 내놓다	chew out 꾸짖다	point out 지적하다

I had reserved a ticket for London, but I <u>called it off</u>.
나는 런던행 티켓을 예약했지만 그것을 취소했다.

You had better <u>look it up</u> in the reference and appendix yourself.
네가 직접 그것을 참고 문헌과 부록에서 찾아보는 게 좋겠어.

5. However의 어순

However가 양보의 뜻으로 쓰일 때 '(주어가) 아무리 ~하더라도'라고 해석한다.

> However+형용사[부사]+주어+동사

<u>However poor he may be</u>, he is mature and considerate.
그가 아무리 가난하다 할지라도, 그는 성숙하고 배려심이 있다.
→ However는 No matter how로 바꿔 쓸 수 있다.

<u>However carefully you may prepare</u> for the musical, there will be some unexpected accidents.
아무리 신중하게 뮤지컬 준비를 해도, 어느 정도 예기치 못한 사고는 있을 것이다.

6. 그 밖에 혼동할 수 있는 어순

(1) all+지시형용사+명사

all these things (O)   these all things (X)

(2) almost all the+명사

<u>Almost all the people</u> decided to sell their obsolete scuba diving equipment.
거의 모든 사람들이 구식이 된 스킨스쿠버 장비를 팔기로 결심했다.

(3) 배수사+정관사+단위+of

This river is three times <u>the length</u> of the Thames.
이 강은 템스 강의 길이의 세 배이다.

EXERCISE

다음 괄호 안에서 가장 적절한 것을 고르시오.

1. The performance artists played (enough loudly / loudly enough) in the street to attract people's attention.

2. (Several different forms there exist of / There exist several different forms of) mental illness that many people suffer from.

3. (No one with any common sense / Any one with no common sense) would go travelling to Africa because of deadly Ebola virus outbreak.

4. I am invited to Johee's party, but I have yet (to choose to wear which dress / to choose which dress to wear).

5. (Many of the most widely acclaimed / Most of the widely many acclaimed) authors through history only became tremendously famous after their deaths.

6. The flames rose as high as (three times of the height / three times the height of) the ABC Tower, the tallest building in town.

7. A brand-new car is (too extravagant a purchase / too an extravagant purchase) during the economic recession.

8. Listening to the bereaved will help you understand serious situations that you (may otherwise miss in the broadcast / may miss otherwise in the broadcast).

9. The campus map contains (so much unhelpful information as to be / so as much unhelpful information to be) useless in a Campus and Housing Tour.

10. The fast-spreading wildfire threatened many dwellings in California and (almost doubled in size / doubled in almost size) since Friday.

Practice Test

PART 1 Choose the option that best completes each dialogue.

1 A The lecture hall is really jammed with freshmen.
    B I don't think I have _____.

(a) ever seen this many students (b) seen this ever many students
(c) seen ever students many this (d) ever seen many students this

2 A A well-qualified person is so hard to find.
    B Don't worry. You will find _____.

(a) the right man soon enough (b) the right man enough soon
(c) the man right soon enough (d) soon enough the right man

3 A How did he feel when he got demoted at the company?
    B He was _____ perturbed at all; he just admitted his mistakes.

(a) not bit the least (b) bit the least not
(c) not the least bit (d) bit not the least

4 A Are we going to wait for the shipping from US all day?
    B Yes, I got a confirmation e-mail of my order that it would be here _____.

(a) later in the evening (b) in the evening later
(c) later the evening in (d) later the evening in

5 A Are you going to go on Safari this weekend?
    B Yes. I will spend _____ at the Serengeti National Park where I will enjoy endless plains.

(a) the next three days (b) the three next days
(c) next the three days (d) three days the next

42

PART II Choose the option that best completes each sentence.

6 London Knowledge Center teams are researching _____ foreign language acquisition.

(a) what extent high motivation impacts to
(b) what high extent motivation impacts to
(c) to what extent high motivation impacts
(d) to what high motivation impacts high

7 In order to successfully make oven-baked spaghetti, it is imperative that _____.

(a) step-by-step instructions follow
(b) step-by-step instructions be followed
(c) follow step-by-step instructions
(d) will follow step-by-step instructions

8 Steven Spielberg likes to direct science-fiction and adventure films _____.

(a) however the storylines are complicated and unrealistic
(b) no matter how complicated and unrealistic the storylines are
(c) how complicated and unrealistic are no matter
(d) their storylines are complicated and unrealistic however

PART III Read each dialogue or passage carefully and identify the option that contains a grammatical error.

9 (a) A How come you are in a such good mood? You're all smiles.
(b) B I opened the door to my office, and an old friend of mine was waiting inside.
(c) A When did you last see each other?
(d) B I haven't seen him since graduation, which was almost 10 years ago.

10 (a) A fully-grown humpback whale's weight is equivalent almost to the weight of seven to nine fully-grown elephants. (b) The pectoral fins are approximately one third of the animal's body length, thus distinguishing it from other whales. (c) The black and white pattern on the underside of the tail is as unique as human fingerprints and enables scientists to distinguish individual whales. (d) Humpback whales are also among the most active and acrobatic species of whale.

Unit 03 생략 및 대용 표현

같은 어구가 반복될 때 반복을 피하기 위해서 중복되는 부분을 완전히 삭제하는 것을 생략이라고 하며 문장의 일부가 없더라도 의미 전달에 지장이 없는 경우에 가능하다. 대용은 같은 어구가 반복될 때, 반복되는 구를 다른 말로 대신하는 것을 말한다.

Sample Question

A Why didn't you attend the speech therapy meeting yesterday?
B I _____, but I had to visit my parents in the hospital.

(a) should attend
(b) should have done
(c) should have
(d) should have had

정답 (c)

해석 A 어제 왜 언어 치료 모임에 참석하지 않으셨어요?
B 그랬어야 했는데, 병원에 부모님 병문안을 가야 했어요.

해설 문장 안에서 한 번 언급된 동사구가 다시 사용될 때에는 보통 그대로 되풀이하지 않고 조동사 바로 뒤에서 생략한다. should have attended the speech therapy meeting이 A의 말과 반복되므로 조동사만 남기고 그 뒤의 동사구는 생략한다.

1. 생략

같은 어구가 반복될 때 반복되는 부분을 삭제한다.

> I finished displaying construction model earlier than you (~~finished displaying construction model~~).
> 나는 너보다 더 일찍 건축 모형 전시를 끝냈어.

(1) 앞에 나온 어구가 조동사 뒤에 반복되는 경우

조동사까지만 쓰고 그 뒤는 생략한다.

> They can analyze in more detail than we <u>can</u> (~~analyze in more detail~~).
> 그들은 우리가 할 수 있는 것보다 더 상세하게 분석할 수 있다.

(2) 앞서 나온 동사구를 to부정사 형식으로 다시 써야 하는 경우

동사를 중복해서 쓰지 않고 to만 남겨 둔다. 이때 to를 대부정사라고 한다.

You can refuse to discuss your decision on the pay increase if you want to (refuse to discuss your decision on the pay increase).
당신이 원한다면 임금 인상 결정에 대한 논의를 거부할 수 있다.

I met him in the National Library, although I didn't expect to (meet him there).
그를 국립 도서관에서 만나게 되리라곤 기대하지 않았는데 그러고 말았다.

(3) to 뒤에 반복되는 동사가 be동사일 경우

to be까지 쓰고 나머지 반복되는 내용은 생략한다.

A Tess was pretty audacious, wasn't she? 테스는 꽤 성격이 대담했어, 그렇지 않았니?

B She used to be (audacious). Now she is rather timid. 그랬었지. 지금은 약간 소심해.

(4) ready, try, be동사 등 독립적으로 흔히 쓰이는 표현

이러한 표현 뒤의 to부정사구가 앞에 나온 어구의 반복이면 to까지도 모두 생략할 수 있다.

A You should check your application status for four-year scholarship opportunities.
너는 4년 장학금을 받을 수 있는 기회를 위해 지원 현황을 확인해야 해.

B OK, I will try (to check the application status).
알았어. (지원 현황을) 확인해 볼게.

2. 대용

(1) 반복되는 어구를 하나의 다른 단어로 대신하는 경우

절 전체를 다시 받는 대표적인 대용 표현에는 so가 있다.

Christine believes that we need an indigenous online community, but I don't think so.
크리스틴은 고유한 온라인 커뮤니티가 필요하다고 생각하지만, 나는 그렇게 생각하지 않는다.
→ 반복되는 어구 that we need an indigenous online community를 so로 대신한다.

(2) 이미 언급된 사건이나 상태

guess, hope, be afraid, think, suppose, believe 등의 동사 뒤에서 대용 표현으로 that절이 반복될 때 긍정문이면 so, 부정문이면 not으로 대신한다. think나 believe가 부정문으로 나올 경우 I don't think so / I don't believe so를 쓰는 것이 일반적이다.

A Do you think he will join the full-marathon tomorrow?
그가 내일 풀코스 마라톤에 참여할 거라고 생각해?

B I hope[suppose/expect] so. 그가 내일 참여하기를 바라[생각해/기대해].
I hope[suppose/expect] not. 그가 내일 참여하지 않기를 바라[생각해/기대해].

(3) 일반동사 이하에 앞에 나온 어구가 반복되는 경우

이미 언급된 동작이나 상태를 되풀이하여 말할 때 do so가 해당 동사구를 대신할 수 있다. 일반동사는 수와 시제에 따라 do/does/did로, 동사 뒤에 나오는 어구는 so로 대신하는데, 이때 so는 생략할 수 있다.

He enrolled in the English writing course because everyone else did (so).
모든 사람들이 그렇게 했기 때문에 그도 영어 작문 수업에 등록했다.
→ 일반동사 enrolled 이하의 어구를 되풀이하므로 동사는 did로, 동사 이하의 내용은 so로 대신한다.

(4) 앞에 나온 어구가 be동사 뒤에서 명사/형용사 보어로 올 때

이러한 보어들은 so로 대신할 수 있으며, 이때 so는 생략할 수 있다.

A He is very upset that he lost his belongings in the library.
도서관에서 소지품을 잃어버려서 그는 정말 기분이 상해 있어.

B Who wouldn't be (so)?
누가 안 그렇겠어?
→ be동사 뒤에 되풀이되는 보어 very upset를 so로 대용하며, 이때 so는 생략할 수 있다.

3. 관용적인 표현

(1) 절이 생략된 관용적인 표현

문장 구조에 큰 영향을 미치지 않는 경우에 생략할 수 있다. 특히, 부사절에서 it is 또는 there is는 생략 가능하다.

The board meeting will be held as (it is) scheduled on Monday.
이사회 미팅이 월요일에 예정대로 진행될 것이다.

I will drop by your office if (it is) possible.
가능하면 너의 사무실에 들를게.

They were best friends when (they were) at school.
그들은 학창 시절에 가장 친한 친구 사이였다.

If (you were) given the chance, would you study abroad?
만약 기회가 주어진다면, 너는 해외에서 공부할 거니?

(2) 그 밖의 be동사 생략 표현

The higher the mountain (is), the purer the air (is).
산이 높을수록 공기가 맑다.

The building should be saved whatever the cost (is).
비용이 얼마가 들더라도 그 건물은 보존되어야 한다.

다음 괄호 안에서 가장 적절한 것을 고르시오.

1. I realized I had spent much more money on fundraising for the company than (senior management had / senior management).

2. There is little, (if ever / if any), chance of his recovery from serious depression.

3. Jessi released a new book again. She (does so / is so) whenever she has spare time.

4. She will come as soon as she (can do / can) if the train arrives earlier.

5. I was awarded first prize for my performance at the 2018 Edinburgh Festival, and I thought I (would be / would do).

6. I heard they are coming to the welcoming party. But I hope (not / not come).

7. Mary felt ready to run the new tea shop, though her parents were not convinced she (was to / was).

8. My husband intended to get a check-up last week but he wasn't (able to / able to do) because of his tight schedule.

9. (Once accustomed to / Once accustoming to) the climate of Iceland, you will be able to enjoy the natural beauty of the country.

10. Some people managed to overcome the bleak situation, but most people (didn't / didn't manage).

Practice Test

PART 1 Choose the option that best completes each dialogue.

1. A Let's go out for pasta and steak at Tom's restaurant.
   B Because of my strict diet, I _____.

   (a) am not able to   (b) am not able to be
   (c) am not able to do   (d) am not able to it

2. A The plants in the yard need light and water to blossom again.
   B The plants on your desk _____ as well.

   (a) need   (b) need to
   (c) do   (d) do to

3. A Is it OK if I have the complimentary coffee on the desk?
   B I don't see why _____.

   (a) you not do   (b) don't you
   (c) don't   (d) not

4. A You should apply for free summer courses at UCL college.
   B Even if I _____, the summer courses should be filled up by now.

   (a) want to   (b) want apply
   (c) want to do   (d) want do so

5. A I really need to talk to Dr. Oz. Do you think he has time to squeeze me in?
   B _____. He is fully booked up this week.

   (a) I'm afraid not   (b) I'm afraid so
   (c) I'm afraid not to   (d) I'm afraid

48

PART II Choose the option that best completes each sentence.

6 Jeffrey didn't buy the digital camera because the photographer advised him _____.

(a) not to
(b) not to be
(c) not to do
(d) do not buy

7 Although the director claims that his movie is complex, I think *Terminator Genisys* lacks enough storyline to make it _____.

(a) which
(b) each
(c) what
(d) so

8 Jamie could not overcome his indignation and animosity toward his colleague no matter how hard he _____.

(a) tried doing
(b) tried
(c) tried to be
(d) tried to get

PART III Read each dialogue or passage carefully and identify the option that contains a grammatical error.

9
(a) A I'm so sorry to hear that your sister was hit by a bicycle.
(b) B She got run over by the bicycle while she was on the way to school.
(c) A I hope she isn't injured seriously.
(d) B She does. She will be in a hospital quite a long time.

10 (a) For a long time, the police have thought that eyewitnesses to crimes are a great help in finding culprits. (b) Daniel Richard, a renowned psychologist, ran an experiment where 40 students looked at pictures showing a crime taking place. (c) All of the students thought they were seeing the same pictures, but they were actually not seeing. (d) Thus, he found that the testimony of eyewitnesses can be wrong, and that outside influences can cause fake memories to evolve.

Unit 04 수 일치

영어에서 수를 일치시켜야 하는 경우는 여러 가지가 있지만 수량과 관련된 표현들이 가장 많이 출제된다. 또, 명사가 집합적인 의미인지, 개별 구성원을 의미하는지도 파악해야 한다. 문제에서는 주어 뒤 수식어의 영향으로 동사의 단수, 복수가 혼동스러울 때가 있다. 따라서 주어와 동사를 먼저 정확하게 찾아야 한다.

Sample Question

A I put forward two proposals for using smart phones as educational tools.
B _____ going to be implemented soon under the supervision.

(a) Either of the plan is
(b) Either of the plan are
(c) Either of the plans are
(d) Either of the plans is

정답 (d)

해석 A 저는 교육적인 도구로써 스마트폰 사용에 대한 두 개의 제안서를 제출했어요.
B 그 계획들 중 하나는 감독하에 곧 실행될 거예요.

해설 〈either of + 복수 명사 + 단수 동사〉의 규칙을 묻는 문제이다. 그 계획들(plans) 중에서 하나(either)가 주어이므로 단수 동사 is가 온다. 동사 앞 복수 명사에 수를 일치하지 않도록 주의하자.

어휘 put forward 제안하다 implement 시행하다 supervision 감독

1. 주어와 동사의 수 일치

(1) 시간, 거리, 금액

복수형이어도 간격, 무게, 시간, 거리를 나타내는 단위는 하나의 덩어리로 보기 때문에 단수 취급한다.

> 시간 표현 명사: seconds, minutes, hours 등
> 거리 표현 명사: inches, miles, feet 등
> 금액 표현 명사: cents, dollars 등

Twenty thousand dollars **is** my final offer for the second-hand car.
2만 달러는 그 중고차에 대한 나의 마지막 가격 제안이다.

Five miles **is** a very long distance to jog every morning and evening.
5마일은 매일 아침저녁으로 조깅하기에는 매우 먼 거리이다.

(2) 집합명사/군집명사

같은 단어라도 집합명사, 군집명사 모두 사용되는 경우에는 어떤 명사로 쓰였는지 확인한다. 집합명사로 사용되면 한 덩어리로 보아 단수로 취급하고, 군집명사 즉, 집합체의 구성원을 개별적으로 보는 경우에는 형태는 단수지만 복수로 취급한다.

family 가족	crew 승무원	committee 위원회	audience 관객들	class 계급
team 단체	army 군대	jury 배심원단		

The committee **is** composed of executives and secretaries only.
위원회는 임원들과 비서들로만 구성된다.

The committee **have** different opinions in selecting the best leader.
위원들은 최고의 리더를 선택하는 데 있어서 다른 견해들을 가지고 있다.

항상 복수 취급하는 집합명사:
the police 경찰	people 사람들	military 군인들	clergy 성직자들	staff 직원들
folk 사람들	livestock 가축	cattle 소	poultry 가금류	

단수와 복수의 형태가 같은 명사:
aircraft 항공기	deer 사슴	sheep 양	species 종	fish 물고기
salmon 연어	trout 송어	dice 주사위	series 시리즈	offspring 자식
bison 들소	headquarters 본사	personnel (단수 취급) 직원; 인사 담당 부서 (복수 취급) 사람들		

Many cattle **are** suffering from an inflammatory disease.
많은 가축들이 염증성 질환으로 고통받고 있다.

(3) 집합명사/군집명사의 주의할 점

복수형 명사들도 단수를 나타내는 단위와 함께 쓰면 단수로 취급한다. 집합명사 cattle이 a herd of, a group of와 함께 쓰이면 단수 동사를 쓴다. 사람들이 인종, 언어, 문화를 공유하는 경우 a people 또는 peoples(민족들)로도 사용할 수 있다. 또한, 경찰관 개개인을 지칭할 때는 a police officer 또는 a policeman으로도 표현한다.

a herd of cattle 한 무리의 소   a school of fish 한 무리의 물고기 떼   a flock of sheep 한 무리의 양 떼
a pride of lions 사자 한 무리   a swarm of bees 한 무리의 벌 떼

(4) 분수/퍼센트의 수 일치

〈분수+of+명사〉, 〈숫자+of+명사〉의 경우 of 뒤에 나오는 명사에 수를 일치시킨다. 분수를 나타낼 때 two thirds, three fifths와 같이 분자가 2 이상이면 분모(서수)에 -s를 붙인다. 그러나 -s가 붙었다고 해서 복수 동사를 선택해서는 안 되며 항상 of 뒤의 명사에 수를 일치시켜야 한다.

Two thirds of the northern area has been devastated by a volcano eruption.
화산 폭발로 인해 북쪽 지역의 2/3가 초토화되었다.

90% of the people living in Okinawa **have** been severely affected by a strong typhoon.
오키나와에 살고 있는 사람들의 90퍼센트는 강한 태풍에 의해 심각한 영향을 받아 왔다.

Three quarters of the salt we eat **is** hidden in processed foods and only a quarter comes from salt added either at the table or during cooking.
우리가 먹는 소금의 3/4은 가공된 음식에 숨어 있고, 1/4만이 식사나 요리 중에 첨가된다.

(5) -(e)s로 끝나는 학문명[국가명/운동 경기명/병명]+단수 동사

복수형이지만 하나의 학문을 의미하므로 단수 취급한다.

학문명:			
mathematics 수학	physics 물리학	genetics 유전학	economics 경제학
linguistics 언어학	ethics 윤리학	politics 정치학	
병명:			
the blues 우울증	measles 홍역	diabetes 당뇨병	rabies 광견병	herpes 포진

Physics is one of the most challenging subjects among all classes.
물리학은 모든 수업 중에서 가장 도전적인 과목 중의 하나이다.

Politics is a tool that enables people to organize and develop society.
정치학은 사람들이 사회를 구성하고 발전시킬 수 있게 해 주는 도구이다.

Sometimes referred to as Holland, **the Netherlands borders** the North Sea between Germany and Belgium.
때로 홀란드라고 불리는 네덜란드는 독일과 벨기에 사이에서 북해를 면하고 있다.

(6) 다른 뜻으로 쓰여 복수 취급하는 경우

| statistics 통계, 수치, 통계 자료 | mathematics 계산 | politics 정치적인 견해 및 신념 |

The nation's **politics are** extremely polarized.
그 나라의 정치적인 견해는 매우 양극화되어 있다.

Current official **statistics show** that unemployment rate in the US was truly unexpected and volatile.
최근 공식 통계에 의하면 미국의 실업률은 정말 예상 밖이며 변동이 심했다.

2. 주의해야 할 수량 표현

(1) 주어의 수량 표현

None of the students were able to submit their assignments by the due date.
학생들 누구도 마감 기한까지 과제를 제출할 수 없었다.

Nearly **three out of four families** in the country subscribe to cable TV.
시골의 4가구 중 거의 3가구가 케이블 TV를 이용하고 있다.

All the food was kept in the freezer before being cooked.
조리 전에 모든 음식은 냉장고에 보관되었다.

(2) many+복수 명사+복수 동사 vs. many a(n)+단수 명사+단수 동사

Many doctors take part in the marathon to raise money for pancreatic cancer research this Saturday.

Many a doctor takes part in the marathon to raise money for pancreatic cancer research this Saturday.
많은 의사들이 췌장암 연구 모금을 위해 이번 주 토요일 마라톤에 참가한다.

(3) the number of+복수 명사+단수 동사

The number of victims of Apartheid has been drastically increasing, causing a public uproar.
아파르트헤이트의 희생자 수가 급격히 늘어나 대중의 분노를 유발했다.

(4) a number of+복수 명사+복수 동사

A number of protesters against the government of Greece are taking to the streets to fight corruption.
그리스 정부에 대항하는 많은 시위자들이 부패와 싸우기 위해서 길거리로 나오고 있다.

다음 괄호 안에서 가장 적절한 것을 고르시오.

1. Each chapter (include / includes) questions that will help individual readers apply the ideas to their own classrooms.

2. Drawing portraits with charcoal (is / are) an easy skill to create smooth and realistic pieces.

3. The Human Resource Department has the largest number of (personnels / personnel).

4. The liberalism of Dutch culture (has / have) more to do with accepting human nature and its value than depravity.

5. The number of Korean tourists traveling to Brazil (is / are) expected to increase 30 percent.

6. Five years in Germany (have / has) made me appreciate multiculturalism more.

7. A large percentage of patients with diabetes (consume / consumes) moderate amounts of sweets.

8. Statistics show that half of the used cameras (have been / has been) out of order.

9. Millions of Europeans (seek out / seeks out) acupuncturists, since their conventional medicine failed to cure their illnesses.

10. The effects the volcano eruption will have on diverse ecosystems (is / are) a great source of concern.

PRACTICE TEST

PART I Choose the option that best completes each dialogue.

1. A Why did you choose to send your daughter to this school?
   B Because I believe each of the students there _____ a great opportunity for autonomous thinking.
   (a) have (b) is having
   (c) are having (d) has

2. A What's the problem with feminism?
   B Many a feminist _____ to think that women can eradicate gender discrimination by behaving like men.
   (a) seem (b) seems
   (c) is seeming (d) have seemed

3. A Would you like a smoking room?
   B No. Neither of us _____.
   (a) smokes (b) smoke
   (c) smoking (d) smoked

4. A What do you think of the film's screenplay?
   B Yours _____ much better and more imaginative.
   (a) are (b) is
   (c) do (d) doing

5. A How much deposit do I have to pay?
   B There is no deposit. But we have to pay _____ for school accommodation in advance.
   (a) two thousands dollar (b) two thousands dollars
   (c) two thousand dollars (d) two thousand dollar

Unit 04 | 55

PART II Choose the option that best completes each sentence.

6 The number of sports programs that are targeted at adults and teenagers _____ steadily increased.

(a) has (b) had
(c) have (d) to have

7 Neither Chris nor Michael _____ show up for a fashion show.

(a) has expected to (b) have expected to
(c) were expected to (d) was expected to

8 The committee _____ to review the recommendation letter of each potential candidate for the student body president.

(a) have wanted (b) wanting
(c) want (d) wants

PART III Read each dialogue or passage carefully and identify the option that contains a grammatical error.

9 (a) A I heard a large number of disabled students easily becomes discouraged and drop out of school.
(b) B Many schools have a bad opinion about disabled students. We should treat them with love and attention.
(c) A I think each school should have a counseling service and facilities for disabled students in order for them not to quit school.
(d) B I agree. It is important that all students hang out with them without prejudice.

10 (a) This half marathon event is great for first runners and seasoned marathoners alike. (b) The half marathon is held on the same course route as the full marathon, meaning there are lots of cheers. (c) Although the distance is only half that of a full marathon, 13 miles are a very long distance to run, in particular, to the first runners. (d) Once you complete a half-marathon, all participants have the sense of accomplishment, which helps them experience such an inspirational and emotional moment.

Unit 05 수동태

수동태의 기본 규칙과 함께 다양한 쓰임새를 파악해야 한다. 우선, 주어와 동사를 찾아 수동의 관계인지, 능동의 관계인지 이해하며 특히, 자동사와 타동사 둘 다 가능한 동사들은 문장 속에서 쓰이는 형태에 주목한다. 또한 능동 형태임에도 수동의 의미를 가지는 동사들도 잘 익혀 두어야 한다.

Sample Question

Huge pressure was _____ her shoulders when she was called a female Beckham in UK.

(a) placed to
(b) placed on
(c) being placed to
(d) to be placed on

정답 (b)

해석 그녀가 영국에서 여자 베컴이라고 불려질 때, 엄청난 중압감이 그녀의 어깨에 놓여졌다.

해설 중압감이 그녀의 어깨에 '놓여지는' 것이므로 수동태가, 어깨 '위에' 놓이는 것이므로 전치사 on이 적절하다.

어휘 pressure 압박(감)   female 여성인

1. 수동태와 시제의 결합

과거-현재-미래 시제, 완료형, 진행형, 조동사가 함께 쓰이는 다양한 형태를 파악하자.

Thirty passengers <u>were injured</u> seriously in the train accident yesterday.
어제 기차 사고에서 30명의 승객들이 심각한 부상을 당했다.

The majority of online music <u>is downloaded</u> illegally.
대다수의 온라인 음악은 불법적으로 다운로드된다.

Our bank <u>will be taken</u> over by a Chinese state-owned company.
우리 은행은 중국 국유 회사에 의해 인수될 것이다.

The jobless <u>are being helped</u> to search for a job by the local community.
직업이 없는 사람들은 지역 사회로부터 직업을 찾는 데 도움을 받고 있다.

Procrastination can be caused by either physical problems with the brain or by mental difficulties.
일을 뒤로 미루는 것은 뇌와 관련된 신체적인 문제들 또는 정신적인 어려움들에 의한 것일 수 있다.

Too many wild animals have been killed in the last 10 years.
너무 많은 야생 동물들이 지난 10년간 죽음을 당해 왔다.

2. 주의해야 할 수동태 구문 (1)

형태는 능동형이지만 자동사처럼 목적어 없이 쓰일 때 수동의 의미를 갖는 동사를 반드시 알아 두어야 한다. 그리고 목적어를 갖는 타동사이지만 수동형으로 절대 쓸 수 없는 동사들도 주의해야 한다.

(1) 능동태이나 의미는 수동인 동사

형태는 능동태이지만 수동의 의미를 가지는 동사이다.

> peel (껍질·표면이) 벗겨지다   read 쓰여 있다   sell 팔리다   be to blame 비난받다

You can learn to make hard-boiled eggs that peels easily.
달걀 껍질이 쉽게 벗겨지는 완전히 익힌 달걀을 만드는 법을 배울 수 있다.

Brazil soccer jerseys are selling like hot cakes.
브라질 축구 셔츠는 불티나게 잘 팔리고 있다.

I am not to blame in this situation.
나는 이런 상황에서 아무런 책임이 없다.

(2) need + 동명사

주어와 need 뒤의 동사가 수동의 관계가 되며, need to be p.p.로 바꿀 수 있다.

The garden needs weeding and the grass needs cutting.
그 정원은 잡초를 뽑아야 하고 풀은 잘라져야 한다.

This digital camera needs repairing(=needs to be repaired).
이 디지털 카메라는 수리가 필요하다.

(3) 수동태로 쓰지 않는 타동사

> have 가지다   lack ~이 없다   resemble 닮다   cost (비용이) 들다   fit 맞다   reach ~에 도달하다
> hold 수용하다   suit 어울리다   become 어울리다   look like ~인 것처럼 보이다   agree with ~에 동의하다

He resembles his younger brother a lot.
→ His younger brother is resembled by him. (X)
그는 남동생과 많이 닮았다.

These shoes fit me great.
→ I am fitted by these shoes. (X)
　이 구두는 나에게 잘 맞는다.

They have reached Chicago.
→ Chicago has been reached by them. (X)
　그들은 시카고에 도착했다.

The conference room can hold up to 500 people.
→ Up to 500 people can be held by the conference room. (X)
　그 대회의장은 500명까지 수용이 가능하다.

(4) 자동사로만 쓰이는 동사(구)

happen 발생하다	abound 아주 많다	interfere 간섭하다	lie 눕다, 있다	wait 기다리다
appear 나타나다	remain 계속 ~이다, 남다	serve as ~의 역할을 하다	belong to ~에 속하다	
rely on ~에 의존하다	amount to ~에 이르다	take place 일어나다	consist of ~로 이루어져 있다	

Rumors abound as to why she left the company.
그녀가 회사를 그만둔 이유에 대한 소문이 무성하다.

This book consists of 10 short stories that recount personal travel experiences.
이 책은 개인의 여행 경험에 대해 이야기하는 10개의 단편들로 구성되어 있다.

3. 주의해야 할 수동태 구문 (2)

(1) 목적어가 명사절인 경우의 수동태

사고, 기대, 판단 등을 의미하는 동사들은 that절을 목적어로 취할 때 가주어 it 또는 that절의 주어를 이용해 수동태로 쓸 수 있다.

> 일반 주어(people/they)+say[believe/think/suppose/report/consider/expect]+that+S+V

People say that she is curious about many things.
=It is said that she is curious about many things.
=She is said to be curious about many things.
　그녀는 많은 것에 호기심이 있다고 한다.

People expect that the company will become more profitable in the next quarter.
=It is expected that the company will become more profitable in the next quarter.
=The company is expected to become more profitable in the next quarter.
　그 회사는 다음 분기에 더 많은 수익을 올릴 것으로 기대된다.

(2) 사역동사와 지각동사의 수동태

사역동사와 지각동사의 목적격 보어인 원형부정사가 수동태로 바뀌는 경우에는 목적보어로 쓰인 동사원형을 to부정사로 바꿔야 한다. 단, 목적보어가 현재분사인 경우는 그대로 둔다.

He was seen to clean the windshield by me.
나는 그가 차 앞 유리를 닦는 것을 보았다.

I was made to go to the concert by her.
그녀는 나를 콘서트에 가게 했다.

Someone was heard shouting for help by the residents.
주민들이 누군가 도움을 요청하려고 소리를 치는 것을 들었다.

I was made to give them details of my bank accounts.
나의 은행 계좌의 상세한 사항을 그들에게 주게 되었다.

(3) by 이외의 전치사를 쓰는 수동태

with, of, in, to 등 by 이외의 전치사를 쓰는 수동태는 하나의 숙어처럼 암기해 두어야 한다.

My brother was married to a South African woman last year.
오빠는 작년에 남아프리카 여자와 결혼했다.

Many businessmen are only interested in making a profit.
많은 사업가들은 단지 이윤을 창출하는 데에 관심이 있다.

The passengers are satisfied with the good service.
승객들은 훌륭한 서비스에 만족한다.

The world-famous British Museum is best known for its huge range of historical artifacts from many parts of the world.
세계적으로 유명한 대영 박물관은 세계의 많은 곳에서 들여온 광범위한 역사 유물들로 잘 알려져 있다.

The store is located in the downtown area of Sydney.
그 상점은 시드니의 도심에 위치해 있다.

I was caught in a small shower while I was on the way home.
집으로 가는 동안 적은 양의 소나기를 만났다.

Exercise

다음 괄호 안에서 가장 적절한 것을 고르시오.

1. The summit meeting (is consisted of / consists of) 27 representatives around the world.

2. The National Museum used not to (allow / be allowed) visitors to take photos and record them on videotape.

3. (It was said to / It was said that) a monster lived in Lake Michigan, but that was just a myth.

4. Annual death rates (declined / were declined) during the years of downturn.

5. The final decision (will be made / will make) after a scheduled meeting today.

6. I went to the beach last weekend, and now my back (is peeling / is peeled).

7. The medical experts were unable (to be reached / to reach) a final agreement.

8. The tours being very popular, reservations (need to make / need to be made).

9. The products (are being filled with / are filling with) more useful features like wireless charging and water resistance every year.

10. Professor Stevenson's career (has dedicated / has been dedicated) to fostering international research.

Practice Test

PART 1 Choose the option that best completes each dialogue.

1 A Who is the winner? Did Messi finally get an award for MVP?
B No, the award _____ Neymar.

(a) was given for (b) was given to
(c) was given of (d) was given

2 A I finally get a master's degree next week.
B Congratulations! You must _____.

(a) be exhilarated (b) have been exhilarated
(c) was exhilarated (d) exhilarate

3 A These new sneakers seem to be a big hit.
B Yeah, they are _____ really well after Justin Bieber was seen wearing it.

(a) sold (b) selling
(c) to sell (d) to be sold

4 A Where do you want the pizza _____?
B My workplace, please.

(a) deliver (b) delivered
(c) to deliver (d) delivering

5 A I think your presentation _____ by tomorrow morning and available online later.
B I know. I will do my utmost to get my work done quickly.

(a) needs to be recorded (b) need being record
(c) needs to be recording (d) need of recorded

PART II Choose the option that best completes each sentence.

6 We are happy to announce that the strike _____ and all flights will begin operating as scheduled.

(a) has called off
(b) has been called off
(c) have been called off
(d) were being called off

7 Among the many paintings that _____, one was a Jackson Pollock worth over a million euros.

(a) were stolen
(b) is stolen
(c) are stealing
(d) has been stealing

8 The ancient Chinese art _____ multiple health benefits like reducing stress and promoting better sleep.

(a) says that having
(b) are said to have
(c) is said to have
(d) is said that having

PART III Read each dialogue or passage carefully and identify the option that contains a grammatical error.

9 (a) A What happened? Your knee is full of scar.
(b) B I tripped and fell during night hiking.
(c) A Why don't you get a tetanus shot for prevention?
(d) B I will. It's going to be even worse if leave untreated.

10 (a) Thirty people were left hanging upside down when a roller coaster stopped at peak due to a power failure. (b) The passengers were stranded 50 feet in the air for 30 minutes. (c) An official from the amusement park argued that the passengers had firmly locked in and had not been in danger. (d) It was agreed that the ticket price should be given back to the passengers.

Unit 06 다양한 때를 나타내는 중요 시제들

시제 문제는 전 파트에 골고루 분포되어 있고 출제 빈도가 매우 높은 유형이다. 시제와 함께 사용되는 시간 표현을 잡아내는 것이 핵심이다. 또한, 현재완료, 미래완료 등의 완료 시제가 자주 출제되므로 완료의 개념을 이해하고, 단순 시제(과거, 현재, 미래)와의 차이점을 정확하게 구별한다.

Sample Question

The coffee machine _____ for the past few days, and it finally broke down and failed to switch on.

(a) has been acting up
(b) had been acting up
(c) has made
(d) made

정답 (b)

해석 커피 기계가 지난 며칠 동안 제 기능을 못하더니, 결국 고장이 나서 켜지지 않았다.

해설 과거완료는 과거 시점보다 이전에 일어난 일을 나타낸다. 제 기능을 하지 못한 것이 고장이 나서 켜지지 않은 것보다 이전에 일어난 일이므로 과거완료를 써야 한다.

어휘 act up 제 기능을 못하다   break down 고장 나다

1. 현재완료

(1) 현재완료 시제

현재완료는 과거를 나타내는 특정한 표현들(last year/ago/yesterday)과는 함께 쓰지 않는다. just와 before는 현재완료와 과거 시제에 모두 사용 가능하지만, just now는 과거 시제에서만 사용할 수 있고, 〈since+과거 표시 어구〉는 완료 시제 문장에서 쓸 수 있다.

> 현재완료와 함께 쓰이는 표현: for[over/in] + 기간, since + 과거 시점, ever, lately, recently

The chemical corporation **has been** the most lucrative firm <u>in the past 3 years</u>.
그 화학 회사는 지난 3년간 수익이 가장 좋은 회사였다.

(2) 과거 시제 in vs. 현재완료 시제 since

과거 시제는 과거 특정 시점에서 시작했다가 완료된 일에, 현재완료 시제는 과거 특정한 시점에서 발생하여 지금까지 영향을 미치는 경우에 쓴다. 과거 시제는 과거의 특정한 시점을 의미하는 부사적 표현과 함께 쓰여 의미를 분명히 한다. in은 과거 시제와, since는 현재완료 시제와 쓰인다. 이때 in 다음에는 연도처럼 특정 과거 시점을 나타내는 표현이 와야 하며 in the past 5 years처럼 기간을 나타내면 현재완료 시제를 써야 한다.

This computer program, which **was implemented** in 2016, has received high satisfaction levels from customers.
2016년에 실행되었던 이 컴퓨터 프로그램은 고객들로부터 높은 만족도를 받아 왔다.

This computer program **has received** high satisfaction levels from customers since 2016.
이 컴퓨터 프로그램은 2016년 이후로 고객들로부터 높은 만족도를 받아 왔다.

I **have dabbled** in playing classical music since I was a high school student.
나는 고등학생이었을 때부터 취미 삼아 클래식 음악을 연주해 왔다.

2. 미래완료

미래완료는 과거나 현재 시점부터 특정한 미래 시점까지의 동작이나 상태의 '완료/경험/계속/결과'를 나타내는데, 〈by+미래 표시 어구〉가 미래완료와 함께 가장 자주 출제된다.

    1) by[until]+미래 표시 어구(next year[month], tomorrow): ~쯤이면[~까지]
    2) if[when]+주어+동사: 만약 ~하게 되면[~일 때]

Tess **will have worked** in the company for twenty years by the time she tenders her resignation next month.
테스가 사직서를 제출할 다음 달 무렵이면 그녀는 이 회사에서 근무한 지 20년이 되어 있을 것이다.
→ for twenty years는 완료와 함께 쓰이는 시간 표현이고, next month는 미래까지의 시점을 나타내므로 미래완료 시제를 써야 한다.

If I go to Mexico again, I **will have been** there twice.
내가 다시 멕시코에 간다면 그곳에 두 번 가게 되는 것이다.

3. 과거완료

과거완료는 과거보다 앞선 대과거부터 과거 시점까지의 동작이나 상태를 나타낸다. 과거완료 시제는 과거의 어느 시점에 이미 상황이 종료되었거나 그때까지 지속된 것으로, 문장 안에 반드시 특정한 과거 시점이 언급된다.

(1) by the time+주어+동사

과거 시점을 나타내는 표현인 〈by the time+주어+과거 시제 동사〉가 오는 경우, 주절에는 과거완료 시제를 쓴다.

She **had already left** for the day by the time the meeting was adjourned.
회의가 중단되었을 때쯤 그녀는 이미 퇴근했었다.
→ by the time 뒤에 과거 시제(was adjourned)가 왔으므로 주절에는 과거 시제(left)가 아닌 과거완료 시제(had left)를 써야 한다.

(2) 주절과 종속절의 시제

주절이 과거 시제일 경우 종속절에는 과거 또는 과거 완료가 나온다.

Mr. Huntington informed us that clinical trials were conducted last week.
헌팅턴 씨는 우리에게 임상 실험이 지난주에 실시되었다고 알려 주었다.

My best friend sent me a coat that she had bought in London.
나의 가장 친한 친구가 런던에서 산 코트를 내게 보내 주었다.
→ 친구가 코트를 보내 준 것은 과거이고 런던에서 그것을 산 것은 그 이전이므로 과거완료를 쓴다.

(3) 종속절의 동작이나 상태가 계속될 경우

주절이 과거 시제라도 문장이 언급되고 있는 현재 시점까지 종속절의 동작이나 상태가 계속될 경우 현재완료 시제가 올 수 있다.

She insisted that the research team has developed various methods to detect contaminants.
그녀는 연구팀이 오염 물질을 감지하는 다양한 방법들을 개발해 왔다고 주장했다.
→ 주절이 과거 시제(insisted)이지만 이 문장을 말하고 있는 현재 시점에도 오염을 측정할 수 있는 방법들에 대한 개발이 지속되고 있다고 여겨진다면 현재완료 시제(has developed)를 쓸 수 있다.

Exercise

다음 괄호 안에서 가장 적절한 것을 고르시오.

1. We (have saved / will have saved) enough money by next year to buy a bigger house.

2. She and her date (have planned / had planned) to go to an amusement park, but it snowed.

3. The landlord told her tenants that the deposit (will increase / will have increased) next year.

4. Tom and his girlfriend, who got engaged last winter after dating for 10 years, (tied the knot / have been tied the knot) in California on Saturday night.

5. I (have been thinking / had thought) of dropping out of school since last October.

6. By the time the firefighters (arrive / will arrive) at the scene of the fire, the gallery will have been burnt to ashes.

7. As a result of a sharp rise in prices, air conditioner sales (decreased / have decreased) by 30% for the past six months.

8. It is not surprising that the documentary movie (won / win) the award for Best Picture at the Sundance Film Festival last year.

9. When he picked up his daughter from day care, Mark was upset to find that she (had been / have been) crying since he left.

10. Fiona (has been taught / will have been teaching) at the college for five years by the time she leaves for London.

Practice Test

PART 1 Choose the option that best completes each dialogue.

1. **A** How was Kerry when you went to the hospital to visit her yesterday?
   B I could tell she _____ although she tried to pretend that her disease can be cured completely.

   (a) would be crying
   (b) had been crying
   (c) have cried
   (d) was crying

2. **A** Hi, Tom. Do you have a minute to talk?
   B I'm Sorry, you _____ me at a bad time. I'm really busy now.

   (a) caught
   (b) catch
   (c) had caught
   (d) will be caught

3. **A** How was the Edvard Munch exhibition?
   B Fantastic! I _____ his works at the art museum before.

   (a) wouldn't have seen
   (b) hadn't seen
   (c) won't have seen
   (d) haven't seen

4. **A** Have you ever been to Ireland?
   B Yes, I _____ to Dublin with my family back in 2016.

   (a) go
   (b) went
   (c) have been
   (d) have gone

5. **A** I wonder what Eva's been doing since dropping out of college.
   B I have heard she _____ several jobs and now she is a nanny.

   (a) has
   (b) was having
   (c) had
   (d) have had

PART II Choose the option that best completes each sentence.

6 Jessica and her colleagues were dead on their feet by the time they got home because they _____ a full marathon.

(a) have finished
(b) had finished
(c) finished
(d) have been finished

7 According to the Korea Economic Research Institute, the earnings of the upper income-level class _____ by the next quarter.

(a) will have increased
(b) have increased
(c) will be increased
(d) have been increased

8 Not until after he arrived at the train station did Kelvin realize that he _____ his cell phone at home.

(a) has left
(b) had left
(c) has been left
(d) had been left

PART III Read each dialogue or passage carefully and identify the option that contains a grammatical error.

9 (a) A   The musical starts at 8:00, and it's already 7:40!
(b) B   We should have taken the subway instead of the taxi.
(c) A   Yes. By the time we get there, the musical has already started.
(d) B   If we hurry now, we will only miss the first few minutes.

10 (a) We notice you didn't sign up for any classes since January 2017. (b) Professor Jeffreys has confirmed that you have not registered for any classes this term either. (c) We shall be grateful if you could let us know if you are still hoping to re-register for the summer term. (d) We cannot write a letter to say you are registered until we receive this information.

Unit 07 틀리기 쉬운 조동사

〈조동사+have p.p.〉 형태에서 적절한 조동사를 찾는 문제가 자주 나온다. 또한, 조동사가 포함되어 있거나 조동사처럼 동사 앞에 쓰여 의미를 추가하는 관용적인 표현이 자주 출제되므로 이런 표현들에 주의한다.

Sample Question

A My face is peeling from sunburn.
B I told you to apply some sunscreen. You _____ to me.

(a) would have listened
(b) can have listened
(c) must have listened
(d) should have listened

정답 (d)
해석 A 햇볕에 타서 얼굴이 벗겨지고 있어.
B 자외선 차단제를 바르라고 했잖아. 내 말을 들었어야지.
해설 자외선 차단제를 바르라는 충고를 듣지 않아서 힘들어하는 것이므로 과거에 하지 않은 일에 대한 아쉬움을 나타내는 should have p.p.가 알맞다.
어휘 peel (피부가) 벗겨지다   sunburn 햇볕으로 입은 화상

1. 자주 출제되는 조동사

(1) 조동사+have p.p.

과거 사실에 대한 추측, 과거의 일에 대한 반대의 가정, 아쉬움, 후회 등을 나타낸다.

must have p.p. ~했음이 틀림없다	cannot have p.p. ~였을 리가 없다
need not have p.p. ~할 필요가 없었는데 했다	should have p.p. ~했어야만 했다
may[could/might] have p.p. ~였을지도 모른다	

She <u>must have been</u> here an hour ago. 그녀가 1시간 전에 여기에 왔던 게 틀림없어.
She <u>cannot have been</u> here an hour ago. 그녀가 1시간 전에 여기에 왔을 리가 없어.
She <u>may have been</u> here an hour ago. 그녀가 1시간 전에 여기에 왔을지도 몰라.

She should have been here an hour ago. 그녀는 1시간 전에 여기에 왔었어야만 했어.
She need not have been here an hour ago. 그녀가 여기에 1시간 전에 올 필요는 없었어.

(2) need vs. dare

need와 dare 모두 부정문이나 의문문에서 조동사로 사용이 가능하나, 긍정문에서는 조동사가 될 수 없다. 조동사로 쓰일 경우에는 뒤에 동사원형이 온다.

You need not(=don't need to) check out the schedule early and frequently while concentrating on your work.
일에 집중하는 동안은 스케줄을 일찍, 자주 확인할 필요가 없다.

Need I(=Do I have to) complete this registration form and drop it in a box?
이 등록 신청서를 작성해서 박스에 넣어야 하나요?

I dared not(=didn't dare to) look at the famous actress while seeing the play.
연극을 보면서 나는 감히 그 유명 여배우를 쳐다보지 못했다.

How dare you(=do you dare to) tell me a deliberate lie?
당신이 어떻게 내게 의도적인 거짓말을 할 수 있어요?

2. 조동사 관용 표현

(1) had better + 동사원형: ~하는 것이 좋다

You had better turn that music down before my parents get mad at me.
부모님이 내게 화를 내시기 전에 너는 그 음악 소리를 줄이는 게 좋겠어.

(2) would rather A than B / may as well A as B: B하는 것보다 차라리 A하는 것이 더 낫다

I would rather apply for a new job than receive a meager salary.
얼마 안 되는 월급을 받느니 차라리 새로운 일자리를 찾는 게 낫겠어.

(3) may well + 동사원형: ~하는 것도 당연하다, 아마도 ~할 가능성이 높다

She may well handle stress better after suffering from heart disease.
심장 질환을 앓은 후, 그녀가 스트레스를 잘 관리하는 것도 당연해.

(4) cannot ... too[enough]: 아무리 ~해도 지나치지 않다

You cannot be too careful in choosing your first job.
첫 직장을 고를 때 아무리 신중해도 지나치지 않다.

(5) cannot but + 동사원형 / cannot help – ing: ~하지 않을 수 없다

I can make a fresh start but I cannot help dwelling on past failures.
새로운 출발을 할 수 있지만, 과거의 실패들을 곱씹지 않을 수가 없다.

3. 조동사의 시제

(1) 현재: 조동사+동사원형

조동사 뒤에 동사원형이 오면 시제상 현재를 나타낸다.

Generally when women work full-time, they can't take care of their children on their own.
일반적으로 여자들이 풀타임으로 일하면 혼자서 자식들을 돌볼 수 없다.

(2) 과거: 조동사+have p.p.

조동사 뒤에 have p.p.가 오면 시제상 과거를 나타낸다.

You should have seen the look on his face when I told him I had won first prize.
내가 1등을 했다고 그에게 말했을 때 그의 표정을 네가 봤어야 했어.

4. 조동사의 생략

한 번 언급된 동사구가 다시 사용될 때는 보통 do나 be동사를 포함한 (조)동사 바로 뒤에서 생략될 수 있다. 동사를 생략하는 경우와 반드시 써야 하는 경우를 구별해서 이해해야 한다.

(1) 일반동사

조동사 뒤에 일반동사가 올 경우 무조건 생략한다.

A Can you distinguish his handwriting from those of other students?
그의 글씨체를 다른 학생들의 것과 구별할 수 있어?

B Of course, I can. 물론이죠.
→ 일반동사 distinguish가 생략되었다.

(2) be동사

조동사 뒤에 반복되는 동사가 be동사인 경우 be동사까지 쓴다.

Living in a dormitory and living on campus is much harder than it used to be.
기숙사에서 지내는 것과 캠퍼스에서 생활하는 것이 예전에 그랬던 것보다 훨씬 더 힘들어졌다.
→ 조동사 used to 뒤에 be를 생략하지 않고 꼭 써 줘야 한다.

(3) have

조동사 뒤에 완료 시제를 쓸 경우 have까지만 남기고 생략한다.

A Did you see off Susan at the airport? 수잔을 공항까지 배웅해 줬니?

B No, but I should have. 아니. 배웅을 해줬어야 했는데 못했어.
→ have 뒤에 seen her off가 생략되었다.

다음 괄호 안에서 가장 적절한 것을 고르시오.

1. I would rather do my work (than / when) idle.

2. You (couldn't / shouldn't) have seen my car in the parking lot. It was in the garage.

3. The students (dare not / need not) feel guilty about their procrastination because they met the deadline for the term paper yesterday.

4. She (must have gone / could have gone) to Cambridge University but she preferred Brown University in the US.

5. This book (wouldn't have been / shouldn't have been) published without the help of many people.

6. If you want to remove the scars quickly, you (should / would) apply the ointment twice a day.

7. Playing music on the phone overnight (should / might) have made the battery run out faster.

8. (Need / Am) I drop out of my physics class or math class by tomorrow?

9. My strict diet and exercise was so successful that friends (may as well / may well) not recognize me.

10. Being loud and obnoxious inside a museum (would not / cannot be) harshly criticized enough.

Practice Test

PART 1 Choose the option that best completes each dialogue.

1 A Did you check the date on the milk carton in the refrigerator?
   B No. I _____.

   (a) should have
   (b) shouldn't have
   (c) shouldn't it
   (d) should be done

2 A I can't go to the art gallery with you, but Melissa can.
   B I _____ rather cancel the reservation than go with Melissa.

   (a) would
   (b) could
   (c) should
   (d) have

3 A Olivia _____ her lawsuit over the car accident.
   B Yes. The judge awarded her $20,000 in damages.

   (a) couldn't have won
   (b) could be won
   (c) ought to win
   (d) must have won

4 A I can't find my documents in my office. Have you seen it?
   B You _____ them in my car by mistake.

   (a) would not leave
   (b) could have left
   (c) should have left
   (d) should leave

5 A We couldn't get any tickets for the football match in Barcelona.
   B You _____ a reservation online.

   (a) must have made
   (b) couldn't have made
   (c) should have made
   (d) used to have made

6 A I didn't sleep a wink last night for sorting through the data.

B Oh, you _____ not have done that. Andrea analyzed and retained our data on the computer.

(a) need (b) must
(c) would (d) might

PART II Choose the option that best completes each sentence.

7 We _____ emphasize enough the importance of having a well-balanced body for a well-balanced mind.

(a) mustn't (b) cannot
(c) ought not (d) shouldn't

8 A new theory on missing flight claims that it _____ hijacked or sabotaged using a mobile phone to take over the controls.

(a) could have been (b) need have been
(c) should have been (d) ought to have been

PART III Read each dialogue or passage carefully and identify the option that contains a grammatical error.

9 (a) A I plan to travel to Okinawa this weekend.
(b) B You wouldn't do that. You had better change your itinerary.
(c) A Why? I already made a reservation for a hotel and an airline ticket.
(d) B The forecast warns that a typhoon will hit Okinawa this week.

10 (a) Different theories on economics can offer us different possible solutions to an economic crisis. (b) But almost always someone at some point must have sacrificed something in the process. (c) Obviously no one is very eager to suffer a personal loss themselves and our democracy forbids us from forcing anyone else to shoulder this burden. (d) Because people can disagree on the right solution to a crisis, coming up with economic policies can sometimes be quite difficult.

Unit 08 가정법 시제 및 if 이외의 가정법 표현

실제 사실과 반대되거나 일어나지 않은 일을 말할 때 가정법을 쓴다. 텝스에서는 시제와 결합한 동사의 형태와 if가 생략되어 도치되는 경우, 그리고 if를 사용하지 않는 기타 가정법 표현들이 전 파트에 걸쳐서 골고루 출제된다.

Sample Question

A I was very surprised you decided to donate all proceeds of the company's newest products to charity.

B Well, had it not been for my colleagues' support, I _____ it.

(a) would never have done
(b) will never have done
(c) never done
(d) would never be done

정답 (a)

해석 A 당신이 회사 신제품 수익금의 전부를 자선 단체에 기부하기로 한 결정에 너무 놀랐어요.
B 음, 동료들의 도움이 없었더라면 그렇게 하지 않았을 겁니다.

해설 과거의 일을 가정하는 것이므로 가정법 과거완료 형태인 (a) would never have done이 정답이다. had it not been for는 if가 생략되어서 도치된 구문이며 but for / without / if it had not been for로 쓸 수 있다.

어휘 proceeds 수익금   colleague 동료

1. 가정법 문장의 특징

(1) 가정법 미래

현재나 미래 사실에 대한 강한 의혹 또는 불가능한 일을 가정하는 경우이며, if절에는 were to나 should를 사용하고 주절에는 조동사의 과거형이나 현재형을 사용한다. 특히, were to는 의미가 강한 미래, 또는 가능성이 희박한 일에 대한 순수한 가정을 나타낸다. should는 앞으로 어떠한 도움 또는 문제가 나타날 경우에 자주 사용된다.

> If+주어+were to ~, 주어+조동사의 과거형+동사원형 ~
> If+주어+should ~, 주어+조동사의 원형+동사원형 ~
> If+주어+should ~, 명령문 ~

If I were to be young again, I would take care of my skin condition.
내가 다시 젊어진다면, 피부 관리에 신경을 쓸 텐데. (불가능한 일을 가정)

If her relatives and friends should come tomorrow, I will pick them up at the bus terminal.
그녀의 친척과 친구들이 내일 온다면, 나는 그들을 데리러 버스터미널에 갈 거야.

If you should require any further information, we will be pleased to assist you.
더 추가적인 정보를 요구하고 싶으시면, 저희가 기꺼이 돕겠습니다.

(2) 가정법 과거

가정법의 가장 기본적인 형태로, 현재 사실의 반대를 가정할 때 쓰며 형태는 과거이지만 내용의 기준 시점은 현재이다.

> If + 주어 + 과거 동사(be동사는 were) ~, 주어 + would[should / could / might] + 동사원형 ~

If he were well-educated and had a good command of English, he would get promoted sooner.
그가 고학력이고 좋은 영어 실력을 갖추었다면, 더 빨리 승진할 수 있을 텐데.

(3) 가정법 과거완료

과거 사실의 반대를 가정해서 과거 상황에 대한 아쉬움 또는 후회를 나타낼 때 쓰며, 과거완료의 형태는 출제 빈도가 가장 높은 편이다.

> If + 주어 + had p.p. ~, 주어 + would[should / could / might] + have p.p. ~

TBC Inc. would have gotten a great reputation if the research team had succeeded in launching new medicine.
연구팀이 새로운 약을 출시하는 데 성공했다면, TBC 사는 굉장히 좋은 평판을 얻었을 것이다.

If it had not been for a ventilation system installation last week, the residents would have suffered the effects of indoor air pollution problem.
지난주 환기 시설 설치 작업이 없었다면, 주민들은 실내 공기 오염의 피해를 입었을 것이다.

(4) 혼합가정법

과거 일의 결과가 현재에 영향을 주었을 때 사용하며, 보통 주절에는 현재를 나타내는 부사 today, now 등이 오는 경우가 많으므로 주절의 단서를 참고한다.

> If + 주어 + had p.p. ~, 주어 + would[should / could / might] + 동사원형 ~

If you had practiced law in New York when younger, you would be very rich now.
젊었을 때 뉴욕에서 변호사 개업을 했었더라면, 너는 지금쯤 매우 부자가 되었을 텐데.

2. if절 생략의 가정법 표현

(1) 가정법 미래의 〈주어 + 동사〉의 도치

가정법에서 if는 생략 가능하며, 이 경우 뒤에 있는 〈주어+동사〉가 도치된다. if절에 should가 가끔 사용되는데, 이때 if를 생략하면 should가 주어와 도치되어 문두로 온다. 이처럼 if가 생략될 때 should가 도치되는 문장이 자주 출제된다.

If you should wish additional food items, please contact reception for the charges.
→ Should you wish additional food items, please contact reception for the charges.
추가 음식을 원한다면, 비용을 위해서 호텔 접수처에 연락해 주세요.

(2) 생략된 가정법의 관용 표현

without / but for 만약 ~이 없다면[없었다면]

If it had not been for the two witnesses, the innocent students would have been unjustly accused of the crimes.
→ Had it not been for the two witnesses, the innocent students would have been unjustly accused of the crimes.
→ Without the two witnesses, the innocent students would have been unjustly accused of the crimes.
→ But for the two witnesses, the innocent students would have been unjustly accused of the crimes.
두 명의 목격자가 아니었다면, 그 무고한 학생들은 범죄에 대해 누명을 썼을지도 모른다.

3. 기타 가정법을 사용한 주요 구문들

if를 쓰지는 않지만 가정법 과거 및 과거완료의 의미로 해석이 될 수 있다. 시제에 주의하면서 가정법에 사용되는 특수한 구문들은 외워 두어야 한다.

(1) wish + 가정법: 현재 또는 과거의 일에 대한 이루어질 수 없는 소망

I wish I could see the Santos football team. 산토스 풋볼팀을 볼 수 있으면 좋겠는데.
I wish I had seen the documentary film. 내가 그 다큐멘터리 영화를 봤으면 좋았을 텐데.

(2) as if[though] + 가정법 과거[과거완료]: 현재나 과거 사실에 반대되는 가정을 표현할 때

He acts as if he were a real chef at a restaurant.
그는 레스토랑에서 진짜 요리사인 것처럼 행동한다.

She talked about Brazil as if she had visited the country many times.
그녀는 브라질에 대해서 마치 많이 방문한 것처럼 이야기했다.

(3) It is (high[about]) time that+주어+동사의 과거형: ~해야 할 때이다

현재 사실에 대한 당연한 기대와 반대되는 것을 의미한다.

It's about time the UN Secretary-General took serious actions to stop Russian military intervention in Ukraine.
→ It is time the UN Secretary-General should take serious actions to stop Russian military intervention in Ukraine.
　UN 사무총장은 우크라이나에 대한 러시아의 무력간섭을 중단하기 위해서 중대한 조치를 취해야 할 때이다.

(4) would rather (that)+주어+동사의 과거형: ~하는 편이 낫겠다

I would rather you didn't lend a flat without consulting me.
나는 네가 나와 상의하지 않고 아파트를 임대하지 않았으면 좋겠다.

I would rather she applied to New York University.
나는 그녀가 뉴욕대학교에 지원했으면 좋겠다.

(5) should+동사원형: ~해야 한다

주장, 요구, 제안, 명령을 의미하는 동사의 목적어가 되는 that절에는 〈(should)+동사원형〉을 쓴다. '~해야 한다'라는 의미로 당위적인 것을 표현한다.

demand 요구하다	command 명령하다	ask 요청하다	insist 주장하다	suggest 제안하다
propose 제안하다	order 명령하다	require 요구하다	request 요청하다	move 제안하다
decide 결정하다	recommend 추천하다			

He recommended that I should not give up completing my master's program.
그는 나에게 석사 과정을 마치는 것을 포기하지 말라고 권했다.

They suggested that the minimum wage be raised this year.
그들은 올해에는 최저 임금이 인상되어야 한다고 제안했다.

(6) It is important 다음의 that절에는 〈(should)+동사원형〉이 쓰인다.

이성적 판단의 형용사들이 it ... that절에서 사용되면 〈(should)+동사원형〉이 된다. 뒤에 오는 that절에 동사원형을 쓰는 이성적 판단의 형용사는 다음과 같다.

desirable 바람직한	important 중요한	essential 중요한	imperative 필수적인	vital 필수적인
reasonable 이성적인	proper 적당한	necessary 필요한	natural 자연스러운	

It is essential that the suitcases should be as light as possible.
여행용 가방은 최대한 가벼울 필요가 있다.

It is desirable that everyone seek peace of mind and tranquility.
모든 사람들이 마음의 평화와 평온을 추구하는 것이 바람직하다.

다음 괄호 안에서 가장 적절한 것을 고르시오.

1. If you had to give us one piece of advice, what (would / will) it be?

2. I would rather they (visit / visited) to the museum downtown.

3. The doctor suggested that his patients (did / do) various types of physical activity every day.

4. If you (have not saved / had not saved) your money at that time, you would still be in debt now.

5. If my supervisor were to call me, I (wouldn't have answered / wouldn't answer) during the weekend.

6. Josh talked as if he and I (have been / had been) close colleagues for a very long time.

7. If the ambulance had arrived earlier, the car accident victim (would have made / would be made) it.

8. The hierarchical nature in the Hindu caste system demands that lower classes (were / be) willing to sacrifice some privileges.

9. If I (had studied / studied) law in college, I could earn much more money now.

10. If there were a warning system against typhoons, the local residents could (be evacuated / have been evacuated) in a timely manner.

Practice Test

정답 및 해설 / P. 20

PART I Choose the option that best completes each dialogue.

1 A Is Eva coming to Heejae's farewell party this weekend?
　　B I wish she _____, but she's leaving for Alaska tonight.

(a) can
(b) was
(c) could
(d) did

2 A Do you mind if I turn off this heater?
　　B I _____.

(a) would rather you don't
(b) would rather you didn't
(c) would rather you do
(d) would rather you had

3 A Haven't you finished your report yet?
　　B No. If I _____ earlier today, I could be playing tennis now.

(a) had started
(b) have started
(c) would start
(d) started

4 A What are you going to wear for the conference?
　　B I'd like to wear my grey suit, but I need to get it cleaned and pressed.
　　　 I wish I _____ it to a dry cleaner last week.

(a) had taken
(b) took
(c) have taken
(d) could take

PART II Choose the option that best completes each sentence.

5 _____ the in-depth investigation, the case would never have been solved.

(a) If for not it had been
(b) Had it not been for
(c) Had not it been for
(d) Have it not been for

Unit 08 | 81

6 If you had canceled your insurance, you _____ in debt now from the treatment expenses.

    (a) wouldn't be   (b) would be
    (c) would have been   (d) had not gotten

7 It is crucial that every student _____ equal cultural and educational opportunities.

    (a) have   (b) has
    (c) had   (d) would have

8 _____ you have any queries about the service in this hotel, do not hesitate to contact us.

    (a) Could   (b) Might
    (c) Should   (d) Would

PART III Read each dialogue or passage carefully and identify the option that contains a grammatical error.

9 (a) A Why is Joseph taking so long with that application form?
    (b) B I think he is just revising it before submitting.
    (c) A Well, it is imperative that he submits it online by 5:00
    (d) B OK, I will remind him to make it on time.

10 (a) Ten sales clerks in K-market have been treated due to varicose vein symptoms during the past 6 months. (b) They have voiced for better working conditions such as shorter hours standing and enough break time, which have been rejected by the management. (c) Labor unions suggest that professions requiring extended periods of standing may increase the risk of developing varicose veins. (d) Also, they are saying that if the company paid more careful attention to the health of its workers, it would not be experiencing staff shortages today.

Unit 09 주의해야 할 분사와 분사구문

분사는 수식하고 있는 명사와의 관계가 능동인지, 수동인지 문맥을 통해서 파악하는 문제가 출제된다. 접속사를 생략하면서 부사절을 분사구로 전환하는 분사구문의 출제 비율이 가장 높으므로 실전 문제를 꾸준하게 풀면서 익숙해지도록 한다. 특히 특수 분사구문 및 주어가 있는 분사구문을 정확히 이해하고 독립분사구문과 같은 관용적인 표현도 꼭 기억하자.

Sample Question

Minor earthquakes _____ in recent days, all the roads leading to the volcano were closed yesterday.

(a) having recorded
(b) having been recorded
(c) to have been recorded
(d) to have recorded

정답 (b)

해석 최근에 작은 지진이 기록되었기 때문에 화산으로 이어지는 모든 길들이 어제 폐쇄되었다.

해석 주절의 주어가 Minor earthquakes이므로 수동의 의미를 가진 분사가 나와야 하고, 최근에 작은 지진이 기록된 것이 먼저 일어난 일이므로 having been p.p. 형태의 완료분사구문을 써야 한다.

1. 자주 출제되는 분사

분사구문의 의미가 수동인지 능동인지, 즉 현재분사가 필요한지 과거분사가 필요한지를 알 수 있어야 한다. 의미상의 주어에 따라 달라지므로 먼저 의미상의 주어부터 정확하게 찾아야 한다.

(1) 능동 / 수동 관계에서 보어의 형태

능동 관계인지 수동 관계인지에 따라서 보어가 달라지는 경우이다. 분사가 주격 보어로 쓰일 때 분사는 주어와의 관계에 따라 형태가 결정되고, 분사가 목적격 보어로 쓰일 때 분사는 목적어와의 관계에 따라 형태가 결정된다.

A I have been suffering from a severe asthma. 나는 심한 천식을 앓아 왔어.

B You should get yourself **examined** by an ENT doctor. 이비인후과 의사에게 검진을 받아야 해.

현재분사 vs. 과거분사

명사 앞에서 항상 현재분사 또는 과거분사만을 쓰는 분사형용사를 꼭 학습해 두자.

designated seat 지정석	surrounding area 주변 지역
merged company 합병된 회사	the following month 다음 달
unlimited warranty 무제한 보증	the coming year 다음 해
attached file 첨부된 파일	challenging task 어려운 일
enclosed document 동봉된 서류	demanding teacher 까다로운 선생님
revised edition 개정판	promising singer 유망한 가수

2. 분사구문의 시제

분사구문에서는 시제를 고려해야 하는데 분사구문이 주절의 일보다 먼저 일어났거나 앞선 시제를 나타낼 때 완료형 분사구문 having p.p.를 쓴다.

Providing free meals and drinks, this resort is already fully booked.
무료 식사와 음료수를 제공하기 때문에 이 리조트는 이미 다 예약이 되었다.

Having driven all day long by turns, both of us were very tired.
하루 종일 교대로 운전을 했기 때문에 우리 둘은 무척 피곤했다.

3. 분사구문의 부정어순: not[never]+분사구문

분사구문을 부정할 때에는 항상 분사 앞에 not 또는 never를 붙여야 한다.

<u>Not</u> **wanting** to hurt her parents' feelings, Susan didn't tell them the bad news.
수잔은 부모님의 기분을 상하게 하고 싶지 않았으므로, 나쁜 소식을 전하지 않았다.

<u>Not</u> **having** read her book, I couldn't write a review about it.
그녀의 책을 안 읽었기 때문에 나는 그녀의 책에 대한 비평을 쓸 수 없었다.

4. 주어가 있는 분사구문

분사구문을 쓸 때 부사절의 주어가 주절의 주어와 다를 경우 원래 부사절의 주어를 분명하게 표현한다. 또한, 의미상의 주어는 주로 명사로 표시한다.

<u>Her assignment</u> **having been rejected** twice, she revised and proofread it more carefully.
그녀의 과제가 두 번 거절되었기 때문에, 그녀는 더 신중하게 그것을 고치고 교정했다.

<u>A new semester</u> **starting** again, I signed up for all prerequisite subjects.
새 학기가 다시 시작되면서, 나는 모든 필수 과목들을 등록했다.

5. 100% 외워야 하는 분사구문 관용 표현

분사구문 규칙에 상관없이 관용적으로 쓰이는 표현으로서, 문장에서 단독으로 쓰며 부사절의 역할을 한다. 따라서 무조건 암기하자.

> providing[supposing] that ~라면
> judging from ~으로 판단하건대
> generally speaking 일반적으로 말하자면
> granting[granted] that ~을 인정하더라도
> strictly speaking 엄격하게 말하자면
> all things considered 모든 것을 고려해 보면
> weather permitting 날씨가 좋으면

Providing that all your assignments are completed, you may have dinner.
너의 모든 과제들을 마쳤다면, 저녁을 먹어도 좋아.

Judging from her accent, she is from Texas.
그녀의 억양으로 판단하면, 그녀는 텍사스 출신이다.

6. with+(대)명사+분사

분사의 의미상 주어 앞에 with를 두어 동시 진행 상황을 나타낸다. '~한 채', '~하면서'의 의미로 부대 상황을 나타내며, 분사 앞의 명사와의 관계에 따라서 능동인 경우 현재분사, 수동인 경우 과거분사를 사용한다.

> with one's eyebrows raised (놀라거나 못마땅해서) 눈썹을 치켜 뜬 채
> with one's legs crossed 다리를 꼬고
> with one's arms folded 팔짱을 낀 채
> with one's sleeves rolled up 소매를 걷어붙이고
> with one's eyes closed 눈을 감고
> with one's hands put into a pocket 주머니에 손을 넣은 채로

She is staring at them with her eyebrows raised.
그녀는 눈썹을 치켜 뜬 채, 그들을 응시하고 있었다.

She stood there, with her arms folded.
그녀는 팔짱을 낀 채, 거기에 서 있었다.

Jane began walking toward her house with her hands put into a pocket.
제인은 주머니에 손을 넣은 채로 그녀의 집을 향해 걸어가기 시작했다.

다음 괄호 안에서 가장 적절한 것을 고르시오.

1. (Accused / Having accused) of stealing two mobile phones from ABC store, a homeless man was arrested last night.

2. The attack left 10 people dead and 5 others (injuring / injured).

3. (With his eyes closed / With his eyes close), he was trying to think of how to change his mother's mind.

4. A stroke occurs when the blood flow to the brain is cut off, (deprived / depriving) it of oxygen.

5. His decision to stay at his current company is very (comforted / comforting) to his wife.

6. All the advice (was offered / offered) to him was ignored as he just wouldn't listen.

7. In addition to calculating numbers, computers can do some work usually (relating / related) with human decision-making.

8. (There being / It being) no seats available in the classroom, I had to stand all the way through the lecture.

9. (All things are considered / All things considered), I would do better to travel to India in winter.

10. A My alarm doesn't go off.
    B Don't worry too much. I can get it (fixed / fixing) for you tomorrow.

PART 1 Choose the option that best completes each dialogue.

1. A I can't understand him. He knows that we don't have much time, but he never hurries things up.
   B _____ that he is meticulous about the project, he is too inconsiderate of his coworkers.

   (a) To grant (b) Granting
   (c) To be granted (d) Have been granted

2. A Wow, what a beautiful living room it is!
   B _____ could be, I spent three hours cleaning it up.

   (a) It being as messy as (b) It was messy
   (c) Being as messy it (d) Being it as messy as

3. A Why don't you join a study group this weekend?
   B _____ introverted, I would rather study alone than study in a group.

   (a) To be (b) Being
   (c) Has been (d) I am

4. A Do you think she is a native English speaker?
   B Yes. _____, she must be English.

   (a) Judging from her accent (b) Judge from her accent
   (c) To judging from her accent (d) Being judging from her accent

5. A Is it true that North Atlantic Airlines will take over Iceland Express?
   B Yes. Once _____, the two companies should be profitable.

   (a) merging (b) merged
   (c) it merging (d) having merged

Unit 09 | 87

PART II Choose the option that best completes each sentence.

6 _____ very recently, the shopping mall is in danger of collapsing.

(a) Built (b) Having built
(c) To be built (d) Having been building

7 There was a multi-vehicle collision on Highway 50, _____ many people to be stuck in a traffic jam for several hours.

(a) cause (b) caused
(c) to cause (d) causing

8 _____ at her final job interview, she gave up hope for being hired.

(a) Screwing up (b) Having screwed up
(c) To screw up (d) To be screwed

PART III Read each dialogue or passage carefully and identify the option that contains a grammatical error.

9 (a) A What did you do when you couldn't go on a trip with your friends?
(b) B I used a travel partnering agency. They provide solo travelers with a travel companion.
(c) A Really? What a great idea to match like-minded travelers!
(d) B Yes. Having had not any experience in visiting India, I asked them for someone who does.

10 (a) If people spend much time sitting with their legs cross, it can cause health issues like decreased circulation, varicose veins, back pain, and high blood pressure.
(b) Chronic leg crossers probably have a sedentary lifestyle or lack of exercise.
(c) In particular, crossing the legs can place disproportionate tension on the muscles of the lumbar back. (d) And while tensing the back muscles, it can also strain the abdominal muscles which can cause further problems down the road.

Unit 10 동명사와 to부정사 비교

동명사를 쓸 것인가, to부정사를 쓸 것인가를 고르는 문제는 항상 출제되는데, 둘 다 목적어로 취할 수 있는 동사들 중에는 어느 것을 목적어로 취하느냐에 따라 의미가 완전히 달라지는 것이 있다는 사실에 주의한다. 또 시험에 자주 나오는 to부정사와 동명사의 관용적인 표현도 실전 문제를 통해 익혀 두어야 한다.

Sample Question

James Anderson, CEO of the airline, regrets _____ that the company will downsize its workforce and reduce its payroll.

(a) announcing
(b) to have announced
(c) having announced
(d) to announce

정답 (d)

해석 항공사 대표인 제임스 앤더슨은 회사의 직원 감축과 임금 삭감을 발표하게 되어 유감스럽게 생각한다.

해설 과거의 일에 대한 후회는 〈regret+동명사〉, 어떤 상황에 대한 유감은 〈regret+to부정사〉로 쓴다. 문맥상 안 좋은 소식을 발표하게 되어 '유감이다'라는 표현이 적절하므로 to부정사가 와야 한다.

어휘 downsize 축소하다 workforce 직원 payroll 급여 지불 총액

1. 동명사와 to부정사에 따라 의미가 달라지는 동사

가장 출제가 많이 되는 문제 중 하나이다. to부정사를 쓰느냐, 동명사를 쓰느냐에 따라 달라지는 의미의 차이를 문장에서 파악해야 한다.

	+동명사 (과거의 의미)	+to부정사 (미래의 의미)
remember	~한 것을 기억하다	~할 것을 잊지 않고 기억하다
forget	~한 것을 잊다(했는데 잊음)	~할 것을 잊다(잊고 하지 않음)
regret	~한[했던] 것을 후회하다	~하게 되어서 유감이다
try	(시험 삼아) ~해 보다	~하려고 노력[시도]하다
stop	~하는 것을 멈추다	~하기 위해서 멈추다

We **try** to raise much-needed funds for supporting people with dementia.
우리는 치매에 걸린 사람들을 지원하기 위해서 매우 필요한 기금을 모으려고 애쓰고 있어요.

If you are interested in supporting people with dementia, **try** calling this number for fund raising.
치매에 걸린 분들을 위한 지원에 관심이 있다면, 기금 모집을 위한 이 번호로 한번 전화해 보세요.

I **remember** to lock all the doors and windows before leaving home.
나는 집에서 나오기 전에 모든 문과 창문을 잠가야 할 것을 기억한다.

I **remember** checking out the window to see whose car was parked outside before leaving home.
나는 집에서 나오기 전 밖에 누구의 차가 주차되어 있는지 창문으로 확인했던 것을 기억한다.

We **regret** to inform you that we cannot provide you with a student loan.
학자금 대출을 해 드릴 수 없음을 알려 드리게 되어 유감스럽게 생각합니다.

They **regretted** not providing you with a student loan.
그들은 당신에게 학자금 대출을 해 주지 못한 것에 대해서 후회했다.

We have plenty of bottled water. I **forgot** getting some yesterday.
우리는 생수가 충분해. 어제 몇 개 구입한 걸 깜박했어.

Don't **forget** to buy bottled water when you go to the department store.
백화점에 가면 생수 사는 것을 잊지 마.

2. 동명사 또는 to부정사만 목적어로 취하는 동사

문제를 많이 풀면서 어떤 동사들이 동명사 혹은 to부정사를 뒤에 쓰는지 암기한다. 동사의 특성으로 구별할 수 있기 때문에 시험에서는 오히려 매우 쉬운 문제에 속한다.

(1) 동명사만 목적어로 취하는 동사

consider 고려하다	suggest 제안하다	deny 부인하다
recommend 추천하다	mind 꺼리다	avoid 피하다
entail 수반하다	imagine 상상하다	practice 연습하다
confess to 고백하다	ban 금지하다	abandon 버리다, 포기하다
admit 인정하다	escape 도망가다	tolerate 용인하다
postpone / defer / put off / delay 연기하다, 미루다		

He is **considering** dropping out of school and working for the Italian restaurant.
그는 학교를 그만두고 이탈리아 식당에서 일하는 것을 고려하고 있다.

My supervisor will not **tolerate** turning in the report after the due date.
나의 상사는 마감 기한 이후에 보고서를 제출하는 것을 용납하지 않을 것이다.

(2) to부정사만 목적어로 취하는 동사

ask 묻다	promise 약속하다	plan 계획하다
pretend ~하는 척하다	agree 동의하다	refuse 거절하다
decide 결심하다	expect 기대하다	endeavor 노력하다
undertake 떠맡다	manage 가까스로 ~하다	intend 의도하다
guarantee 보장하다	claim 주장하다	command 명령하다
desire 바라다	arrange 정하다	seek 찾다
hesitate 주저하다	determine 결정하다	afford ~할 여유가 있다
fail 실패하다	offer 제공하다	care 주의하다

The university **decided** to stop developing the online writing program because it cost too much.
그 대학은 비용이 너무 많이 들어가서 온라인 쓰기 프로그램 개발을 중단하기로 결정했다.

All the employees finally **refused** to work overtime and left work early.
모든 직원들은 마침내 야근하는 것을 거부하고 일찍 퇴근했다.

3. 동명사와 to부정사의 부정 표현

동명사와 to부정사의 부정은 각각 〈not + -ing〉 또는 〈not to + 동사원형〉의 형태로 쓴다.

He was very disappointed in himself for not having passed the final interview.
그는 최종 인터뷰에 통과하지 못했던 것에 대해 스스로 실망했다.

I **decided** not to take up the offer from University of Exeter because I would have to waste hours commuting.
엑시터 대학의 제안을 수락하지 않기로 결정했는데 그 이유는 출퇴근에 몇 시간을 낭비해야 했기 때문이다.

4. 동명사와 to부정사의 관용적인 표현

(1) 동명사의 관용적인 표현

there is no -ing ~할 수 없다	be[get] used to -ing ~에 익숙하다[익숙해지다]
be worth -ing ~할 가치가 있다	when it comes to -ing ~하는 거라면
It is no use -ing ~해도 소용없다	on[upon] -ing ~하자마자
can't help -ing ~하지 않을 수 없다	far from -ing 결코 ~하지 않다
object to -ing ~에 반대하다	have difficulty[trouble] -ing ~하는 데 고생하다
contribute to -ing ~에 기여하다	make a point of -ing 반드시 ~하다
What do you say to -ing ~? ~하는 게 어때?	admit (to) -ing ~을 인정하다
confess to -ing ~을 고백하다	

It is no use persuading her not to stop studying due to the child care.
육아 때문에 공부를 그만두지 말라고 그녀를 설득해 봤자 소용없는 일이다.

The management confessed to embezzling company funds.
경영진은 회사 자금을 횡령한 사실을 고백했다.

(2) to부정사의 관용적인 표현

> have only to+동사원형 ~하기만 하면 된다
> 형용사[부사] enough to+동사원형 ~할 정도로 충분히 ~한
> know better than to+동사원형 ~할 만큼 어리석지는 않다
> be about to+동사원형 막 ~하려고 하다
> have no choice but to+동사원형 ~하지 않을 수 없다, ~할 수밖에 없다
> make it a rule to+동사원형 ~하는 것을 습관[규칙]으로 삼다

In order to get a fair trade, two companies have no choice but to reach an agreement.
공정한 거래를 성사시키기 위해 두 회사는 타협하지 않을 수 없다.

5. 동명사와 to부정사의 시제

동명사와 to부정사가 주절의 시점과 같은 경우는 그대로 쓴다. 하지만 본동사의 시제보다 한 시제 앞선 사실을 표현할 때에는 완료형을 쓴다. 또 to부정사와 동명사는 수동태와 완료 수동태 형식으로도 쓰인다. 단순 시제 문제보다는 완료형 부정사 및 완료형 동명사를 묻는 문제가 종종 출제된다.

(1) 완료형 부정사: to have p.p.

My classmates **seem** to have read many philosophy books.
나의 반 친구들은 철학책을 많이 읽었던 것 같다.
→ read는 동사원형이 아니라 과거분사이다.

(2) 완료형 동명사: having p.p.

I **remember** Jenny having spent so much money on antique furniture.
나는 제니가 많은 돈을 골동품 가구에 써 버렸던 것을 기억한다.

다음 괄호 안에서 가장 적절한 것을 고르시오.

1. The actress offered (helping / to help) by donating about 1 million dollars for the students who can't afford to pay their school lunch.

2. I have made it a rule (never to take a nap / never take a nap) during the semester.

3. I regret (having spent / to spend) so much money on investing in stocks and funds.

4. The ex-convict refused to (confess to having / confess to have) committed the crime.

5. We are (considering / considering of) subscribing to *The New York Times*.

6. After careful consideration, Alissa decided (not to take / to not taking) part in the London marathon.

7. There are many hardships for women (enduring / to endure) in a male-dominated society.

8. The high winds and heavy rain are expected (to hit / to hitting) London and Brighton by the weekend.

9. The orthopedist advised me (to use / using) a chair which is designed ergonomically.

10. Every time he meets new people, Mr. Park feels shy and avoids (making / having made) conversation.

Practice Test

PART 1 Choose the option that best completes each dialogue.

1. A Did you bring your medicine case with you?
   B Oh, no. I forgot _____ it with me. It slipped my mind.

   (a) to have brought (b) to bring
   (c) bringing (d) bring

2. A We are going to London this winter. Any advice?
   B I highly recommend _____ the Natural History Museum. There are a lot of things to see there.

   (a) visiting (b) to visit
   (c) that visit (d) that you visited

3. A I think I got the highest score in the SAT test.
   B Come on. There is _____.

   (a) little chance of that happening (b) little chance that of happening
   (c) chance of little happening that (d) little that chance of happening

4. A How do you think Terry will do on the final test tomorrow?
   B He is expecting _____ it very easily, but I doubt it.

   (a) pass (b) passing
   (c) to be passed (d) to pass

5. A Well, Chile tried their best in the World Cup qualifier against top-ranked Spain.
   B I already anticipated _____ the game, but not by such a wide margin.

   (a) to lose (b) having losing
   (c) to be lost (d) losing

PART II Choose the option that best completes each sentence.

6 Most dentists recommend scaling _____, although some claim it weakens the teeth.

(a) to prevent tooth decay
(b) preventing from tooth decay
(c) prevents decaying from tooth
(d) preventing from decaying tooth

7 Several key pieces of information missing, Jeffery had _____ his presentation on the proposed merger and acquisition.

(a) no choice but delaying
(b) no choice but to delay
(c) but chosen not to delay
(d) not chosen but delaying

8 Andrew hesitated _____, as she seemed a very private person.

(a) to ask Jenny out
(b) as to ask Jenny out
(c) to be asked out Jenny
(d) asking out to Jenny

PART III Read each dialogue or passage carefully and identify the option that contains a grammatical error.

9 (a) A Can we get started with painting the wall tonight?
(b) B We can. Did you remember of buying paint brushes and a roller?
(c) A Sure. I've already set up everything for painting.
(d) B Thanks. Let's thin down the paint with water now.

10 (a) The Dongdaemun Shopping Complex brought modern design and cutting-edge technology to Seoul. (b) The innovative project was designed by Al Jahara, the world-famous landscape architect. (c) Construction costs for this grand scheme came to nearly 490 billion won. (d) Also, easy access to mass transportation was required to be implementing around the clock to attract many tourists.

Unit 11 비교 구문

비교 구문은 둘 이상의 대상을 비교하는 구문이며, 원급, 비교급, 최상급으로 나뉜다. 형용사와 부사를 포함한 비교급은 용법이 다양하기 때문에 고난도 문제로 출제되는 경우가 많다. 기본적인 원급, 비교급, 최상급, 관용적인 비교 표현에 대한 정확한 이해와 함께 빈출 문제를 자주 접하도록 하자.

Sample Question

Chicago is _____ city in the United States although it has lost population since 2012.

(a) the third largest
(b) the largest third
(c) the third large
(d) third the largest

정답 (a)

해석 시카고는 2012년 이후 인구가 줄었을지라도 미국에서 세 번째로 큰 도시이다.

해설 서수 third와 함께 최상급 표현 largest를 만들기 위해서는 〈the + 서수 + 최상급〉의 어순이 적절하다.

1. 원급

as ... as 사이에는 원급의 형용사 또는 부사를 쓴다. as ... as 앞에 배수 표현이 올 때는 뒤에 있는 as의 의미가 '~보다'로 바뀌게 된다. 배수의 위치는 비교급만큼 자주 출제되는 형태이다.

(1) as + 원급 + as

All the passengers are required to fasten their seat belts <u>as tightly as</u> they can when the plane lands.
모든 승객들은 비행기 착륙 시에 가능한 한 단단히 안전벨트를 매야 한다.

(2) 배수사[퍼센트 / 분수] + as + 원급 + as

Male police officers work <u>twice as much as</u> their female counterparts.
남자 경찰들이 여자 경찰들보다 2배 더 많이 일한다.

2. 비교급

비교 표현은 매우 다양한데 비교 표현의 어순과 형식을 올바르게 배열하는 것이 출제 포인트이다. 〈비교급+than〉, 〈not so+much+A as B〉, 〈배수사+비교급+than〉과 같은 비교 표현은 출제 빈도가 매우 높다.

(1) 비교급+than

The new laptop model is sleeker than the last model.
신형 노트북 모델은 지난 모델보다 더 매끈하다.

(2) not so much A as B: A라기보다는 B이다

Ethan Hawke was not so much an actor as a prolific writer.
에단 호크는 배우라기보다는 다작의 작가였다.

(3) A is no more B than C: A가 B가 아닌 것은 C가 B가 아닌 것과 같다

Eating too little salt is no more desirable than consuming excess salt intake.
너무 적은 양의 소금을 먹는 것은 지나친 소금 섭취만큼 좋지 않다.

(4) 배수사+비교급+than

The number of male employees in this company is four times larger than that of ours.
이 회사의 남자 직원 수는 우리 회사보다 4배가 많다.

(5) as many[much / little / few]+명사+as: ~만큼 많은[적은]

We prepared as much food as we could for the first catering service.
우리는 첫 번째 출장 요리 서비스를 위해서 할 수 있는 만큼 많은 음식을 준비했다.

(6) the+비교급+(명사)+주어+동사 ~, the+비교급+(명사)+주어+동사: ~할수록 더 ~하다

〈the+비교급〉 다음에 나오는 단어의 올바른 어순을 묻는 문제와 두 번째 비교급을 원급 또는 최상급으로 표현해서 틀린 부분을 찾는 문제가 나온다.

The more money he makes, the more useless things he buys.
그가 더 많은 돈을 벌수록, 쓸모없는 것을 사게 된다.

The more money he makes, the less(the least) his debt will become.
그가 더 많은 돈을 벌수록, 그의 채무는 줄어들게 된다.

3. 비교급의 강조

비교급을 강조하는 표현으로는 much / far / a lot / still / rather / somewhat / even / a bit이 있다.

You can earn much more money by taking over this lucrative business.
당신은 이 수익성 좋은 사업을 인수함으로써 훨씬 더 많은 돈을 벌 수 있다.

4. 최상급 표현

최상급의 일반적인 형태는 〈the+최상급〉이며 이외에도 원급, 비교급을 사용해서 최상급을 표현할 수 있다. 최상급을 강조하는 표현 또한 매우 중요하다.

(1) the+최상급

최상급 앞에는 the를 쓴다. 비교의 범위를 나타내는 in, of, among 등의 전치사구에는 장소나 집단, 구성원을 나타내는 명사가 온다. 구성원을 의미할 때는 보통 복수명사가 온다.

When it comes to the best place to live, Singapore is the highest-ranking city thanks to its plentiful outdoor recreation and pleasant climate.
살기 좋은 장소에 대해서는 싱가포르가 풍부한 야외 활동과 좋은 기후 덕분에 가장 높은 순위를 차지한다.

Of all the celebrities at the party, she was the most gorgeous and looked incredible.
파티에 온 모든 유명 인사들 중에서 그녀가 가장 멋졌고 굉장해 보였다.

(2) 최상급의 강조

최상급을 강조하는 표현으로는 much / by far / quite / easily / nearly / the very 등을 쓴다. the very 다음에는 다시 the를 쓰지 않는다.

This digital camera is much the best.
이 디지털 카메라가 다른 것들보다 훨씬 좋다.

Susan Sontag is by far the most renowned and controversial intellectual.
수잔 손탁은 단연 가장 잘 알려져 있고 논쟁거리가 되는 지식인이다.

It is said that Sheryl Sandberg, chief operating officer of Facebook, is the very smartest woman in the United States.
페이스북의 최고 운영 책임자인 셰릴 샌드버그는 미국에서 가장 똑똑한 여자라고 한다.

(3) 원급과 비교급을 이용한 최상급 표현

〈비교급+than any other〉 뒤에는 반드시 단수 명사가 오며, 〈비교급+than all (the) other〉 뒤에는 복수 명사를 쓴다.

Copenhagen, the Danish capital, has a better urban train system than any other city in the world.
덴마크의 수도인 코펜하겐은 세계의 다른 어느 도시보다 나은 도시 열차 시스템을 가지고 있다.

Copenhagen, the Danish capital, has a better urban train system than all (the) other cities in the world.
덴마크의 수도인 코펜하겐은 세계의 다른 어느 도시들보다 나은 도시 열차 시스템을 가지고 있다.

(4) the+비교급+of the two

비교 범위가 두 개인 경우, 즉 of the two로 제시되는 경우 비교급으로 최상급을 대신한다. 둘 중에 하나를 가리키므로 비교급 앞에 the를 쓴다.

I have no idea which one of the two delegates is the better one.
나는 두 대표자들 중 누가 더 나은지 모르겠어.

5. 기타 최상급 표현

최상급의 관용적인 표현으로, 최상급 앞에 정관사 the를 붙이지 않고 '매우 ~하다'라는 의미를 나타낸다. 뒤에 명사가 올 때 the 대신 소유격을 쓰는 경우가 많으며 뒤에 명사가 없는 경우, 즉 최상급이 보어로 올 때 the를 쓰지 않는다.

(1) 소유격을 쓰는 경우

I met Tony and **his** most gorgeous girlfriend last week.
나는 지난주에 토니와 그의 매우 아름다운 여자 친구를 만났다.

The Plitvice Lakes is 47 meters at **its** deepest point.
플리트비체 호수는 가장 깊은 곳이 47미터이다.

(2) seem / be / become 뒤에 최상급이 오는 경우

He **seemed** happiest when with his family.
그는 자기 가족과 있을 때 가장 행복해 보였다.

(3) 〈부정어+비교급〉을 이용한 최상급 표현

I have **never** been happier than now.
지금이 가장 행복하다.

I have **never** slept better.
이보다 더 잘 잔 적은 결코 없었다.

I have **never** seen a more beautiful botanic garden than this in my life.
이것은 지금까지 본 것 중에 가장 아름다운 식물원이다.

6. 그 밖의 관용적인 비교급 표현

(1) no better than: ~나 마찬가지인(=almost the same as =as good as)

She is no better than any other chef here.
그녀는 여기에 있는 다른 요리사나 다름없다.
= She is almost the same as any other chef here.
= She is as good as any other chef here.

(2) no sooner ... than: ~하자마자 ...하다

The defendants had no sooner seen the plaintiff than they ran away.
피고들은 원고를 보자마자 달아나 버렸다.

(3) more / less와 관련된 중요 표현

> no more than(=only) 단지, 다만
> not more than(=at most) 기껏해야
> no less than(=as much[many] as) ~만큼, ~에 못지않게
> not less than(=at least) 적어도
> no later than+날짜(시간) 늦어도 ~까지는
> more or less 거의(almost / nearly), 대략(approximately)

This Hollywood celebrity's home in New York was no more than an expensive white elephant.
뉴욕에 있는 이 할리우드 유명인의 집은 단지 비싼 무용지물이 되어 버렸다.

No less than 100 businessmen came to the trade show.
100명 정도의 기업인이 무역 박람회에 왔다.

She has worked as an accountant for not less than 15 years.
그녀는 적어도 15년 이상 회계사로 일해 왔다.

We all admire no less an artist than Tom Ford.
우리는 모두 톰 포드와 같은 예술인을 동경한다.

다음 괄호 안에서 가장 적절한 것을 고르시오.

1. People who eat breakfast usually find it easier to control their weight, and they tend to be (much / very) slimmer than those who don't.

2. Hong-Kong, one of the world's most dynamic (cities / city), is also renowned for the way it blends the ancient and the modern.

3. Eat (no more than / no later than) 500g of red meat a week, and completely avoid processed meat.

4. This is (by much / by far) the most wonderful experience that has ever happened to me.

5. Jessica followed the newest fads (as rigorously as / as rigorous as) any other model in the fashion industry.

6. A new study has found that older men who marry younger women (are much more likely to / are likely to much more) live longer.

7. Lula da Silva is often regarded the greatest of (all Brazil politician / all the Brazil politicians).

8. Covering the story about refugees in Ukraine was (my / quite) greatest achievement as a reporter.

9. This delicious tea is one of the most sought-after (drinks / drink) due to its unique health benefits.

10. The Republic of South Africa remains (the second larger / the second largest) African economy with a GDP of $350 billion.

Practice Test

PART 1 Choose the option that best completes each dialogue.

1   A   Did you enjoy the year-end party?
B   Oh, I had a lot of fun last year, and this year, it was even _____.

(a) very enjoyable
(b) more enjoyable
(c) much enjoyable
(d) the most enjoyable

2   A   What time do you usually return to your office?
B   No _____ than 12.

(a) later
(b) early
(c) late
(d) early

3   A   How's the economic situation in the Philippines?
B   It's in bad shape, _____ as with other countries.

(a) much the same
(b) the very same
(c) still the same
(d) as the same

4   A   Did you hear that Christina won an Assembly by-election last night?
B   Yes. I've been thinking she is more qualified than _____.

(a) any candidates
(b) any other candidates
(c) any other candidate
(d) any more candidate

5   A   How much is your new car?
B   It is _____ than yours.

(a) almost twice expensive
(b) twice almost than expensive
(c) almost twice as expensive
(d) almost twice more expensive

102

PART II Choose the option that best completes each sentence.

6 Malaysia Airlines pilots are demanding a _____ workers in other airlines.

(a) much big pay raise than
(b) much more pay raise
(c) much bigger pay raise than
(d) much bigger pay raising as

7 According to recent studies, more people are looking at Asia for job opportunities _____.

(a) than ever before
(b) than ever ago
(c) than even better
(d) than even more

8 The quicker your loan is repaid, _____ your credit rating will be upgraded.

(a) the least
(b) the less
(c) the more
(d) the most

PART III Read each dialogue or passage carefully and identify the option that contains a grammatical error.

9 (a) A My twin sisters, Claire and Jennie got good marks in Math and Physics.
(b) B That's great! I heard they worked so hard on that.
(c) A Absolutely. Claire is greater of the two. She will get a partial scholarship next semester.
(d) B That is the best news for your family.

10 (a) Spain's train network is one of the biggest and most modern in Europe and is constantly expanding. (b) Its high-speed service, the AVE, connects all the country's main cities with Madrid in under three hours, making it easy to go to Valencia for lunch and be back to Madrid to catch an opera. (c) Avid travelers will want to buy the Spain Train Pass, a card that allows non-residents to travel throughout the country up to ten times within one month. (d) AVE trains can take you hopping around Spain's main cities but you can choose to take the quite slowest route and stop frequently along the way.

Unit 12 관계대명사와 관계부사

관계대명사는 매달 출제되고 있으며, 문법적 지식뿐만 아니라 내용적 이해가 뒷받침되어야 정답을 찾아낼 수 있다. 적절한 관계대명사를 찾기 위해서는 관계대명사절이 수식하는 선행사를 파악하고, 어떤 격(주격, 소유격, 목적격)인지 잡아내야 한다. 선행사의 유무에 따라 관계대명사가 달라지는 것 또한 중요하다. 접속사와 부사의 역할을 수행하는 관계부사의 경우 선행사의 성격에 따라 종류가 달라지고, 〈전치사+관계대명사〉 형태의 문장들도 출제 빈도가 높다.

Sample Question

There are many ways _____ we deal with relationship problems.

(a) by which
(b) on which
(c) at which
(d) during which

정답 (a)

해석 우리가 인간관계의 문제에 대처하는 방법에는 여러 가지가 있다.

해설 빈칸 뒤의 절이 완전하므로 관계부사 또는 〈전치사+관계대명사〉가 들어가야 한다. 선행사가 ways이므로 수단이나 방법을 나타낼 때 쓰이는 전치사 by가 적절하다.

1. 관계대명사 who / whom / whose / which / that

who / whose / whom은 선행사가 사람인 경우 각각 주격 / 소유격 / 목적격의 역할을 한다. which는 선행사가 사물인 경우에 사용하며, that은 선행사가 사람, 사물인 경우 모두 사용한다.

If you have school-age children whom you want to attend school in Seoul, please contact Ms. Kim before they enter any schools.
서울에서 학교를 다니길 원하는 취학 연령의 자녀가 있다면, 어떤 학교든 입학하기 전에 김 씨에게 연락해 주세요.

Well-adjusted and responsible students are educated by parents whose care balances affection and strong disciplines.
정서적으로 안정되고 책임감 있는 학생들은 애정과 강한 훈육 사이에서 균형을 유지하는 부모에 의해서 교육받는다.

2. 주의해야 할 관계대명사 용법

(1) 계속적인 용법

who / which의 선행사를 한정할 필요가 없을 때 선행사 뒤에 쉼표를 찍는다. 이와 같은 관계대명사 용법을 계속적 용법이라고 한다. 또한 which가 계속적인 용법으로 쓰이는 경우, 앞 문장 전체를 받을 수 있다.

Insufficient sleep boosts the levels of a hormone called ghrelin, which researchers say can make you hungrier, slow your metabolism and promote fat retention.
연구가들에 따르면, 불충분한 잠은 좀 더 배고프게 만들고 신진대사를 느리게 하며, 지방 보유를 촉진시키는 그렐린이라는 호르몬의 수치를 늘린다.

The government may cut teacher's salaries next quarter, in which case many temporary teachers will be forced to laid off.
정부는 다음 분기에 교사의 급료를 삭감할지도 모르는데, 그럴 경우 많은 임시 교사들이 해고될 수밖에 없을 것이다.

→ which의 선행사는 앞 절 전체이며, 문맥상 빈칸에는 '그럴 경우에는'이라는 말이 와야 하므로 전치사 in이 which 앞에, case가 뒤에 와야 문장이 완성된다.

(2) 관계대명사 that

that은 who / which 대신 쓰이기도 하지만 앞에 전치사를 쓰지 않으며, 계속적인 용법으로는 쓸 수 없고 주격 / 목적격으로만 사용한다. 목적격으로 사용한 경우에는 생략이 가능하다.

Botox is a purified protein that is injected into the skin to relax the muscles that contract wrinkles.
보톡스는 주름을 만드는 근육을 풀어 주기 위해서 피부에 주입되는 순수한 단백질이다.

→ 앞의 that은 a purified protein을, 뒤의 that은 the muscles를 선행사로 하는 관계대명사이다.

(3) 전치사 + 관계대명사

관계대명사 앞에 전치사가 오는 경우는 관계대명사절에 있는 동사의 성격을 알아야 한다. 선행사와 관계대명사절의 내용을 적절히 연결하고 동사와 함께 쓰이는 전치사를 파악해야 정답을 찾을 수 있다. 전치사 뒤의 관계대명사는 항상 목적격이다.

How is your new apartment, to which you moved last month?
지난달 이사 간 새로운 아파트는 어때?

Architecture is an academic subject in which many European people have an interest.
건축학은 많은 유럽 사람들이 관심을 갖고 있는 학문 분야이다.

(4) 수량 표현 + of + 관계대명사

계속적 용법으로 자주 사용하는 〈수량 표현+of+관계대명사〉 문장은 꼭 알아야 한다.

> all / both / many / much / most
> one / each / some / any   } + of + 관계대명사(whom / which)
> several / half / the rest

Many book publishers participated in the international book exhibition, <u>some of which</u> took advantage of the opportunity to advertise their newly released books.
많은 출판사들이 국제 도서전에 참가했으며, 그중 일부는 새로 출간된 책을 광고할 수 있는 기회로 활용했다.

(5) 관계대명사 what

관계대명사 what과 that의 차이를 묻는 문제는 자주 출제된다. what은 선행사를 포함하는 관계대명사로서 주격/목적격으로 쓰인다. the thing that[which]과 의미가 같으며, what이 이끄는 절은 명사절이므로 문장 내에서 주어/목적어/보어 역할을 한다.

<u>What</u> she said made us frustrated and frazzled. (주어)
그녀의 말이 우리를 좌절시키고 기진맥진하게 했다.

A dehumidifier is <u>what</u> reduces the level of humidity in the air. (보어)
제습기는 공기 중에 습기의 정도를 줄이는 것이다.

I don't know <u>what</u> is taking her so long to pack her luggage. (목적어)
무엇 때문에 그녀가 짐을 싸는 데 그렇게 오래 걸리는지 모르겠어.

3. 복합관계대명사

(1) 관계대명사 + ever

복합관계대명사 whoever, whichever, whatever는 선행사를 포함하는 관계대명사로, 뒤에는 불완전한 문장이 오며 명사절과 부사절을 이끈다.

<u>Whoever</u> is responsible for this fire will be questioned.
이번 방화에 대해 책임이 있는 사람은 누구든지 심문을 받을 것이다.

(2) whichever vs. whatever

whichever는 좁은 선택의 범위 중 하나를 선택하는 경우에 사용되며, 뒤에 선택의 범위를 나타내는 명사가 올 수 있다. 반면, whatever는 선택 범위가 넓기 때문에 주로 모든 것을 강조할 때 사용된다.

Jerad rooted for <u>whichever</u> looked more attractive between the two competing teams.
제라드는 경쟁하고 있는 두 팀 중에서 어느 쪽이든지 더 매력적으로 보이는 팀을 응원했다.

<u>Whatever</u> you need, I will try to get it.
네가 무엇이 필요하든 나는 그것을 얻기 위해서 노력할 것이다.

4. 관계부사 / 복합관계부사의 종류 및 특징

관계부사절도 관계대명사절과 마찬가지로 선행사를 수식하는 형용사절의 역할을 한다. 관계부사 뒤에는 완전한 절이 나오며, 〈전치사+관계대명사〉로 바꿔 쓸 수 있다. 장소, 시간, 이유의 경우 the place, the reason, the time과 같이 가장 전형적인 선행사들은 〈선행사+관계부사〉를 모두 쓰거나 둘 중 하나를 생략한다.

관계부사	선행사	전치사+관계대명사
when	day, time, year	at[in / on / during] which
why	the reason	for which
where	city, place, spot, street	at[in / on / to] which
how	(the way)	in which

He didn't tell anyone <u>the reason why</u> he was scolded by a supervisor.
그는 상사가 꾸짖은 이유를 누구에게도 말하지 않았다.

A lot of fans gathered outside <u>the hospital where</u> Neymar was being treated.
많은 팬들이 네이마르가 치료받고 있는 병원 밖에 모였다.

Boxing Day is <u>when</u> many department stores expect to increase their sales.
박싱 데이는 많은 백화점들이 매출 증가를 기대하는 때이다.

(1) 관계부사 how

방법을 나타내는 관계부사 how는 the way how처럼 선행사와 같이 쓰지 못하고 반드시 둘 중 하나는 생략해야 한다. 관계대명사로 대신할 때는 the way in which로 나타낸다.

It is essential to find out <u>how</u> the parachute works before opening it.
낙하산을 열기 전에 어떻게 그것이 작동하는지 알아내는 것이 필수이다.

Could you show me <u>the way</u> (<s>the way how</s>) this coffee machine operates?
이 커피 기계가 작동하는 방식을 보여 주시겠어요?

(2) 복합관계부사

〈관계부사+-ever〉 형태로 부사절의 역할을 하며 뒤에 완전한 절이 온다. 양보 '~하더라도' 및 '~든지'의 의미이다. however의 경우 〈however+형용사[부사]+주어+동사〉 형태의 양보절을 묻는 문제가 나온다.

<u>Wherever</u> you may study, I will cheer for you.
당신이 어디에서 공부하든지, 저는 항상 당신을 응원하겠습니다.

<u>Whenever</u> you may come back, I will be right here waiting for you.
당신이 언제 돌아오든지, 나는 바로 여기에서 당신을 기다리겠습니다.

<u>However hard you try</u>, the result will be the same.
네가 아무리 열심히 애를 쓴다고 해도, 결과는 똑같을 것이다.

EXERCISE

다음 괄호 안에서 가장 적절한 것을 고르시오.

1. The boss implemented flexible working hours, (where / which) he believes will result in a more responsible and autonomous work environment.

2. Jacoby can speak Portuguese and Spanish, (with which / which) are a great advantage when working with foreign clients from South America.

3. Because of the construction of many apartment complexes, my neighborhood is not (that / what) it used to be.

4. He will call the patrons (to whom / for whom) the package was delivered.

5. London has hundreds of beautiful parks, (many of that / many of which) are located in its northern districts.

6. Ask native speakers questions whenever you encounter any unfamiliar words the meanings (of which / which) you don't understand.

7. Brazilian club Santos, (which / where) Luise belongs, is a very popular football team.

8. A complimentary ticket to the theater will be provided to (whoever / whatever) donates his or her blood.

9. College students should ensure that their abilities and skills match the internship programs (of which / for which) they apply.

10. Any delegate (which / that) wants to resign is asked to give a month's notice to the committee.

PART I Choose the option that best completes each dialogue.

1. A I have heard you flunked physics.
   B Right, but it is not the only subject _____ I screwed up.
   (a) that
   (b) what
   (c) which
   (d) why

2. A I will give up on this. I can't stand it any longer.
   B Don't be so frustrated. That's _____ it goes.
   (a) what
   (b) how
   (c) why
   (d) where

3. A I get absorbed in _____ I am very interested in.
   B So do I.
   (a) whom
   (b) that
   (c) which
   (d) what

4. A How about coming by the office _____ Sooin works?
   B OK. Let's meet there and decide where to go.
   (a) what
   (b) which
   (c) when
   (d) where

PART II Choose the option that best completes each sentence.

5. A grammar school in the UK is usually a selective private school _____ teaches students aged 11 through 18.
   (a) which
   (b) where
   (c) in which
   (d) what

Unit 12 | 109

6 The person _____ you refer is the new executive assistant in our department.

(a) whose
(b) whom
(c) to whom
(d) with whom

7 I purchased a printer and an ink cartridge at the department store, _____ were on sale.

(a) some of whose
(b) some of whom
(c) both of they
(d) both of which

8 France and Germany see a lot of numbers of immigrants and much more diversity in the countries _____ they come.

(a) from which
(b) by which
(c) where
(d) which

PART III Read each dialogue or passage carefully and identify the option that contains a grammatical error.

9 (a) A You seem down these days. Come with me on my business trip to Bangkok.
(b) B Sounds fun. You can concentrate on working all week, which I will go shopping and enjoy spa treatment.
(c) A OK. It will be perfect time to relieve your stress and bad mood.
(d) B I'd like to come with you. I will go pack my bag right now.

10 (a) Scientists use different techniques to find out the number of plants or animals in a given area. (b) To estimate the population of free-tailed bats in Carlsbad Caverns, New Mexico, scientists videotaped the animals flying out of a cave which they root in large colonies. (c) Then the scientists counted the bats in each frame of the video. (d) Sometimes scientists can use their eyes to determine a population.

Unit 13 가산 명사와 불가산 명사

명사는 주로 가산 명사와 불가산 명사를 구분할 수 있는지를 확인하는 문제가 출제되며, 특히 셀 수 없는 명사들이 시험에 자주 등장한다. cash, change와 같은 집합적 물질명사들이 대표적인 예시인데 정확한 개념 이해와 암기가 필수이다. 집합을 이루고 있는 개별적 요소들은 가산 명사이지만, 집합 전체를 대표하는 명사는 불가산 명사이다.

Sample Question

A How do you manage to stay so fit?
B I do yoga and pilates almost every day after _____.

(a) work
(b) a work
(c) works
(d) working

정답 (a)

해석 A 어떻게 그렇게 건강을 유지하죠?
B 퇴근 후에 거의 매일 요가와 필라테스를 하러 가요.

해설 work는 '일, 업무'를 의미할 때는 불가산 명사이고, '책, 작품'을 의미할 때는 가산 명사이다. after work, 즉 '퇴근 후'에 운동을 하는 것이므로 문맥상 불가산 명사가 와야 한다. 따라서 정답은 관사나 복수형이 붙지 않은 work이다.

1. 출제 빈도가 높은 불가산 / 집합명사

baggage[luggage] 수하물	information 정보	traffic 교통
clothing 의류	furniture 가구	evidence 증거
equipment 기계 장비	news 뉴스	advice 충고
produce 농산물	apparel 의복	postage 우편 요금, 우송료
stationery 문구류	machinery 기계류	trash 쓰레기
merchandise 상품	cutlery 식사용 식기류	cash 월급
jewelry 보석류	attention 주의, 집중	homework 숙제
poetry 시	weather 날씨	scenery 풍경

I don't have any cash until I get paid next week.
다음 주 월급을 받을 때까지는 현금을 한 푼도 가지고 있지 않다.

She decided to purchase cutlery that matches her new plates and bowls.
그녀는 새로운 접시와 그릇과 어울리는 식기류를 사기로 했다.

Most of the money raised by the foundation was squandered on extravagant furniture and loads of equipment.
그 재단에 의해 모금된 자금 대부분이 사치스러운 가구들과 많은 장비로 낭비되었다.

2. 단수일 때와 복수일 때 뜻이 달라지는 명사

복수형이 되면 단수형이 가진 기본적인 뜻에서 새로운 뜻으로 바뀌는 단어들이 있다. 모든 파트에 걸쳐 출제될 수 있으므로 반드시 알고 있어야 한다.

manners 예의	damages 손해 배상금	honors 대학의 우등
authorities 당국	letters 문학, 학문	contents 내용물, 차례
savings 저축, 저금	earnings 소득, 수익	quarters 숙소
times 시대	terms 조건, 인간관계	means 수단, 돈, 재력
brains 두뇌, 지능	resources 자원들	necessities 필수품
regards 안부 인사	valuables 귀중품	colors 깃발, 군기
pains 노력, 수고	essentials 필수 요소	belongings 소지품

It is crucial that you have to respect the local manners when you travel abroad.
해외여행을 할 때 현지 예절을 존중하는 것이 매우 중요하다.

She received her graduate degree with honors in linguistics at London University.
그녀는 런던대학교에서 언어학 우등생으로 대학원 학위를 받았다.

3. 불가산 명사로 보이지만 가산 명사에 포함되는 명사

a price 가격	a compliment 찬사	a headache 두통
a purpose 목적	an approach 접근법	a treat 한턱
a refund 환불	a fee 요금	a rest 휴식
a cold 감기	a fund 기금	a deposit 예금

As well as a severe headache, I have a toothache and an earache all at the same time.
심한 두통뿐만 아니라, 치통과 귓병까지 동시에 났다.

To receive a full refund we must withdraw no later than 2 business days prior to the class start date.
전액 환불을 받기 위해서 우리는 늦어도 수업 첫날의 평일 이틀 전에는 수업을 취소해야 한다.

We both want to take a rest for a spell.
우리 둘 다 잠시 쉬고 싶다.

All students could be exempted from paying tuition fees.
모든 학생들이 학비를 면제받을 수 있다.

4. 복수형을 쓰지 않는 명사

hundred, dozen과 같이 수를 표시하는 명사들은 특히 앞에 수사가 와서 정확한 수를 나타낼 경우에는 단수형으로 쓴다. 앞에 수사가 없으면 복수형으로 쓴다.

two hundred people 200명의 사람들
two dozen pencils 2다스의 연필들

뒤에 〈of+명사〉가 와서 막연한 수를 표현할 때는 -s가 붙는다.

This place was very crowded with hundreds of tourists.
이곳은 수백 명의 여행객들로 매우 붐볐다.

〈수사+명사〉가 결합되어 뒤의 명사를 꾸며주는 형용사의 역할을 하면 단수형을 써야 한다.

I have ten dollars. 나는 10달러가 있다.
I have a ten-dollar bill. 나는 10달러짜리 지폐를 가지고 있다.
→ ten-dollar는 bill을 꾸미는 형용사적 성격이다.

a ten-year-old girl 10세 소녀
a five-inch-thick magazine 5인치 두께의 잡지

5. 항상 복수형으로 사용되는 표현

복수형이 단수형과 뜻이 다른 명사이거나 또는 항상 복수형만 쓰이는 명사는 다른 명사 앞에 붙어서 형용사처럼 쓰일 경우에도 항상 복수 형태로 사용한다.

an honors graduate 우등 졸업생
a goods train 화물 열차
a savings account 저축 예금 계좌
overseas trip 해외여행

a customs officer 세관 공무원
a sports car 스포츠 카
earnings growth 수익 증가
awards ceremony 시상식

다음 괄호 안에서 가장 적절한 것을 고르시오.

1. The novelist, Erik Orsenna, was one of the most distinguished men of (letters / writings) of his time.

2. The furniture you ordered three days ago (is / are) to be delivered today.

3. This price does not include (postage and packing / postages and packings).

4. When she took out a fistful of (a small change / small change) from her coin purse, the clerk was reluctant to accept it.

5. When the professor retired after 25 years with the university, (a dinner / dinner) was held in his honor.

6. Studies reveal that people who eat (garlic / a garlic) every day are less likely to develop cancer.

7. They have been bequeathed (legacy / a legacy) of $100,000 according to my grandfather's will.

8. All the selected students received (some mail / some mails) from the Institute of Education.

9. The charity concert was (a great success / great success) in reaching its donations goal.

10. About (three hundreds people / three hundred people) attended the seminar.

PART I Choose the option that best completes each dialogue.

1. A Tom's dormitory is a mess and is filled with _____.
   B That's why he can't live with any roommate.

   (a) a trash   (b) trashes
   (c) the trashes   (d) trash

2. A Sorry for not offering you the guest room on the weekend.
   B I didn't realize you had _____.

   (a) the company   (b) companies
   (c) company   (d) a company

3. A Emily, I have _____ for you!
   B What is it? Is it about my application for the program?

   (a) good news   (b) a good news
   (c) few good news   (d) a few good news

4. A What happened with the hit-and-run case?
   B I successfully sued the guy for my _____ .

   (a) damages   (b) damage
   (c) the damage   (d) damaging

5. A There have been some big rallies in the street, and traffic is backed up.
   B I know. _____ are waiting for the mayor to appear.

   (a) A thousand protesters   (b) Thousands of protester
   (c) Thousands of a protester   (d) A thousands of protester

PART II Choose the option that best completes each sentence.

6 Doctors say that the new medication can have _____ if it is not taken as prescribed.

(a) side effect
(b) side effects
(c) the side effects
(d) the side effect

7 All _____ done an outstanding job with sales this year.

(a) personnel has
(b) personnels have
(c) personnel have
(d) personnels has

8 According to the airline regulations, you can file a claim for your _____ for up to a thousand dollars.

(a) damaged baggages
(b) a damaged baggage
(c) damaged baggage
(d) the damaged baggage

PART III Read each dialogue or passage carefully and identify the option that contains a grammatical error.

9 (a) A Did you have good flight?
(b) B Fantastic! It was the most luxurious living space in the air.
(c) A I'm glad you enjoyed the long-haul flight.
(d) B The service was much better than I expected. It was unparalleled comfort.

10 (a) Acupuncture has been practiced in China for around 3,500 years. (b) However, it became widely known in the West only in the 1970s, when its use as an alternative to conventional anesthesia received sensational press coverage. (c) Practitioners insert fine, sterile needles into specific points on the body as a mean of pain relief. (d) Now one of the most well-known and most widely accepted Eastern therapies, acupuncture is increasingly practiced in a simplified form by Western doctors.

Unit 14 명사와 관사

관사 문제는 매우 까다로운 편이다. 우리가 문맥상 이해할 수 있는 경우는 정관사가 앞에 나온 명사를 반복하는 경우나 명사의 의미를 한정할 때이다. 정관사, 부정관사 모두 관용적으로 쓰이는 표현들이 많기 때문에 문제를 통해 필요한 부분은 암기해야 한다.

Sample Question

A After drinking some milk, I am suffering from _____.
B I think you are likely to have lactose intolerance. Visit a doctor immediately.

(a) a severe stomachache
(b) severe stomachache
(c) little severe stomachache
(d) the severe stomachache

정답 (a)

해석 A 우유를 좀 마셨는데, 복통이 너무 심해.
　　　 B 유제품을 소화 못 시키는 유당불내증인 것 같아. 빨리 병원에 가 봐.

해설 -ache가 들어가는 가벼운 병명 앞에는 부정관사 a(n)를 쓴다. 그러나 일반적으로 병명 앞에는 관사를 사용하지 않는다.

어휘 lactose intolerance 유당불내증

1. 관사와 고유명사

고유명사는 단 하나만 있는 존재이므로 항상 관사와 함께 사용된다.

> The Pope visited Korea and pray for reconciliation and peace on the Korean Peninsula.
> 교황은 한국을 방문해서 한반도의 화해와 평화를 위해서 기도했다.

(1) the + 특정 고유명사

운하, 해협, 만:
the Atlantic 대서양　　the North sea 북해　　the Mediterranean 지중해
the Amazon 아마존 강　　the Suez Canal 수에즈 운하　　the Korean Peninsula 한반도

군도, 산맥:
the Hawaiian Islands 하와이 제도　　the Alps 알프스 산맥　　the Rockies 로키 산맥

나라, 도시, 지역:
the Netherlands 네덜란드　　the USA 미국　　the Hague 헤이그 시

관공서, 시설, 협회, 학교:
the National Gallery 국립 미술관　　the British Museum 대영 박물관
the University of London 런던대학교　　the Vatican 바티칸 궁전　　the White House 백악관

신문, 책, 잡지:
The New York Times 〈뉴욕 타임스〉　　*The Guardian* 〈가디언〉
The Wall Street Journal 〈월 스트리트 저널〉　　*The Economist* 〈이코노미스트〉

(2) 관사를 쓰지 않는 경우

역, 거리, 공항, 공원, 호수 등에 고유명사가 붙거나 지명이 앞에 올 때는 관사를 쓰지 않는다.

Euston Station 유스턴 역　　Lake Tahoe 타호 호수　　Regent Park 리젠트 공원
Fifth Avenue 5번가　　Hudson Bay 허드슨 만
Harvard University 하버드대학교　　Seoul Station 서울역　　Kimpo Airport 김포 공항

→ the Lake of Hahoe처럼 of가 있는 경우에는 앞에 the를 쓴다.

2. 출제 빈도가 높은 부정관사와 정관사 표현

(1) 〈of + 명사구〉의 수식을 받아 원래 관사가 붙지 않는 명사 앞에 정관사를 쓰는 경우

the supervision of the United Nations = United Nations supervision　국제 연합의 감독

the literature of Argentina = Argentinian literature　아르헨티나 문학

the history of the world = world history　세계의 역사

the University of London = London University　런던대학교

정관사 the는 앞에 나온 명사를 반복하거나 전후 관계를 명백히 알 경우, 뒤에서 한정할 때 주로 쓰인다. 뒤에 나오는 〈of + 명사〉의 수식을 받아 한정하는 것으로 이해하면 된다.

Samuel was elected the valedictorian of his class.
사무엘이 반에서 졸업생 대표로 선출되었다.

(2) most[some / any / all / none] of + 한정사 + 명사

of 다음에 the / its / his / her / their와 같은 한정사 중 하나가 꼭 나와야 한다.

<u>All of his classes</u> were difficult because he uses inscrutable jargon.
이해하기 어려운 전문 용어를 썼기 때문에 그의 모든 수업이 어려웠다.

(3) kind[type / sort] of + 명사

이 경우 of 뒤에 오는 명사에는 관사가 붙지 않으며, 복수 형태가 올 수 있다.

<u>These kinds of novels</u> are hard to check out in a public library.
이런 종류의 소설책들은 공공도서관에서 대출하기가 어렵다.

3. 관사가 붙지 않는 경우

(1) breakfast, lunch, dinner 앞

Having <u>breakfast</u> gives you energy to start a new day.
아침 식사를 하는 것은 하루를 시작하기 위한 에너지를 준다.

(2) 병명(cancer, autism, anemia, anorexia, pneumonia) 앞

Being diagnosed with <u>autism</u> can be a huge shock.
자폐증 진단을 받는 것은 큰 충격일 수 있다.

(3) 예외: 식사 앞에 형용사가 붙는 경우 부정관사 사용

I have <u>a light breakfast</u> with my friends after I work out.
나는 운동을 한 후 친구들과 가벼운 아침 식사를 한다.

(4) 예외: ache가 들어가는 가벼운 병명에 부정관사 사용

I am suffering from <u>a horrible toothache</u>.
나는 심한 치통을 앓고 있다.

4. 관용적 표현

(1) 정관사를 쓰는 관용적 표현

That's <u>the</u> spirit! 바로 그거야!

I am on <u>the</u> phone. 저는 통화 중입니다.

What's <u>the</u> matter? 무슨 일이세요?

on <u>the</u> spot 즉석[현장]에서

in <u>the</u> long run 결국에는

Do you have <u>the</u> time? 몇 시입니까?

What's <u>the</u> occasion? 무슨 일이죠?

Keep <u>the</u> change. 거스름돈은 가지세요.

around <u>the</u> world 전 세계에서

in <u>the</u> future 미래에는

(2) 부정관사를 쓰는 관용적 표현

What a shame! / It's a pity. / It's a shame. 그거 유감이야, 안됐어.

What a surprise! 놀랐는걸!   What a coincidence! 우연의 일치군요!

I am in a pickle. 나는 곤란한 입장에 있어.   Can I ask you a favor? 부탁 좀 해도 될까요?

Have a good time! 즐거운 시간 보내세요!   Let's take a walk. 산책을 하자.

Give it a try. 시도해 봐.   come to an end 끝이 나다

stand a good chance of ~을 할 가능성이 충분하다

5. 시간, 수량, 단위를 나타내는 정관사 및 기타 용법

(1) by the+단위[수량] 표현

Most of the personnel paid by the month get more fringe benefits than weekly paid employees.
월급을 받는 대부분의 직원이 주급제로 일하는 직원들보다 복리 후생이 더 좋다.

(2) the+최상급+명사

It is the greatest masterpiece of ancient Chinese architecture.
그것은 고대 중국 건축 중 최고의 걸작이다.

(3) the very+명사

This is the very gift Jessica had wanted.
이것이 제시카가 원했던 바로 그 선물이다.

(4) the+서수+명사

Thanksgiving is the fourth Thursday of November.
추수감사절은 11월의 넷째 주 목요일이다.

(5) the+연대

The use of light-weight vehicle has become very popular in the 2010s.
경차의 사용은 2010년대에 이르러서 매우 대중화되었다.

(6) the same

This disease is not the same as the one many people contracted.
이 질병은 많은 사람들이 걸렸던 질병과 같지 않다.

다음 괄호 안에서 가장 적절한 것을 고르시오.

1. Last winter I listened to his lectures. Most of his (were / was) hard to understand.

2. (The Netherlands / Netherlands) is the official name of the country and Holland is just one of the provinces.

3. It was (such a surprise / such surprise) to see the world-famous actor at the lecture hall.

4. (A high proportion / High proportion) of diabetic patients show excessive thirst and frequent urination.

5. There was (a small change / small change) in the air with the seasons changing.

6. Whichever team they play against, the Glasgow team will (stand good chance of / stand a good chance of) winning.

7. I am (in a pickle / in the pickle) owing to your drastic and aggressive action.

8. Among herbal remedies, dandelions are considered to have (a greatest / the greatest) medicinal qualities.

9. There are some great apps that are worth downloading if you have (migraine headache / a migraine headache).

10. Even though violence on TV may not be (the only cause / only cause) of aggression in children, it is a contributing factor.

Practice Test

PART 1 Choose the option that best completes each dialogue.

1. A What are your plans for this weekend?
   B I'm going to the park and have _____.

   (a) light lunch (b) the light lunch
   (c) the light lunches (d) a light lunch

2. A Should I sign a one-year contract extension with the company?
   B Yes, I think that is _____.

   (a) the right choice (b) a right choice
   (c) right choice (d) any right choice

3. A Is _____ still worth the time and money?
   B Yes. It still remains a valuable asset in life.

   (a) an university education (b) university education
   (c) a university education (d) universities education

4. A Where are _____ at the moment?
   B They are waiting for you in the camping park.

   (a) all my of children (b) my all of children
   (c) all of my children (d) my children all of

5. A Can I take this bus to Seoul Station?
   B No, you need to change _____ at Jongro 3 ga.

   (a) bus (b) buses
   (c) the bus (d) the buses

PART II Choose the option that best completes each sentence.

6 _____ who study in this institute hail from Canada and U.S.

    (a) Almost half of people   (b) Almost half of the people
    (c) Almost half of a people   (d) Almost half of peoples

7 The attorney used to get paid _____. But now, he gets paid by the year.

    (a) by the week   (b) by weeks
    (c) by a week   (d) a week

8 She is not _____ great musician she used to be. Perhaps she is past her prime.

    (a) the same   (b) a same
    (c) same   (d) any same

PART III Read each dialogue or passage carefully and identify the option that contains a grammatical error.

9 (a) A How much is a guestroom if I stay during weekend?
    (b) B Our weekend rate is one hundred dollars per night.
    (c) A I see. I heard the amenities include a pool and laundry facility.
    (d) B Yes. We offer those things to all of our guests.

10 (a) Almost all patients have difficulty following medical advice, largely because it is often incomprehensible to them. (b) Most public-health professionals use some jargons and complex medical phrases when giving advice. (c) It leads to poor communication between patients and physicians, and subsequently causes ineffective medical care. (d) State officials are now highly recommending doctors to use simpler language to communicate with their patients.

Unit 15 접속사와 전치사의 구별

접속사와 전치사의 차이와 의미부터 알아야 한다. 전치사는 뒤에 명사(구)가 오며, 접속사는 뒤에 〈주어+동사〉로 이루어진 절을 이끈다. 접속사와 전치사가 가지고 있는 속성과 관용 표현, 전치사를 이용한 시제 문제 및 시간 표현들은 매달 출제되므로 꼭 익혀 둔다.

Sample Question

A I am not really sure if I can complete this report before the deadline on Tuesday.
B Don't worry too much. You have enough time _____ next weekend.

(a) until
(b) by
(c) within
(d) prior

정답 (a)

해석 A 화요일 마감 전까지 이 보고서를 완성할 수 있을지 모르겠어.
B 너무 걱정하지 마. 다음 주말까지 충분한 시간이 있어.

해설 시점을 나타내는 전치사를 고르는 문제이다. 문맥상 '다음 주말까지 시간이 있다'라는 의미가 자연스러우므로 '~까지'를 의미하는 전치사 by 또는 until 중 하나가 필요하다. 다음 주말까지 시간이 있음을 의미하므로 '상태나 동작의 지속'을 나타내는 until이 정답이다. by는 동작의 완료를 의미한다.

1. 원인과 이유의 접속사와 전치사

접속사: since, because, as, for, seeing that, on the ground that, now that
전치사: because of, due to, owing to, on account of, on the ground of, in view of

<u>Now that</u> he tendered his resignation, he can dabble in oil painting.
그는 이제 퇴직서를 제출했으니, 취미 삼아서 유화를 할 수 있다.

We object to passing the bill, <u>on the grounds that</u> it transgresses our values and is male-oriented.
그 법안이 우리의 가치를 위반하고 남성 지배적이라는 이유로 우리는 가결을 반대한다.

2. 양보를 나타내는 접속사 및 전치사

접속사: although, though, even though, even if, albeit, whereas, while
전치사: notwithstanding, for all, with all, despite, in spite of, regardless of

The summit meeting, <u>albeit</u> friendly, was not very productive.
정상 회담은 비록 우호적이었지만 생산적이지 못했다.

<u>Despite</u> all the transportation strikes that hindered traffic, the Brazil World Cup was relatively problem-free.
브라질 월드컵은 교통을 방해했던 모든 운송 파업에도 불구하고 비교적 문제가 없었다.

3. 조건을 나타내는 접속사

provided[providing] that	what if	supposing that	in case (that)
on the condition that	unless	if	as long as

<u>In case</u> something goes wrong, we need some backup plans.
일이 잘못될 경우를 대비해서 보완 계획이 필요하다.

<u>As long as</u> you confirm your acceptance and send a pre-payment of $300 by September 30, you will be guaranteed a dorm room.
9월 30일까지 등록을 확인하고 선불 300달러를 보내시면, 학교 기숙사가 보장될 것입니다.

4. 자주 출제되는 의미가 같은 접속사와 전치사

접속사+주어+동사 vs. 전치사+명사(구)

뜻은 같지만 문법적으로는 달리 쓰는 접속사와 전치사를 구별하는 문제가 출제된다.

의미	접속사 + S + V	전치사 + 명사(구)
~하는 동안	while	during
~인 경우	in case (that)	in case of
~ 뒤에, ~한 후에	after	following / after
~하지 않으면, ~이 없다면	unless	without, barring

(1) during vs. for

during과 for의 차이를 묻는 문제는 자주 출제된다. during은 특정 기간 동안 어떤 일이나 상황이 발생하는 것을 의미하고 for는 일정 기간 내내 동작이나 상황이 계속될 때 쓴다. for 다음에는 구체적인 숫자가 포함된 명사가 오고, during 다음에는 숫자가 아닌 기간의 의미를 나타내는 명사가 온다.

No homework will be assigned to be completed during the winter vacation because of the 'No Homework' policy.
'숙제 없기' 정책으로 인해 겨울 방학 동안 완료해야 할 어떠한 숙제도 부여되지 않을 것이다.

During the intensive period, all activities should be related to the learning of the second language.
집중 기간 동안, 모든 활동은 제2외국어 습득과 연관이 있어야 한다.

We have been talking for three hours.
우리는 3시간 동안 계속 이야기하고 있다.

(2) 최다 빈출 접속사 및 전치사 표현

in that + 주어 + 동사 ~라는 점에서
seeing that + 주어 + 동사 ~인 것으로 보아
as of (시간) ~부로
as for ~에 관해 말하자면
and yet 그럼에도 불구하고
for all that ~임에도 불구하고
notwithstanding ~임에도 불구하고

The Ebola virus differs from other diseases in that the fatality rate is up to 90%.
에볼라 바이러스는 사망률이 90퍼센트까지 이른다는 점에서 다른 질병과 다르다.

Seeing that your lips are blue and you are shaking, you must have played in the swimming pool.
입술이 파랗고 몸을 떨고 있는 것으로 보아, 넌 수영장에서 놀았음이 틀림없어.

It is tough to be at the top as new and highly-skilled golfers appear. And yet, there is also some chance to participate in tournaments for catching the public eye.
새롭고 고도로 숙련된 골프 선수들이 나타나면서 정상에 오르는 것이 어려워진다. 그럼에도 불구하고, 대중들의 눈에 띌 수 있는 토너먼트에 참가할 기회 또한 있다.

다음 괄호 안에서 가장 적절한 것을 고르시오.

1. You cannot reinstate your library card and account (unless / if) you pay your outstanding overdue fines.

2. The man got acquitted (although / despite) the fact that there was much evidence showing his guilt.

3. The entire Seoul Public Library systems will shut down (over / on) the entire weekend.

4. Your skin may feel very dry and flaky in winter (as if / even if) you use moisturizing lotion.

5. The valedictorian's speech, (if / albeit) poor in comparison with the others, elicited cheering and clapping.

6. Haggis is a popular and traditional dish (through / throughout) the Scotland.

7. Researchers estimate that previously non-threatening volcanoes can become volatile and active (within / on) a matter of months.

8. Due to the delayed construction, we moved into the new apartment (behind / before) schedule.

9. An American who contracted the Ebola virus (while / during) treating patients in West Africa was brought back to the United States for treatment last week.

10. (Despite / Though) Saudi Arabia still prohibits women from many social activities, women have begun taking on more roles in the very strictly male-dominated Islamic society.

Practice Test

PART 1 Choose the option that best completes each dialogue.

1. A Johee, do you happen to know a man _____ the name of Ruby Rennie?
   B To be honest with you, I have never heard the name before.

   (a) at (b) by
   (c) for (d) to

2. A What are you smiling about?
   B I got straight A's _____ my final tests.

   (a) on (b) with
   (c) to (d) at

3. A I can't believe Alice achieved a score of 160 on an IQ test.
   B Yes. She is highly intelligent _____ her age.

   (a) to (b) with
   (c) for (d) as

4. A How does this white belt go with my red dress?
   B Well, it stands out too much _____ the dress.

   (a) with (b) against
   (c) upon (d) about

5. A Did you vote in favor of the health care reform bill?
   B Yes. I support this bill _____ taxes don't go up.

   (a) until then (b) as long as
   (c) even though (d) as to

PART II Choose the option that best completes each sentence.

6. _____ they present a valid identification card, the staff cafeteria can provide free food and beverages.

   (a) Even if
   (b) Provided that
   (c) And yet
   (d) That said

7. All yoga and meditation sessions are to be held from 8 am to 10 am _____ indicated otherwise.

   (a) because
   (b) unless
   (c) whenever
   (d) notwithstanding

8. The actress splurged on travel and a new car _____ charge of tax evasion.

   (a) amid
   (b) for
   (c) among
   (d) on

PART III Read each dialogue or passage carefully and identify the option that contains a grammatical error.

9. (a) A Are you preparing for Hurricane Giselle?
   (b) B Yes, I am. I bought bottled water now that the power goes out.
   (c) A I heard that the shelves of many supermarkets were swept bare.
   (d) B Well, let's not worry too much. The forecast predicts it will weaken somewhat later this Friday.

10. (a) In the last few years, many universities have noticed a drastic drop in the writing abilities of students. (b) This is because the fact that they are accustomed to communicating by informal and short text messages. (c) As a result, many universities have strict rules that all students must enroll an academic writing course as a required curriculum. (d) This new policy will help students to enhance their writing abilities.

II

NEW TEPS
실전 모의고사

Actual Test 1
Actual Test 2
Actual Test 3
Actual Test 4
Actual Test 5

Actual Test 1

Grammar

Part I Questions 1~10

Choose the option that best completes each dialogue.

1. A: How about spaghetti for lunch?
   B: Sounds good. Actually, I _____ of that myself just a minute ago.
   (a) think
   (b) will think
   (c) was thinking
   (d) have thought

2. A: How was your business trip to Hawaii?
   B: It was successful, and _____ the meeting, my boss and I toured the island.
   (a) finish
   (b) finished
   (c) being finished
   (d) having finished

3. A: I'm considering opening my own café.
   B: Well, before deciding on that, you'd better consider _____.
   (a) how competitive the market is
   (b) how the market is competitive
   (c) how the competitive market is
   (d) how is the market competitive

4. A: The movie was very touching.
   B: Yeah, the man who gave to the poor _____ he had was like a saint.
   (a) what the little money
   (b) what of little money
   (c) what little money
   (d) little money what

5. A: Has the company finished the repair work?
   B: No, the heavy rain has made it impossible _____ by the agreed time.
   (a) completed
   (b) to complete
   (c) having completed
   (d) to be completed

6. A: How much was the hotel where you stayed in the Philippines?
   B: It was reasonable. Fifty dollars a night _____ quite a low rate.
   (a) is
   (b) are
   (c) has
   (d) have

7. A: When can you say the work will be done?
   B: It _____ by the time you're back from the conference next week.
   (a) is done
   (b) has been done
   (c) will be doing
   (d) will have been done

8. A: The boy seems to have great potential.
   B: I totally agree with you. He has lots of _____ for development.
   (a) room
   (b) the room
   (c) rooms
   (d) the rooms

9. A: Are _____ being aired on TV?
   B: Yes. It's time to watch X-factor.
   (a) some good program
   (b) good any program
   (c) any good program
   (d) any good programs

10. A: Could you go through this report?
    B: Sure, and I'll even have it _____ as soon as I finish.
    (a) submit
    (b) submits
    (c) submitted
    (d) to submit

Part II Questions 11~25

Choose the option that best completes each sentence.

11. The revised storyline looks quite different from the original one, for a number of characters _____.

    (a) added
    (b) has added
    (c) was added
    (d) were added

12. York Library houses _____ as Barnet Library, which is why I go to the former rather than the latter.

    (a) twice as many books
    (b) twice more books
    (c) as twice many books
    (d) more books twice

13. The date when the war broke out was so important that the teacher asked that the students _____ it.

    (a) remember
    (b) remembered
    (c) are remembered
    (d) were remembered

14. The letter _____ in the mailer tries to convince *Healthy Life* recipients that their benefits could be cut if the current health insurance reform plans are enacted.

    (a) to be enclosed
    (b) to enclose
    (c) enclosing
    (d) enclosed

15. The girl hurried to catch the plane, but when she arrived at the airport, the plane _____ already.

    (a) was taken off
    (b) has taken off
    (c) was been taken off
    (d) had taken off

16. You can only know how magnificent it is to be on the highest mountain _____ you have been in the deepest valley.

    (a) whether
    (b) though
    (c) in case
    (d) only if

17. Alley witnessed such horrible things but, fortunately, at no time _____ of post-traumatic stress disorder.

    (a) did she complain
    (b) she had complained
    (c) she did complain
    (d) had complained she

18. When I was young, I _____ just watch my father talk to uncle Tom, because what he was telling Tom was way beyond me.

    (a) would
    (b) had
    (c) might
    (d) ought to

19. They had to fix dinner very quickly, so _____ they got home, they dashed to the kitchen to prepare a meal.

    (a) provided
    (b) considering
    (c) as long as
    (d) as soon as

20. The reception at the David Bowie concert made it clear just _____.

    (a) what he is a popular singer
    (b) what a popular singer is he
    (c) how popular a singer he is
    (d) how popular is he a singer

21. _____ green, the roof of the house looks more idyllic than before.

(a) Painting
(b) Painted
(c) Being painting
(d) Having painted

22. This Web site contains _____ including departure time, bus stop locations and last minute offers.

(a) a wealths of information
(b) a wealth of information
(c) wealths of information
(d) wealth of information

23. To cook for enjoyment is one thing, but to open a restaurant is _____.

(a) another
(b) others
(c) the other
(d) the others

24. Several of the United States' top leaders _____ in China to forge a stronger military relationship.

(a) were converged
(b) was converged
(c) has been converged
(d) converged

25. _____ any overdue record, you will be eligible for an interest-free student loan for 4 years.

(a) Barring
(b) With
(c) Granted
(d) In Case

Part III Questions 26~30
Read each dialogue or passage carefully and identify the option that contains a grammatical error.

26. (a) A: Have you heard the news about what happened to Rick?
    (b) B: No, I didn't hear anything today. What happened to him?
    (c) A: The ship he was on board crashed and sank in the sea. He was close to drown when rescued.
    (d) B: Oh my gosh, I hope no one else was hurt.

27. (a) A: You look exhausted. Did you have a bad day today?
    (b) B: Well, when I got on the bus on the way home, I wanted to take a seat since I have been standing at work all day long.
    (c) A: So, were you able to sit down at all?
    (d) B: No, and that's why I got more worn out.

28. (a) Algerian writer Taos Amrouche will hold a book signing at YourMind bookshop this August. (b) The event will be a part of a nationwide tour to promote her latest memoir. (c) The book narrates Amrouche's coming of age story during the turbulent era of the Algerian Political Revolution. (d) Aside from being a fiction author, Amrouche is also wide known for hosting seminars and workshops on literature.

29. (a) Since the University of Minnesota Medical School opened its doors in 1950 under the leadership of Austin Wilson M.D., our faculty and staff have excelled in the fulfillment of our mission to educate people and to provide a spectrum of comprehensive knowledge. (b) No dean fulfills this mission alone. (c) Our current dean, Bill Martin M.D., was appointed on July 1, 2018. (d) He shares responsibility for leading the school with the dedicated faculty sit on the Executive Committee.

30. (a) Rejecting a new idea is considered normal. (b) By doing so, however, you step on the other person's ego and they are likely to react defensively. (c) In order to prevent this from happening, you should try to say good things about their ideas before saying anything negative. (d) When your supporting remarks outweigh the critical those, the other person is more likely to be receptive to what you say.

You have reached the end of the (Vocabulary &) Grammar sections. Do NOT move on to the Reading Comprehension section until instructed to do so. You are NOT allowed to turn to any other section of the test.

Actual Test 2

Grammar

Part I Questions 1~10

Choose the option that best completes each dialogue.

1. A: This report needs double-checking.
   B: I know. The statistics in there _____ considerably incorrect.
   (a) are
   (b) was
   (c) has been
   (d) have been

2. A: I can't decide between the two seminars.
   B: You will definitely get the best experience _____ one you choose.
   (a) that
   (b) which
   (c) whichever
   (d) whatever

3. A: Did you remember _____ milk?
   B: Sorry, I will get it for you right away.
   (a) to get
   (b) getting
   (c) to have gotten
   (d) got

4. A: What are the job requirements for the multinational corporation?
   B: They want to find _____ SNS.
   (a) tech-savvy experts familiar with
   (b) familiar with tech-savvy experts
   (c) familiar with experts tech-savvy
   (d) experts with tech-savvy familiar

5. A: Where have you been? You almost missed the meeting.
   B: Sorry, I _____ all about it until Jordan reminded me.
   (a) had forgotten
   (b) have forgotten
   (c) was forgetting
   (d) am forgetting

6. A: Do you or your roommate actively participate in school events?
   B: No, neither of us _____ to spend time doing that kind of thing.
   (a) like
   (b) likes
   (c) is liking
   (d) are liking

7. A: I have written _____ about Mars. Would you mind reading it?
   B: Sure. I have plenty of time to read it since I turned in my report last week.
   (a) any paper
   (b) papers
   (c) a paper
   (d) paper

8. A: Mary, how long have you been working as a journalist?
   B: By next month, I _____ for 10 years.
   (a) have been served
   (b) had been served
   (c) will have served
   (d) have served

9. A: Today's play by Shakespeare was great.
   B: I wish my brother _____ here today.
   (a) is
   (b) was
   (c) were
   (d) should be

10. A: How was Carlo's playing last night?
    B: I loved it. It was _____ the best.
    (a) even
    (b) by far
    (c) still
    (d) very

Part II Questions 11~25

Choose the option that best completes each sentence.

11. _____ you experience any inconvenience, please notify the concierge desk.

    (a) Could
    (b) Should
    (c) Would
    (d) Might

12. We are hesitating to head to the mountains _____.

    (a) until an unpredictable thunderstorm approaching
    (b) with an unpredictable thunderstorm approaching
    (c) an unpredictable thunderstorm is approaching
    (d) for the unpredictable thunderstorm to approach

13. Two-thirds of St. Louise's population is black, _____ the mayor is white.

    (a) in spite of
    (b) in effect
    (c) and yet
    (d) in case

14. Jonathan joined the group as the newest member and found that every member _____ for a perfect performance for some time.

    (a) had been struggling
    (b) have struggling
    (c) was struggling
    (d) struggles

15. Many exchange students said that they _____ their papers in Korean.

    (a) would rather not turn in
    (b) rather than turn in
    (c) was rather turning in
    (d) would not rather turn in

16. At the parent-teacher conference, the head teacher maintained that no students were discriminated against _____ gender or race.

    (a) on behalf of
    (b) on account of
    (c) on the heels of
    (d) on the brink of

17. _____ by many betrayals in past relationships, she found the return to normal campus life very difficult.

    (a) Being traumatized
    (b) Been traumatizing
    (c) Having been traumatized
    (d) Having traumatizing

18. _____ that he roared at the executives attending the meeting.

    (a) Was so furious the stockholder
    (b) So furious was the stockholder
    (c) Was the stockholder so furious
    (d) Was the stockholder furious so

19. It was _____ that Mr. and Mrs. Kim decided to skip work and enjoy themselves.

    (a) so beautiful day
    (b) a so beautiful day
    (c) so beautiful a day
    (d) so a beautiful day

20. On July 5th, Death Valley is expected to reach 54 degrees Celsius, just 1 degree cooler than the highest temperature _____ recorded.

    (a) much
    (b) quite
    (c) even
    (d) ever

21. One of the obstacles to selling the systems _____ a lack of user trust; particularly about the security of those systems.

(a) has
(b) have
(c) is
(d) are

22. Please be sure _____ out all new information constantly for any changes made.

(a) check
(b) checked
(c) to check
(d) checking

23. The lawyer persuaded the accused that he should admit to _____ the crime in order that his death sentence could be commuted.

(a) commit
(b) committed
(c) committing
(d) being committed

24. The Center is based in an old country house in Barcelona, parts of which are over 200 years old and _____ several ghosts.

(a) it is said to be of
(b) said to be home to
(c) being said it is home for
(d) is home of be said to

25. The board of directors concluded that _____ should be relocated to a safe working environment.

(a) thousands employees
(b) thousands of employee
(c) a thousand employees
(d) a thousand of employees

Part III Questions 26~30

Read each dialogue or passage carefully and identify the option that contains a grammatical error.

26. (a) A: How long has it been since you had last seen your parents?
    (b) B: Come to think of it, I haven't seen them over six months.
    (c) A: Really? You must miss them very much.
    (d) B: Yes, but in about a week I will be heading home.

27. (a) A: Look. There's another palace. Let's stop by there, too.
    (b) B: Another one? Do we have to stop again?
    (c) A: Well, let's see... According to this guidebook, this place is 200 years old!
    (d) B: Can't we visit to some modern places like a theme park?

28. (a) Being diagnosed with cancer is something very serious. (b) You may want to get a second opinion from another specialist. (c) However, if the two opinions are similar, there is no point going to see other specialists, as they are likely to tell you the same thing. (d) It is advisable that you would start on getting treated — the sooner, the better.

29. (a) Several IT companies are organizing long-term fund-raising events and actively supporting them. (b) The funds, intending to assist with computer and network facility acquisition, will be distributed to many non-profit organizations under the auspices of IT enterprises. (c) They will be also apportioned to some elementary schools in rural areas for computer lab facilities. (d) Funds will be allocated to many school districts and non-profit organizations over a one-year period.

30. (a) Britain's five largest ethnic minorities are growing so fast that they could constitute more than a fifth of the total population by 2040. (b) The five minority groups are Indian, Pakistani, Bangladeshi, Black African and Black Caribbean. (c) It is said currently 14 percent of the UK population is from ethnic minorities. (d) Also, a majority of non-white Britons are described themselves as "British only."

You have reached the end of the (Vocabulary &) Grammar sections. Do NOT move on to the Reading Comprehension section until instructed to do so. You are NOT allowed to turn to any other section of the test.

Actual Test 3

Grammar

Part I Questions 1~10

Choose the option that best completes each dialogue.

1. A: Did the students pass the test yesterday?
   B: Half the students failed _____ in the reading section.
   (a) improving
   (b) to improve
   (c) in improvement
   (d) to be improved

2. A: Do students use many of those programs?
   B: No. _____ only a few are actually used.
   (a) Of which
   (b) At which
   (c) By that
   (d) In that

3. A: Your younger sister wasn't invited to the party tonight?
   B: _____ she nonetheless decided not to go.
   (a) Inviting
   (b) Being invited
   (c) Has been invited
   (d) Having been invited

4. A: It's about time you _____ to see us!
   B: Right. I haven't visited my hometown for a long time.
   (a) come
   (b) came
   (c) will come
   (d) will be came

5. A: Are you planning to going to the EXPO?
   B: Yes, I'm sure it will be _____ event.
   (a) informative
   (b) an informative
   (c) the informative
   (d) every informative

6. A: Was every house in the area burglarized?
   B: Not really. Just some of the houses seem to _____ into.
   (a) break
   (b) broke
   (c) be broken
   (d) have been broken

7. A: You look so frightened.
   B: A man was walking along the hall with his hands _____ a knife.
   (a) hold
   (b) held
   (c) holding
   (d) having held

8. A: Why didn't you answer my call?
   B: Sorry, I didn't know since I kept my phone off while I _____.
   (a) study
   (b) was studying
   (c) have studied
   (d) have been studying

9. A: We don't have time to eat _____.
   B: In that case, let's just have some beverages.
   (a) a light meals
   (b) a light meal
   (c) light meal
   (d) little light meal

10. A: How was your first mountain climbing?
    B: It was very tough. It even took a little longer than I _____.
    (a) thought it would do
    (b) had thought it would
    (c) did think it would
    (d) would think it did

Part II Questions 11~25

Choose the option that best completes each sentence.

11. Urban areas are cultural and technological epicenters _____ from old municipalities to sprawling megacities.

    (a) ranging
    (b) ranged
    (c) to range
    (d) range

12. The government _____ about the impact of the global financial crisis on the Indian economy.

    (a) has concerned
    (b) was concerning
    (c) has been concerning
    (d) has become concerned

13. _____ at the community center today is based on the classical tradition.

    (a) Being what the majority is taught
    (b) What is being taught of the majority
    (c) The majority of what is being taught
    (d) What the majority is being taught

14. This was welcome news to the Ministry of Education _____ calls for greater participation in science learning.

    (a) over
    (b) with
    (c) in
    (d) amid

15. Many birds thrive at high altitudes _____ environmental temperatures are low.

    (a) of which
    (b) which
    (c) where
    (d) that

16. To ancient and modern authors _____, the owl's cry has sounded ominous and especially prophetic of death.

    (a) alike
    (b) like
    (c) both
    (d) as

17. The vice-president will choose _____ she thinks is competent enough to accomplish the task.

    (a) whenever
    (b) whatever
    (c) whichever
    (d) whoever

18. When your plan for next year _____, you will receive an e-mail confirming whether or not it has been approved.

    (a) check
    (b) will check
    (c) will be checking
    (d) has been checked

19. Among these books _____ the first book written by Wilkinson which contains an extraordinary message of social progress.

    (a) is
    (b) are
    (c) has
    (d) have

20. Bill knew he _____ waste his money on lottery tickets, but he bought ones anyway, hoping to get rich quick.

    (a) can't
    (b) shouldn't
    (c) won't
    (d) ought not

G

21. He _____ the best director without the support of critics and moviegoers.

    (a) could have been awarded
    (b) didn't have been awarded
    (c) couldn't have been awarded
    (d) wouldn't have awarded

22. Pullman Books is by far _____ children's book publisher in the United States.

    (a) the largest
    (b) large
    (c) larger
    (d) largest

23. It is recommended that all applicants _____ his or her application materials well before the deadline.

    (a) mails
    (b) mail
    (c) have mailed
    (d) is mailing

24. Sitting for no more than 30 minutes at a time with a two-minute walking break may decrease risk of heart disease _____ 50%.

    (a) for
    (b) to
    (c) by
    (d) in

25. Once he started talking about his problems, the issues I was having seem _____.

    (a) insignificancy
    (b) insignificant
    (c) insignificantly
    (d) insignificance

Part III Questions 26~30

Read each dialogue or passage carefully and identify the option that contains a grammatical error.

26. (a) A: What are you going to do tomorrow?
(b) B: I wanted to go fishing, but I'm not sure if I can yet.
(c) A: Why? Are you busy with something else to do?
(d) B: No, but I had a work deadline coming up.

27. (a) A: So you came back from your first business trip abroad. How was it?
(b) B: Well, I was very busy preparing for and attending meetings that I had all lined up.
(c) A: Didn't you drop by some tourist attractions?
(d) B: Unfortunately, I hardly had no time to do it.

28. (a) In order to stay healthy, it is essential to have a balanced diet every day, which means eating a wide variety of fruits and vegetables. (b) These days, however, not only children but also adults eat less fruits and vegetables, and this could lead to serious health problems. (c) Try to eat fruits and vegetables of many colors since colors show what kind of vitamins are contained. (d) Please remind that experts recommend five servings a day.

29. (a) Between 166 AD and 266 AD, two separate plagues hit hard the people of Rome. (b) Treating the illnesses with home remedies was common. (c) Some Romans used age-old remedies, many of them were passed down from parents and grandparents. (d) Others who got desperate with no successful results from these herbal cures decided to turn to their gods and goddesses like Salus, the goddess of health.

30. (a) A study of mutant bird flu strains is fueling fears of airborne H5N1. (b) Whether they could gather in one strain among many strains are now an urgent question. (c) Do the mutations represent a mechanism by which H5N1 could become contagious in humans? (d) And if they are directly relevant to human infections, do they represent a primary route, or one of many possible paths?

You have reached the end of the (Vocabulary &) Grammar sections. Do NOT move on to the Reading Comprehension section until instructed to do so. You are NOT allowed to turn to any other section of the test.

Actual Test 4

Grammar

Part I Questions 1~10

Choose the option that best completes each dialogue.

1. A: Which dress should I wear for the party?
   B: I think your black dress is by far _____ one of your own.
   (a) more stylish
   (b) the most stylish
   (c) stylish
   (d) stylishly

2. A: When is the book scheduled to come out?
   B: It _____ in a week.
   (a) is being released
   (b) has been released
   (c) was released
   (d) was being released

3. A: Do you think the event will start on time?
   B: Due to the rain, there is _____ chance that it will start at all.
   (a) many
   (b) few
   (c) little
   (d) all

4. A: I wonder if there has been a decision about the vacant position.
   B: We have yet to _____ from the Personnel Department.
   (a) get approved
   (b) be getting it approved
   (c) get it approved
   (d) getting approved

5. A: I accidently rear-ended your car. I _____ more notice of the signs.
   B: Don't take it too hard.
   (a) should have taken
   (b) must have taken
   (c) wouldn't have taken
   (d) might not have taken

6. A: Do you know why so many people think highly of Christine Lagarde?
   B: Because she is _____.
   (a) the first woman to head the IMF
   (b) a first woman headed the IMF
   (c) the first IMF headed a woman
   (d) a first IMF to head the woman

7. A: I bought this second-hand car just last month. But it is not working properly.
   B: I know a good place _____.
   (a) where you can have it fixed
   (b) which you can have fixed it
   (c) that you can have it fix
   (d) which you can have it fix

8. A: How did the golf game go yesterday?
   B: _____, we decided to postpone it until next week.
   (a) It so hard raining
   (b) It raining so hard
   (c) Rained so hard
   (d) Being rained so hard

9. A: A US journalist was killed in Syria.
   B: _____ as retaliation for something the US did.
   (a) I can't help but to think
   (b) I can't help to think of it
   (c) I can't help but think of it
   (d) I can't help but thinking

10. A: Could I confirm my hotel reservation?
    B: I'll send you the hotel confirmation as soon as I _____ it.
    (a) receive
    (b) will receive
    (c) can receive
    (d) have received

Part II Questions 11~25

Choose the option that best completes each sentence.

11. The porter had so _____ that he could not carry it all at once.
    (a) many baggages
    (b) much baggage
    (c) a lot baggages
    (d) a few baggage

12. _____ who signed up for the summer vacation lecture has been awarded extra credit.
    (a) Everyone
    (b) Those
    (c) All
    (d) Any

13. Janet felt extremely tired after she _____ her brother's wedding all day.
    (a) has been catering for
    (b) had been catering for
    (c) has catered for
    (d) had been catered for

14. There is _____ that moderate alcohol consumption can protect against colds.
    (a) some evidences
    (b) some evidence
    (c) any evidences
    (d) any evidence

15. Sleeping pills may be helpful for insomnia _____, but, in general, the medications only worsen the problem.
    (a) when taken as directing
    (b) when taken as directed
    (c) when directed as taken
    (d) when directing as taken

16. Scarcely _____ her in-depth interview when her voice started trembling with fear.
    (a) was as she
    (b) had she begun
    (c) was she begun
    (d) did she begin

17. Amsterdam has more than one hundred kilometers of gorgeous canals, some of _____ are placed on the UNESCO World Heritage List.
    (a) whose
    (b) that
    (c) where
    (d) which

18. The Philippines _____ of more than 7,000 islands that are broadly divided into three main geographical divisions.
    (a) consist
    (b) consists
    (c) is consisted
    (d) are consisted

19. The management said the contract needs to be finalized no matter _____.
    (a) how many hours it takes
    (b) how to take many hours
    (c) how its hours take many
    (d) how many it takes hours

20. The government is determined to reconstruct several dilapidated buildings in the central business district, which _____ in recent years.
    (a) are neglected
    (b) neglected
    (c) have been neglected
    (d) have neglected

21. The non-profit environment organization received _____ from individual supporters and business tycoons.

    (a) quite a large donation
    (b) quite large a donation
    (c) a quite large donation
    (d) quite a donation large

22. The rising cases of plagiarism among university students are _____ tertiary educators.

    (a) of great concern to
    (b) of great to concern
    (c) to concern of great
    (d) to concern great of

23. It was a terrible pity that they didn't make it to the crime scene earlier. Otherwise, more victims _____ saved.

    (a) could
    (b) could be
    (c) could have
    (d) could have been

24. The dangerous misuse of antibiotics _____ to catastrophic consequences.

    (a) are led
    (b) is led
    (c) leads
    (d) lead

25. During the survey, the participants who have never been to a foreign country _____ what scares them most.

    (a) was asked
    (b) was asking
    (c) has asked
    (d) have been asking

Part III Questions 26~30

Read each dialogue or passage carefully and identify the option that contains a grammatical error.

26. (a) A: You seem distracting. What's the matter with you?
    (b) B: Well, I've been thinking about my future and what I'm going to do.
    (c) A: What is there to think about? You're going to graduate school!
    (d) B: Well, that's the problem. I haven't decided yet if I really want to.

27. (a) A: So, what do you think is wrong with my computer?
    (b) B: Well, the longer a computer is used, the slower it gets. You had better buy a new one.
    (c) A: That's easy for you to say. But I can't afford a new computer.
    (d) B: Then, you may consider leasing one or to purchase hardware.

28. (a) If you are stuck into a cramped space on a long flight with little chance to move around, a leg massager comes in handy. (b) It gives a fabulous calf massage, operates on two AAA batteries, and turns off after 10 minutes, when it is time to change legs. (c) The Air-Gym is a much efficient exerciser that requires you to move your legs. (d) Also, I highly recommend to wear medical compression stockings to prevent blood clots that can form in legs on long flights.

29. (a) The potential use of asynchronous collaborative writing tool can facilitate the rapid and successful growth of ideas. (b) For example, the students are encouraged to engage in discussion, exchange ideas, and cooperate with peers. (c) In particular, the use of blogs and wikis allows students to discuss ideas, add and edit content easily. (d) They have access to the same documents online to collaborative write, revise, store and publish documents on the Web.

30. (a) We all take on a wide variety of roles and titles throughout our lives such as a father or mother, a son or daughter, an employee or boss. (b) Each of these roles bring with it certain responsibilities and obligations. (c) But to be good at these roles, we must first become an individual with a stable internal foundation. (d) Without this inner strength, we can't have a positive effect on those around us.

You have reached the end of the (Vocabulary &) Grammar sections. Do NOT move on to the Reading Comprehension section until instructed to do so. You are NOT allowed to turn to any other section of the test.

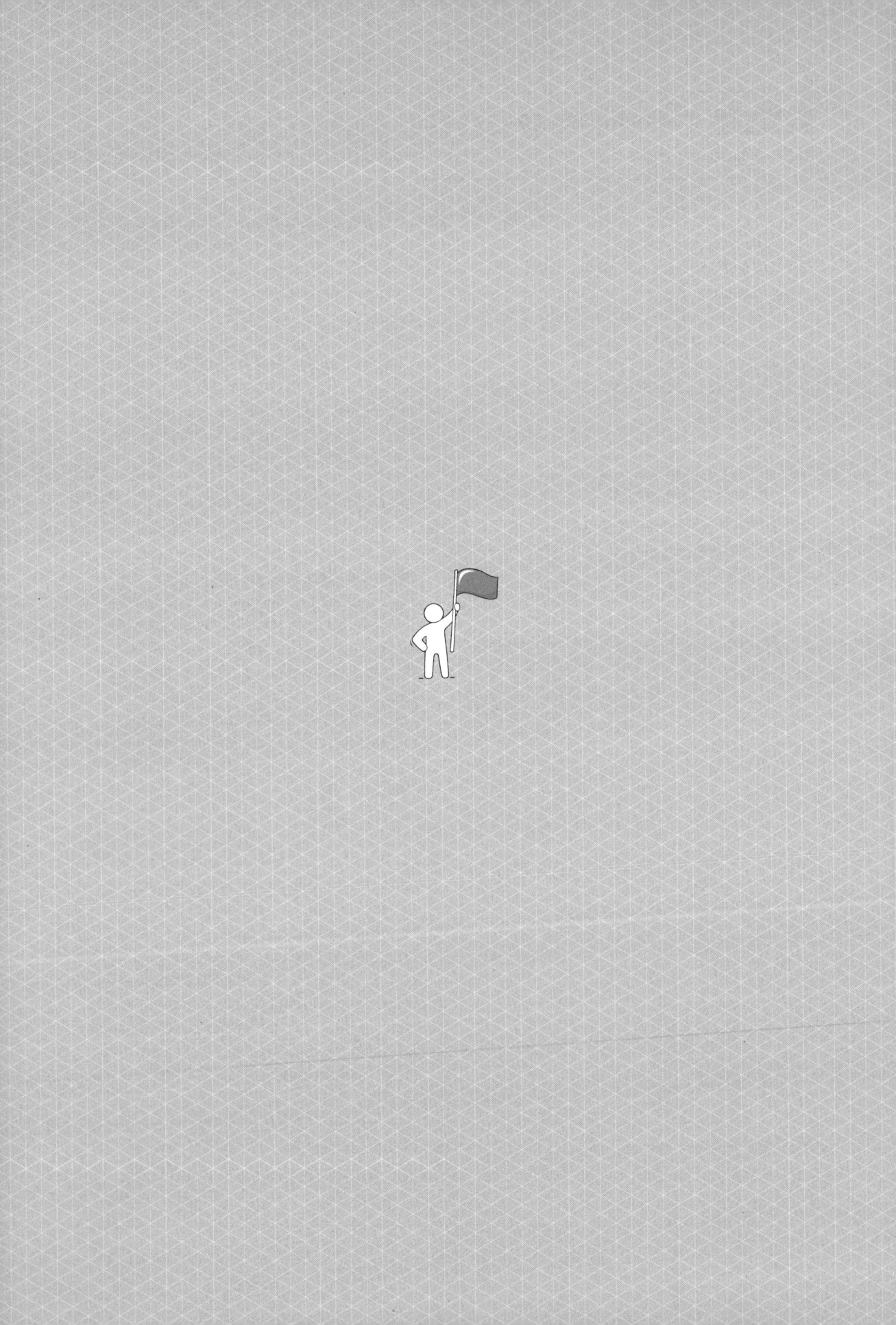

Actual Test 5

Grammar

Part I Questions 1~10

Choose the option that best completes each dialogue.

1. A: Why did the library call you?
B: I returned a DVD yesterday and they said it _____ damaged.
(a) will have been
(b) has
(c) had been
(d) is being

2. A: Have you finished the book I bought you?
B: Sorry. It was hundreds of pages long, so I gave up _____ it quite a while ago.
(a) finish
(b) finishing
(c) to finish
(d) finished

3. A: We should discuss the contract.
B: Why don't we meet _____ at 4 p.m.?
(a) late
(b) later
(c) lately
(d) latest

4. A: You have been working on your report for a week. What is it about?
B: It is about why _____ of this city is slowly decreasing.
(a) population
(b) a population
(c) the population
(d) populations

5. A: Can you help me with the computer?
B: _____ I'd like to help you, I'm just too busy at the moment.
(a) Much as
(b) Despite
(c) For
(d) Besides

6. A: What happened between Sam and Leslie?
B: They _____ an argument when I entered the room.
(a) are having
(b) were having
(c) have had
(d) have been having

7. A: It is taking longer than we thought to make this dish.
B: That's mostly because the cloves of garlic _____ well.
(a) don't peel
(b) are not peeled
(c) is not peel
(d) hadn't peeled

8. A: I still haven't found a decent job.
B: You should ask Paul about it. _____ he got a job at a law firm.
(a) Rumor has it that
(b) That has rumor it
(c) It has rumored to
(d) Rumor it that has

9. A: How do you like living in this town?
B: I love it. One of the things I like is that it has trees on _____ side of the street.
(a) few
(b) both
(c) either
(d) less

10. A: Which student won the 100-meter sprint?
B: Ian turned out to be _____ of the two.
(a) the fast
(b) of the fast
(c) the faster
(d) of the faster

Part II Questions 11~25

Choose the option that best completes each sentence.

11. Neither his parents nor his doctor _____ his occasional consumption of junk food to be harmful.

    (a) considers
    (b) consider
    (c) are considering
    (d) have considering

12. _____ criticizing the technology as an invasion of privacy.

    (a) After several years only did people start
    (b) Only several years started people
    (c) After several years only people started
    (d) Only after several years did people start

13. Since he had been losing a lot of weight, his mother insisted that he _____ breakfast any more.

    (a) not skip
    (b) didn't skip
    (c) skipped
    (d) doesn't skip

14. _____, Lorri realized that her mother must be worried about her.

    (a) Not told her mother having where she was
    (b) Having not told her mother where she was
    (c) Not having told her mother where she was
    (d) Told her mother not where she was

15. No matter how much work you have, try to relax during the evening _____ get stressed out.

    (a) so not to as
    (b) not to so as
    (c) not so as to
    (d) so as not to

16. If you don't have the time to have your teeth whitened, natural alternatives such as peppermint are considered useful _____ they contain enough acid to whiten your teeth.

    (a) despite
    (b) by which
    (c) in that
    (d) as soon as

17. Giving public praise to people who crave recognition _____ their productivity in a positive way.

    (a) affecting
    (b) to affect
    (c) affect
    (d) affects

18. Rachel has always been afraid of heights so _____, she prefers taking the train to flying.

    (a) all being equal other things
    (b) all other things being equal
    (c) other things be all equal
    (d) other all equal being things

19. If Amanda had taken my advice last month, she _____ any trouble traveling to Europe now.

    (a) had not had
    (b) would not had
    (c) would not have
    (d) would not had had

20. The boss hasn't decided _____ he would assign Ms. Anderson to the project.

    (a) if
    (b) that
    (c) what
    (d) which

21. Recently, there are many pictures of famous celebrities in magazines _____ styles teens want to follow.

(a) whom
(b) whose
(c) for whom
(d) with whom

22. _____ people who go to Alaska in the summer are surprised that it is warmer than they expected.

(a) Most of
(b) The most
(c) Most of the
(d) The most of

23. The thieves stated that they _____ the money if they had been in that situation.

(a) don't touch
(b) won't touch
(c) wouldn't touch
(d) wouldn't have touched

24. In _____ his rebellious and bratty behavior, Justin lost his popularity.

(a) justifying
(b) justified
(c) being justified
(d) having been justifying

25. For years, we have been told that exercise improves sleep unless you work out close to bedtime, _____ it can have the opposite effect.

(a) which in case
(b) in case what
(c) in which case
(d) in what case

Part III Questions 26~30

Read each dialogue or passage carefully and identify the option that contains a grammatical error.

26. (a) A: Look at my new bag!
    (b) B: It looks expensive. It must have cost a fortune.
    (c) A: Actually, I have bought it at a second-hand store last week. 60% off!
    (d) B: You saved a lot. Someone else might have owned it, but it looks brand-new.

27. (a) A: These chairs will look good with our new table. They are 50 dollars each.
    (b) B: That sounds appropriately. How many should we buy?
    (c) A: Four will be enough. They also charge delivery fees.
    (d) B: Okay. I'll pay with my credit card.

28. (a) Many social networking services such as Twitter, Facebook and Instagram were once regarded as connecting people who share interests. (b) But now considering as an indispensable means for business, it plays a leading role. (c) Many companies have required advanced social media skills and creative thinking abilities. (d) Building proficiency in social media will be drastically crucial in the near future.

29. (a) When European settlers first arrived in Australia in 1788, there were about 270 different aboriginal languages. (b) Today, only about 60 are spoken on a daily basis. (c) Of these, roughly half a dozen are being actively passed down from adults to their children. (d) These aboriginal languages, which have been inadequately recorded, often compare to Japanese and Latin in their linguistic traits.

30. (a) According to research, one in four people suffer from insomnia at some point. (b) Running can not only help you fall asleep at night, but also improve the quality of your sleep. (c) Sleep is brought about by chemicals released in the body, which are a by-product of burning sugar for fuel; so the more active you are, the better you will snooze. (d) According to experts at the Harvard University, 20-30 minutes of jogging every other days can help improve the quality of sleep.

You have reached the end of the (Vocabulary &) Grammar sections. Do NOT move on to the Reading Comprehension section until instructed to do so. You are NOT allowed to turn to any other section of the test.

MEMO

TEPS Test of English Proficiency developed by Seoul National University

문법 Grammar

Actual Test 1

Actual Test 2

Actual Test 3

Actual Test 4

Actual Test 5

MEMO

MEMO

| 자격명 : TEPS영어능력검정 | 자격종류 : 공인민간자격 | 등록번호 : 교육부 제2018-2호 (1+급, 1급, 2+급, 2급에 해당) | |

NEW TEPS 시행

국가공인영어시험 텝스가 새롭게 출발합니다!

NEW TEPS로 평가 효율성  **UP**, 응시 피로도  **DOWN**

주요 변경사항

총점	문항 수	시험시간
600점	**135문항**	**105분**

세부내용

청해 | 대화형 문항은 실제 영어생활환경을 고려하여 **1회 청취**
         | 종합적 청해 지문 이해력 평가를 위한 **1지문 2문항** 출제 (4문항)

어휘/문법 | 수험자 부담 완화를 위한 어휘&문법영역 **시험시간 통합**

독해 | 실제 영어사용환경을 고려한 일부 **실용지문** (이메일, 광고 등) 구성
         | 종합적 독해 지문 이해력 평가를 위한 **1지문 2문항** 출제 (10문항)

· 응시료 : 39,000원(정기접수 기준)   ※ 취소 및 환불규정, 시험 관련 자세한 사항은 **TEPS홈페이지**에서 확인하세요.

서울대학교 TEPS관리위원회    www.teps.or.kr   02-886-3330   @teps   teps4u

실제 기출 **어휘**와 **예문**을 그대로 수록한

서울대 최신기출
NEW TEPS VOCA

최신 기출 예문 수록

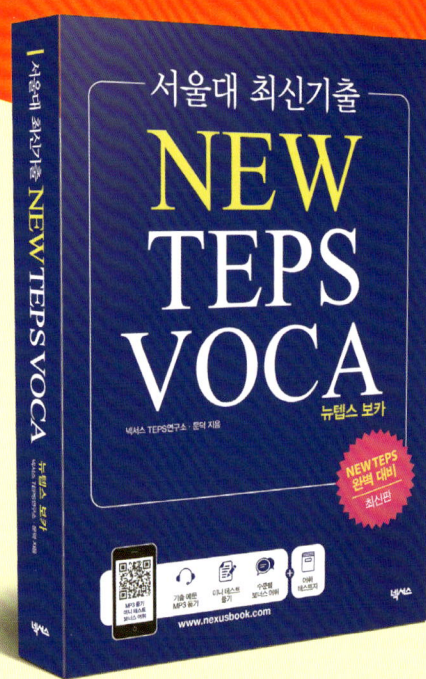

| 기출 예문 MP3 듣기 | 미니 테스트 풀기 | 수준별 보너스 어휘 | + | 어휘 테스트지 |

MP3 듣기
미니 테스트
보너스 어휘

www.nexusbook.com

서울대 최신기출 NEW TEPS VOCA | 넥서스 TEPS연구소·문덕 지음 | 536쪽 | 15,000원

출제 원리에 철저하게 맞춘 전략형 뉴텝스 문법

NEW TEPS 문법

마스터편 실전 500+

테스 김 지음

Grammar

부가 제공 자료 www.nexusbook.com

정답 및 해설

NEXUS Edu

NEW TEPS
마스터편 실전 500+ 문법

Grammar

정답 및 해설

NEXUS Edu

Part I

 도치 구문

Exercise p.35

1. should you be
2. did I know
3. has the facility
4. has the organic food company started
5. No sooner had the cellist finished
6. stands a steel-framed concrete building
7. made possible a variety of opportunities to young talents
8. so has the service
9. was
10. do

1
해석 어떤 경우라도 컨퍼런스에 늦어서는 안 된다.
해설 부정부사에 의한 도치문으로, no라는 부정어가 포함된 부사구가 문장 앞에 나와 있으므로 뒤에 나오는 you should가 도치되어야 한다.
어휘 under no circumstances 어떤 경우라도 ~하지 않다

2
해석 다음 주가 되어서야 비로소 그가 말없이 떠난 것을 알았다.
해설 ⟨not until+시간의 명사구+조동사+주어⟩는 '(시간)이 되어서야 비로소 ~하다'라는 의미이다.

3
해석 일 년 전에 화재가 난 이후 그 시설은 거의 사용된 적이 없다.
해설 hardly, rarely, seldom과 같은 부정부사들은 not의 의미를 내포하고 있다. 이 부사들이 문두에 오면 주어와 조동사가 도치된다.

4
해석 최근에서야 유기농 식품 회사는 흑자 경영을 하기 시작했다.
해설 only 부사구[절]가 문두에 오는 경우 주어와 조동사가 도치된다.
어휘 operate in the black 흑자 경영을 하다

5
해석 그 첼로 연주가가 연주를 끝내자마자 관객들이 기립 박수를 보냈다.
해설 ⟨no sooner[hardly/scarcely] had+주어+p.p. ~ than[before/when]+주어+과거 동사⟩는 '~하자마자 …하다'라는 의미이며, 부정어가 문두에 있기 때문에 부정어 뒤의 어순이 도치되었다.
어휘 standing ovation 기립 박수

6
해석 언덕 위에 철근 콘크리트 건물 빌딩이 서 있다.
해설 장소를 나타내는 부사구가 문두로 나갈 경우 조동사가 아닌 동사가 주어 앞으로 나간다. 일반적으로 be동사나 stand, lie, remain 등의 자동사가 동사로 나올 때 부사구가 문두로 오는 경우가 많다.
어휘 steel-framed 철근으로 된

7
해석 IT의 출현은 젊은 인재들에게 다양한 기회들을 가능하게 만들었다.
해설 5형식의 ⟨목적격 보어+목적어⟩ 도치 문장이다. 목적어로 온 명사에 긴 수식어가 붙는 경우, 문장 구조를 명확히 하기 위해 목적격 보어를 목적어 앞으로 도치한다. 이 문장에서는 목적격 보어 possible이 앞으로 도치되었다.
어휘 advent 출현, 도래

8
해석 서울 호텔은 가장 고급스러운 호텔들 중의 하나임에도 불구하고 호텔의 방 상태는 저하되었고 서비스 역시 그렇다.
해설 ⟨so+조동사+주어⟩ 도치는 '~ 역시 그러하다'의 뜻이며, 조동사는 앞의 has deteriorated와 같이 has가 된다.
어휘 deteriorate 악화되다

9
해석 지난달 회의에서 논의된 안건들 중에는 공공 치안 강화에 대한 필요가 있었다.
해설 Among ~ month's meeting 부사구가 문두로 온 도치 구문이므로 이 문장의 주어는 the need이다. 주어가 3인칭 단수이므로 was가 적절하다.
어휘 agenda 의제, 안건 public security 공안, 공공의 안녕

10

해석 내 근육통은 너무 심해서 다리에 얼음찜질하는 것은 도움이 되지 않고, 진통제 또한 도움이 되지 않는다.

해설 부정문 뒤의 〈neither+조동사+주어〉 도치 구문이며, help는 일반동사이며 주어는 복수형 painkillers이므로 do가 맞다.

Practice Test   p.36

1 (c)   2 (a)   3 (a)   4 (b)
5 (b)   6 (b)   7 (a)   8 (b)
9 (b) I did think → did I think
10 (b) Not only improves it your posture
   → Not only does it improve your posture

1

해석 A 클레어에게 내가 충동적인 사람이라고 말했니?
B 아니. 그런 식으로 그녀에게 말한 적 없는데.

해설 강조를 위해 부정어 never가 문장 앞으로 오면서 〈조동사+주어〉 순서로 도치되므로 (c)가 정답이다.

어휘 impetuous 성급한, 충동적인

2

해석 A 바네사가 영어에서 우수한 성적을 받다니 믿을 수 없어.
B 이상하게 들리겠지만, 그게 사실이야.

해설 as가 though, although와 같은 양보의 의미로 사용되는 경우 〈형용사+as+주어+동사〉의 어순이 된다.

어휘 distinction 우수한 성적, 우등상

3

해석 A 회사 임원진들이 정말로 다음 달에 직원 수를 줄이는 것을 고려하고 있나요?
B 소문에 의하면 주주들이 그렇게 말했다고 하네요.

해설 The shareholders said so에서 부사 so가 문두로 가고, 그로 인해 〈주어+동사〉가 도치되었다.

어휘 downsize 축소하다   shareholder 주주

4

해석 A 연극 〈쥐덫〉 표를 구했어요?
B 네, 저는 운이 정말 좋았어요. 연극의 인기가 너무 대단해서 극장이 만원이었고, 몇몇 사람들은 문 앞에서 되돌아갔어요.

해설 such가 문장 맨 앞으로 올 때 주어와 동사가 도치되어 〈such+동사+주어〉의 어순이 된다. 순서를 쉽게 바꾸면 Its popularity was such that ~이 된다.

5

해석 A 기차를 잘못 탔다는 것을 언제 아셨나요?
B 기차 승강장에 도착하고 나서야 알게 되었어요.

해설 I didn't realize that I was on the wrong train until I had reached the platform에서 not until 부정 부사절이 문두에 오면서 주절의 주어와 조동사가 도치되었다. 과거 시제이므로 정답은 (b)이다.

6

해석 흡연자들은 비흡연자들보다 숙면하는 시간이 더 짧을 뿐만 아니라, 최근 연구에서는 그들의 총 수면 시간은 담배 한 개비당 2분까지 줄어들었다.

해설 not only가 문두로 오면서 주어와 조동사가 도치된 문장이다. 조동사 do가 있으므로 주어 뒤에는 동사원형 appear가 와야 한다.

7

해석 그 재벌은 세금 탈세 혐의로 기소되었던 게 드러난 이후로 대중 앞에 거의 모습을 보이지 않았다.

해설 rarely, seldom, hardly 부정부사 도치이다. 수동태이므로 be동사 was가 주어 앞으로 온다.

어휘 mogul 거물, 중요 인물   tax evasion 탈세

8

해석 뮤지컬이 시작하자마자 전기가 나가버려서 한 시간 동안 모든 학생들이 어둠에 갇혀 있었다.

해설 〈Scarcely+had+주어+p.p. ~ when+주어+과거 동사〉 구문으로, 부정어인 scarcely가 문두로 가면서 도치된 구문이며 '~하자마자 …하다'라는 의미이다. 이때 when절의 동사는 과거형이라는 것을 알아 둔다.

9

해석
A 에단이 꽤 명성 있는 문학상을 수상했다는 게 믿겨지니?
B 나는 꿈에서도 그가 상을 탈 것이라고 생각하지 못했어.
A 그의 끊임없는 노력이 드디어 대가를 받았다고 생각해.
B 맞아. 꼭 서점에 가서 그의 책을 사서 읽어야겠어.

해설 부정어구 never in my wildest dreams가 문두로 오면서 〈조동사+주어+동사원형〉의 형태가 이어진다.

어휘 prestigious 명망 있는 pay off 성과를 올리다

정답 (b) I did think → did I think

10

해석 (a) 필라테스는 많은 이유로 인기를 얻고 있다. (b) 자세 향상과 과도한 운동이 없는 근육 강화 및 코어 안정화 유지뿐만 아니라, 자신의 신체에 대한 인식을 높여 준다. (c) 몸이 어떻게 움직이는지, 긴장을 해야 하는 부분이 어딘지, 이상적인 자세 정렬은 어디에 두어야 하는지 알 수 있다. (d) 필라테스는 많은 운동 형식들과 통합될 수도 있으며 균형 잡힌 방식을 제공해 준다.

해설 부정부사에 의한 도치문으로서 〈Not only+조동사+주어〉 형태로 '~일 뿐만 아니라'라는 의미이다. improves가 일반동사의 3인칭 단수 현재형이므로 조동사는 does가 되고 주어 뒤의 동사는 원형이 되어야 한다.

어휘 excess 과도한 core 핵심 stability 안정(성) tension 긴장 상태 postural 자세의 alignment 가지런함 integrate 통합시키다

정답 (b) Not only improves it your posture → Not only does it improve your posture

Unit 02 빈출 어순 표현

Exercise p.41

1 loudly enough
2 There exist several different forms of
3 No one with any common sense
4 to choose which dress to wear
5 Many of the most widely acclaimed
6 three times the height of
7 too extravagant a purchase
8 may otherwise miss in the broadcast
9 so much unhelpful information as to be
10 almost doubled in size

1

해석 행위 예술가들은 길거리에서 사람들의 이목을 끌 정도로 충분히 큰 소리로 공연을 했다.

해설 enough가 형용사 또는 부사와 함께 쓰였을 때의 어순은 〈형용사[부사]+enough〉이다.

2

해석 많은 사람들이 앓는 여러 가지 다양한 형태의 정신 질환이 있다.

해설 There 뒤에 오는 〈주어+동사〉는 도치된다. 동사는 뒤에 도치된 주어와 수 일치를 시킨다.

3

해석 상식이 있는 사람이라면 치명적인 에볼라 바이러스 발병으로 인해서 아프리카를 여행하지 않을 것이다.

해설 문맥상 상식을 가진 사람은 아무도 여행하지 않을 것이다라는 내용이므로 올바른 어순은 No one with any common sense이다. with any common sense는 one을 수식한다.

어휘 outbreak 발생, 발발

4

해석 나는 조희의 파티에 초대받았지만, 어떤 옷을 입어야 할지 아직 고르지 않았다.

해설 〈의문사+to부정사〉구가 포함된 어순을 찾는 문제이다. 어떤 옷을 입을지 고르는 것이므로 which dress to wear가 choose의 목적어구이다.

어휘 have yet to+동사원형 아직 ~하지 않다

5
해석 역사를 통틀어 가장 널리 호평을 받은 작가들 중 대다수는 그들이 죽은 후에야 비로소 유명해졌다.

해설 many와 most 둘 다 주어가 될 수 있다. widely acclaimed는 앞에 최상급을 나타내는 부사 the most의 수식을 받을 수 있는 반면, 형용사인 many는 widely acclaimed 사이에 들어갈 수 없다.

어휘 tremendously 엄청나게

6
해석 불길은 마을에서 가장 높은 빌딩인 ABC 타워 높이의 3배만큼 높이 치솟았다.

해설 〈배수사＋정관사＋단위 명사＋of〉 순서를 주의해야 하는 어순 문제이다. 단위 명사를 배수사와 사용했을 경우 정관사와 함께 사용해야 하는 것을 주의한다.

7
해석 경제 불황 시기에 새 차를 산다는 것은 터무니없는 일이다.

해설 〈too＋형용사[부사]＋a(n)＋명사〉의 어순을 묻는 문제이다. 〈such＋a(n)＋형용사＋명사〉의 어순과 혼동하지 않도록 한다.

어휘 extravagant 사치스러운, 터무니없는   economic recession 경제 불황

8
해석 유가족들의 말에 귀를 기울이면, 그렇지 않은 경우에 방송에서 놓칠지도 모를 심각한 상황들을 이해할 수 있을 것이다.

해설 otherwise는 부사이다. 문장 중간에서 부사가 수식할 때에는 be동사나 조동사 뒤, 일반동사 앞에 놓인다.

어휘 the bereaved 유족

9
해석 캠퍼스 지도는 도움이 되지 않는 정보들이 너무 많아서 캠퍼스와 기숙사 투어 중에 소용이 없다.

해설 어순에 매우 주의해서 풀어야 하는 문제이다. 〈so ~ as＋to부정사〉는 '너무 ~해서 …하다'라는 뜻이다.

10
해석 빠르게 퍼지는 산불은 많은 캘리포니아 주거지들을 위협했고 금요일 이후로 규모가 거의 두 배가 되었다.

해설 동사 double을 이용해 '규모가 거의 두 배가 되다'라는 내용이 알맞다. almost는 부사 역할을 하여 일반동사 앞에서 수식한다.

어휘 dwelling 주거, 주택   double 두 배가 되다

Practice Test   p.42

1 (a)   2 (a)   3 (c)   4 (a)
5 (a)   6 (c)   7 (b)   8 (b)
9 (a) a such → such a
10 (a) equivalent almost to
    → almost equivalent to

1
해석 A 강당이 신입생들로 꽉 찼네.
B 이렇게 많은 학생들을 본 적이 없는 것 같아.

해설 빈도부사의 위치에 주의해서 have ever seen이 가장 적절하고, this는 '이렇게'라는 의미로 정도를 나타내는 부사로 쓰여 many를 수식한다. 따라서 this many students 순서가 알맞다.

2
해석 A 자격이 잘 갖추어진 인재를 찾기가 너무 어렵네요.
B 걱정하지 마세요. 곧 적임자를 찾게 될 거예요.

해설 '적임자'를 뜻하는 the right man 다음에 '곧, 머지않아'를 뜻하는 부사구 soon enough가 와야 한다. enough가 부사와 함께 쓰일 경우 부사 뒤에 온다.

어휘 well-qualified 자격이 충분한

3
해석 A 그는 회사에서 강등된 것에 대해서 어떤 느낌을 가지고 있을까?
B 그는 조금도 동요하지 않았어. 그저 자기 실수들을 인정하더군.

해설 '조금도 ~하지 않다'라는 의미의 not the least bit의 어순을 알아 둔다.

어휘 demote 강등시키다   perturb 동요하게 하다

4

해석 A 온종일 미국에서 배달이 오기를 기다릴 건가요?
B 네, 오늘 저녁 늦게 주문한 물건이 도착할 거라는 확인 이메일을 받았어요.

해설 시간을 나타내는 부사가 겹칠 경우, 더 작은 개념을 먼저 쓴다. '오늘 저녁'의 '나중'이므로 later in the evening이 알맞다.

5

해석 A 이번 주말에 사파리에 갈 거야?
B 응. 앞으로 3일 동안 끝없는 평원을 즐길 수 있는 세렝게티 국립 공원에서 지낼 거야.

해설 '3일'을 의미하는 three days 앞에 the next가 와서 수식하는 구조이다.

6

해석 런던 지식 센터 연구팀들은 높은 동기 부여가 외국어 습득에 어느 정도 영향을 끼치는가에 대해 연구하고 있다.

해설 목적어절의 적절한 어순을 고르는 문제이다. '어느 정도까지'라는 의미의 to what extent 뒤에 주어 high motivation이 오고 목적어절의 동사인 impacts가 오는 것이 적절하다.

어휘 acquisition 습득

7

해석 오븐 구이 스파게티를 성공적으로 만들기 위해서는 단계별 지시 사항을 따르는 것이 필수적이다.

해설 〈It is + 판단 형용사 + that절〉에서 that절의 어순을 묻는 문제이다. 주어 step-by-step instructions 뒤에 should가 생략되면서 be followed가 쓰인다는 것을 알고 있어야 한다.

어휘 imperative 필수적인 instruction 지시 사항

8

해석 스티븐 스필버그는 아무리 줄거리가 복잡하고 비현실적이더라도 공상 과학 영화와 모험 영화를 감독하는 것을 좋아한다.

해설 〈no matter how[however] + 형용사[부사] + 주어 + 동사〉의 어순을 묻는 문제이다. 이 문장에서는 두 개의 형용사가 왔다.

9

해석 A 왜 그렇게 기분이 좋아? 온종일 웃고 있잖아.
B 오늘 사무실 문을 열었는데, 옛날 친구가 안에서 기다리고 있더라고.
A 둘이서 마지막으로 언제 봤는데?
B 졸업식 이후로 못 봤으니까 거의 10년이 다 되어가지.

해설 such는 〈such + a(n) + 형용사 + 명사〉의 어순을 취하므로 (a)에서 a는 such 뒤로 가야 한다.

정답 (a) a such → such a

10

해석 (a) 다 자란 혹등고래의 무게는 7~9마리의 완전히 자란 코끼리의 무게와 거의 같다. (b) 가슴지느러미는 몸 길이의 1/3이고, 그래서 다른 고래들과 구분된다. (c) 고래 꼬리 아래쪽의 흰색과 검은색의 패턴은 인간의 지문만큼 매우 독특해서 이것을 통해 과학자들은 고래를 구별할 수 있다. (d) 혹등고래는 가장 활동적이고 묘기를 잘 부리는 고래 종 중의 하나이다.

해설 부사는 수식하는 형용사 앞에 위치한다. '~와 대등한'이라는 의미로 equivalent to를 쓴다는 것도 알아 둔다.

어휘 humpback whale 혹등고래 equivalent 동등한 pectoral fin 가슴지느러미 distinguish 구별하다, 구분 짓다 acrobatic 곡예의

정답 (a) equivalent almost to → almost equivalent to

Unit 03 생략 및 대용 표현

Exercise   p.47

1	senior management had	2	if any
3	does so	4	can
5	would be	6	not
7	was	8	able to
9	Once accustomed to	10	didn't

1
해석 나는 내가 회사 고위 관리직보다도 더 회사를 위해서 모금 활동에 많은 돈을 썼다는 것을 깨달았다.
해설 senior management 뒤에 이어져 반복되는 had spent much more money on fundraising for the company는 조동사를 남기고 생략한다. 따라서 정답은 senior management had이다.
어휘 senior management 간부직, 고위 관리직

2
해석 그가 심각한 우울증으로부터 회복될 가능성은 혹시나 있다고 하더라도 거의 없다.
해설 if there is any chance의 생략 구문이다. there is가 생략되었으며, 조건절에서 명사 chance를 수식하는 any가 적절하다.

3
해석 제시가 또 새 책을 출간했어. 그녀는 시간이 날 때마다 그렇게 해.
해설 주어를 제외한 반복되는 동사구 releases a new book을 does 또는 does so로 대신한다.
어휘 spare time 여가 시간

4
해석 기차가 더 일찍 도착한다면, 그녀는 가능한 한 빨리 올 것이다.
해설 앞의 동사가 다시 언급되면 조동사까지만 반복하고 그 이후는 생략한다. 따라서 can까지만 써야 한다.

5
해석 나는 2018년 에든버러 축제에서 공연으로 1등을 했는데, 나도 그럴 것이라 생각했다.
해설 앞 절로 미루어 보아 and로 이어지는 문장은 I thought I would be awarded이다. 일반동사가 아니므로 would do가 아닌 would be가 되어야 한다.

6
해석 그들이 환영 파티에 올 거라고 들었어. 하지만 나는 그들이 안 왔으면 좋겠어.
해설 앞 문장에서 heard의 목적어절 전체를 반복하는 대용 표현으로서 so 또는 not을 쓴다.

7
해석 메리는 새로운 찻집을 운영할 준비가 되었다고 생각했지만, 그녀의 부모는 그녀가 그렇다고 확신하지 못했다.
해설 확신하지 못하는 것은 '그녀가 새로운 찻집을 운영할 준비가 되었다'라는 것이다. 따라서 she was ready to run the new tea shop에서 be동사 was까지만 쓰고 나머지는 생략한다.
어휘 convinced 확신하는

8
해석 남편은 지난주에 건강 검진을 받으려고 했지만 바쁜 일정 때문에 하지 못했다.
해설 but he wasn't able to get a check-up에서 반복되는 get a check-up을 생략하고 to까지만 써야 한다.

9
해석 일단 아이슬란드의 기후에 익숙해지면, 그 나라의 자연미를 즐길 수 있을 것이다.
해설 시간, 조건, 양보의 부사절에서 주절과 부사절의 주어가 같은 경우 부사절의 주어와 be동사는 생략할 수 있다. 따라서 여기서는 Once you are accustomed to에서 you are가 생략된 형태인 Once accustomed to가 정답이다.

10
해석 몇몇 사람들은 간신히 암울한 상황을 극복했지만, 대부분의 사람들은 그러지 않았다.
해설 동사구 생략 문제로서 원래 문장은 most people didn't manage to overcome the bleak situation이다. 한 문장에서 한 번 언급된 동사구가 다시 사용될 때는 보통 그대로 되풀이되지 않고, 조동사로 대체하든지 be동사까지만 남기고 나머지는 생략한다.
어휘 bleak 암울한, 절망적인

Practice Test   p.48

1 (a)   2 (c)   3 (d)   4 (a)
5 (a)   6 (a)   7 (d)   8 (b)
9 (d) does → is
10 (c) not seeing → not

1

해석 A 톰의 식당에 파스타와 스테이크를 먹으러 가자.
B 엄격한 식이요법 때문에 갈 수 없어.

해설 의미상 I am not able to go out for pasta and steak에서 to 이후에 나온 어구는 생략하여 불필요한 반복을 피한다.

2

해석 A 정원에 있는 식물들이 다시 꽃 피기 위해서 빛과 물이 필요해.
B 너의 책상에 있는 화분 또한 그래.

해설 The plants on your desk need light and water to blossom as well에서 일반동사 need 이하가 반복되므로 need를 대신하는 do가 와야 한다.

어휘 blossom 꽃 피다, 개화하다

3

해석 A 책상 위에 있는 무료 커피를 마셔도 될까요?
B 당연하죠.

해설 A의 말을 근거로 why 뒤를 완성하면 why it is not OK if you have the complimentary coffee가 된다. 의문사 why 뒤에 앞서 언급한 내용이 부정어로 반복될 때 not으로 대신할 수 있다.

어휘 complimentary 무료의

4

해석 A 너는 UCL 대학에서 하는 무료 여름 수업을 등록해야 해.
B 비록 내가 그러고 싶어도, 지금쯤 그 수업은 이미 정원이 다 찼을 거야.

해설 A의 말을 근거로 B 문장을 완성하면 Even if I want to apply for free summer courses at UCL college이며, 앞서 나온 어구가 to부정사로 반복되므로 이를 to로 대신한 (a) want to가 정답이다.

5

해석 A 오즈 박사님께 정말 할 말이 있어요. 그가 저를 짬을 내어 봐 주실 시간이 있을까요?
B 안 될 것 같아요. 박사님은 이번 주에 예약이 꽉 차 있어요.

해설 I'm afraid ~는 '유감이지만 ~하다'를 의미하는데, 그 뒤는 앞 문장 전체를 그대로 쓰는 것이 아니라, so와 not으로 표현한다. so는 '그래서 유감이다'를 의미하고, not은 '그렇지 못해서 유감이다'를 의미한다. 오즈 박사가 이번 주에 예약이 꽉 차 있다는 내용이므로 A를 볼 시간이 없음에 대한 유감을 나타내는 (a)가 정답이다.

어휘 squeeze ... in ~을 위한 짬을 내다

6

해석 제프리는 사진가가 구매하지 말라고 충고해서 그 디지털 카메라를 사지 않았다.

해설 〈advise+목적어+부정어+to부정사〉 형식으로, 빈칸에 들어갈 내용은 not to buy the digital camera이다. 여기서 buy the digital camera가 반복되므로 to만 남겨둔다.

7

해석 비록 감독은 자신의 작품이 복잡하다고 주장하지만, 내가 생각하기에는 〈터미네이터 제네시스〉는 그렇기에는 이야기 전개가 충분하지 않다.

해설 반복어구를 대신하는 so를 채우는 문제이다. 앞에 나온 형용사나 부사를 반복하는 대신 so로 나타낼 수 있다.

8

해석 제이미는 아무리 열심히 노력해도, 그의 동료에 대한 분노와 미움을 극복할 수 없었다.

해설 동료에 대한 분노와 미움을 극복하려 했지만 그럴 수 없었다는 내용으로 no matter how hard he tried to overcome ~이 알맞다. try와 같이 독립적으로 흔히 쓰이는 표현은 뒤에 to부정사가 오면 to를 포함한 to부정사구를 모두 생략할 수 있다.

어휘 indignation 분노   animosity 증오감

9

해석
A 네 여동생이 자전거 사고를 당했다는 소식을 들었는데 정말 안됐어.
B 학교에 가는 도중에 자전거에 치였어.
A 심하게 다치지 않았기를 바라.
B 심하게 다쳤어. 꽤 오랫동안 병원에 입원할 것 같아.

해설 대동사는 일반동사가 쓰인 문장을 받을 때는 do를 쓰지만, be동사가 쓰인 문장을 받을 때는 be동사 그대로 쓴다. (d)의 does는 she is injured seriously를 받는 것이므로 is로 바꾸어야 한다.

어휘 run over (사람·동물을) 치다

정답 (d) does → is

10

해석 (a) 오랫동안 경찰은 범죄의 목격자가 범인을 찾는 데 대단한 도움이 된다고 생각했다. (b) 유명한 심리학자 다니엘 리처드는 40명의 학생들을 대상으로 범죄가 일어나고 있는 장면을 보여 주는 사진들을 보게 하는 실험을 했다. (c) 모든 학생들은 그들이 같은 사진들을 보고 있다고 생각했지만 실제로는 그렇지 않았다. (d) 그리하여 그는 목격의 증거는 잘못될 수 있다는 것과 외부 영향들이 잘못된 기억들을 키울 수 있다는 것을 발견했다.

해설 (c)의 but 이하는 they were actually not seeing the same pictures로, be동사와 부정의 not까지 남기고 반복된 어순은 모두 생략한다.

어휘 eyewitness 증인, 목격자 culprit 범인 run an experiment 실험을 실시하다 testimony 증거

정답 (c) not seeing → not

Unit 04 수 일치

Exercise   p.54

1 includes   2 is
3 personnel   4 has
5 is   6 has
7 consume   8 have been
9 seek out   10 are

1
해석 각 챕터는 개별 독자들이 개념을 그들의 교실에 적용할 수 있도록 도울 문제들을 포함하고 있다.
해설 each로 시작하는 주어에는 항상 단수 동사가 온다.

2
해석 숯으로 초상화를 그리는 것은 부드럽고 현실적인 작품들을 만들기에 쉬운 기술이다.
해설 동명사 Drawing을 주어로 하므로 단수 동사가 맞다.

3
해석 인사부에는 가장 많은 수의 직원이 있다.
해설 personnel은 단수와 복수의 형태가 같은 명사로, 복수를 나타낼 때도 단수 형태로 쓴다. 단, 복수 취급을 할 때는 직원 전체(사람들)를 나타낸다.

4
해석 네덜란드 문화의 자유주의는 타락이라기보다는 인간 본성과 그 가치를 받아들이는 것과 더 관련이 있다.
해설 The liberalism이 주어이므로 단수 동사 has가 적절하다.
어휘 liberalism 자유주의 depravity 타락, 부패

5
해설 〈the number of+복수 명사〉는 항상 단수 동사를 쓴다.
해석 브라질을 여행하는 한국인 여행객 수가 30퍼센트 증가할 것으로 예상된다.

6
해석 독일에서 5년이라는 시간으로 나는 다문화주의를 더 알 수 있었다.
해설 five years라는 시간을 하나의 덩어리로 보고 복수 형태이지만 단수로 취급한다.
어휘 appreciate 올바르게 인식하다 multiculturalism 다문화주의

7
해석 많은 당뇨병 환자들은 적당한 양의 사탕을 섭취한다.
해설 ⟨percentage+of+명사⟩, ⟨숫자+of+명사⟩의 경우에는 of 뒤에 나오는 명사에 수를 일치시킨다. 따라서 patients에 수를 일치시켜야 하므로 복수형인 consume이 정답이다.
어휘 diabetes 당뇨병 moderate 보통의, 중간의

8
해석 통계에 의하면 중고 카메라의 절반이 고장이 난 적이 있다고 한다.
해설 half of 뒤에 나오는 명사 cameras가 복수이므로 복수형인 have been이 정답이다.

9
해석 수백만 명의 유럽인들이 침술사를 찾는데, 이는 그들의 전통적인 의학으로는 자신들의 병을 고치지 못했기 때문이다.
해설 ⟨숫자+of+명사⟩의 경우 of 뒤에 나오는 명사가 주어이고 그 명사에 수를 일치시킨다.
어휘 acupuncturist 침술사 conventional 전통적인

10
해석 화산 폭발이 다양한 자연 생태계에 미칠 영향이 큰 걱정거리이다.
해설 문장에서 진짜 주어는 The effects이고 the volcano eruption will have on diverse ecosystems는 The effects를 꾸며주는 수식어 역할을 하고 있다. 따라서 복수형인 are가 적절하다.
어휘 eruption 폭발

Practice Test p.55

1 (d)   2 (b)   3 (a)   4 (b)
5 (c)   6 (a)   7 (d)   8 (d)
9 (a) becomes → become
10 (c) 13 miles are → 13 miles is

1
해석 A 왜 이 학교에 딸을 보내기로 하셨나요?
  B 거기에 있는 각 학생들이 자기주도적인 생각을 할 좋은 기회를 준다고 믿기 때문이에요.
해설 주어 자리에 each가 나오면, 그 뒤에 students처럼 복수 명사가 와도 항상 단수 취급한다.
어휘 autonomous 자율[자주]적인

2
해석 A 페미니즘의 문제점이 무엇일까?
  B 많은 페미니스트들이 남성처럼 행동함으로써 성차별을 없앨 수 있다고 생각하는 것 같아.
해설 ⟨many a(n)+단수 명사+단수 동사⟩ 형식을 알고 있어야 한다. many a feminist는 '많은 페미니스트들'이라는 복수의 의미이나 단수 취급한다.
어휘 eradicate 근절하다, 뿌리 뽑다 gender discrimination 성차별

3
해석 A 흡연실을 원하세요?
  B 아니요. 저희 둘 다 담배를 피우지 않아요.
해설 neither of 뒤에는 항상 복수 명사가 오고 동사는 단수 동사가 온다.

4
해석 A 이 영화 대본에 대해서 어떻게 생각해?
  B 네 대본이 훨씬 낫고 좀 더 상상력이 풍부한 것 같아.
해설 주어 yours는 앞서 언급된 screenplay를 가리키므로 단수로 취급해야 한다.
어휘 screenplay 영화 대본 imaginative 창의적인, 상상력이 풍부한

5
해석 A 얼마나 많은 보증금을 내야 하는 거야?
B 보증금은 없어. 그런데 우리는 학교 기숙사에 2천 달러를 미리 지불해야 해.

해설 hundred, thousand, million 등이 명사 앞에서 특정 숫자를 나타낼 경우에는 two와 같은 수량 형용사 뒤에 단위 형용사로 사용된 것이므로 복수형을 쓰지 않는다. 따라서 정답은 (c) two thousand dollars이다.

어휘 deposit 보증금, 착수금

6
해석 어른들과 십 대들을 겨냥한 스포츠 프로그램의 수가 점차적으로 증가해 왔다.

해설 〈the number of+복수 명사+단수 동사〉 공식이다. 빈칸 앞의 that 절은 sports programs를 수식한다. the number에는 항상 단수 동사를 쓰는 반면, 〈a number of+복수 명사〉는 항상 복수 취급을 한다.

어휘 steadily 꾸준히

7
해석 크리스나 마이클 누구도 패션쇼에 나타날 것이라고 기대하지 않았다.

해설 neither A nor B의 구문에서는 B에 동사의 수를 일치시킨다. B는 Michael이므로 3인칭 단수형이 적절하다. 〈be expected to+동사원형〉 구문이므로 (d) was expected to가 정답이다.

8
해석 위원회는 각 잠재적 총학생회장 후보자들의 추천서를 검토하기를 원한다.

해설 committee는 집합명사로 사용되면 단수 취급하고, 군집명사로 사용되면 집합체의 구성원을 개별적으로 보는 경우이므로 형태는 단수형이지만 복수 취급을 한다. 여기서는 위원회를 하나의 집합체로 해석하는 것이 적절하므로 단수형인 wants가 적절하다.

어휘 potential 가능성 있는 candidate 후보 student body president 총학생회장

9
해석 A 많은 장애 학생들이 쉽게 낙담하고 학교를 중퇴하고 있다고 들었어.
B 많은 학교들이 장애 학생들에 대한 나쁜 의견을 갖고 있어. 우리는 그들을 사랑과 관심으로 대해야 해.
A 학교를 그만두지 않기 위해 각 학교는 장애 학생들을 위한 상담 서비스와 시설을 가지고 있어야 한다고 생각해.
B 나도 동의해. 중요한 것은 모든 학생들이 편견 없이 그들과 어울리는 거야.

해설 (a)의 동사 becomes의 주어는 a large number of disabled students이다. a number of가 주어로 온 경우 반드시 복수 동사가 되므로 becomes는 become이 되어야 한다. a large number of는 a lot of와 같은 표현이며, the number of와 혼동하지 않도록 주의해야 한다.

어휘 disabled 장애를 가진 drop out of ~에서 중도 하차하다 suspend 유예[중단]하다 prejudice 편견

정답 (a) becomes → become

10
해석 (a) 이 하프마라톤 대회는 초보자와 경험이 있는 마라톤 주자 모두에게 좋다. (b) 하프마라톤은 풀코스 마라톤과 같은 코스의 경로로 열리는데, 이는 많은 응원이 있다는 것을 의미한다. (c) 비록 거리는 풀코스 마라톤의 절반밖에 안되지만, 13마일은 특히 초보자에게는 달리기에 매우 긴 거리이다. (d) 일단 하프마라톤을 마치면, 모든 참가자들은 영감을 받고 감정을 자극하는 순간을 경험하는 성취감을 느낀다.

해설 거리 단위를 나타내는 명사 mile(s)이 주어로 올 경우에는 단수 동사를 쓴다. 13마일이라는 거리를 하나의 덩어리로 보고 단수로 취급하는 것이다.

어휘 seasoned 경험이 많은 endurance 인내, 참을성 accomplishment 성취감 inspirational 영감을 주는

정답 (c) 13 miles are → 13 miles is

Unit 05 수동태

Exercise p.61

1. consists of
2. allow
3. It was said that
4. declined
5. will be made
6. is peeling
7. to reach
8. need to be made
9. are being filled with
10. has been dedicated

1
해석 정상 회담은 전 세계 27명의 대표자들로 구성되었다.
해설 consist of는 수동태를 사용하지 않는 자동사이므로 is consisted of와 같은 수동태 표현으로 사용하지 않는다.
어휘 summit meeting 정상 회담 representative 대표(자)

2
해석 국립 미술관은 방문객들에게 사진을 찍거나 비디오로 녹화하는 것을 허락하지 않았었다.
해설 주체가 The National Museum이며 visitors가 목적어로 나왔으므로 능동형으로 써야 한다. visitors가 주어로 나온다면 수동태 〈be not allowed+to부정사〉가 된다.

3
해석 미시건 호에 괴물이 산다고 전해졌지만 그것은 단지 미신이었다.
해설 사고, 기대, 판단 등을 의미하는 동사들은 that절을 목적어로 취할 때 〈가주어 it+be+p.p.+that절〉의 수동태 문장으로 표현할 수 있다.
어휘 myth 신화, 근거 없는 믿음

4
해석 경기 침체 몇 년 동안 연간 사망률이 감소했다.
해설 decline은 '줄어들다'라는 의미로 쓰일 때 자동사로 쓰이므로 능동태가 알맞다.
어휘 decline 감소하다 downturn 경기 침체

5
해석 오늘 예정된 회의 후에 최종 결정이 이루어질 것이다.
해설 결정하는 주체는 사람인데 문장의 주어는 '결정'이므로 동사는 수동태가 적절하다.

6
해석 지난 주말에 해변에 갔고 지금 나의 등은 벗겨졌다.
해설 동사 peel은 수동의 의미가 포함되어 있으므로 능동태로 쓴다.

7
해석 의학 전문가들은 최종 합의를 이룰 수 없었다.
해설 to부정사 다음에 a final agreement라는 목적어가 있으므로 to부정사의 능동형인 to reach가 적절하다.

8
해석 투어가 매우 인기 있어서 예약을 해야 한다.
해설 〈need+동명사〉는 '~할 필요가 있다'라는 뜻으로 need to be p.p.로 바꿀 수 있다. '예약이 될 필요가 있다'라는 의미이다.

9
해석 제품들은 무선 충전과 방수 같은 유용한 기능들로 매년 채워지고 있다.
해설 주어인 제품들이 다양한 특징들로 '채워지고' 있으므로 수동태를 써야 한다. are being filled with는 수동태 현재진행 시제이다.

10
해석 스티븐슨 교수의 경력은 국제적인 연구를 발전시키는 데 바쳐졌다.
해설 경력이 연구 발전에 '헌신된' 것이므로 수동의 표현을 써야 한다.
어휘 be dedicated to ~에 헌신하다 foster 발전시키다

Practice Test
p.62

1 (b)　　2 (a)　　3 (b)　　4 (b)
5 (a)　　6 (b)　　7 (a)　　8 (c)
9 (d) leave → left
10 (c) had firmly locked in
　→ had been firmly locked in

1
해석 A 누가 일등이야? 결국 메시가 MVP 상을 받았어?
B 아니. 상은 네이마르에게 주어졌어.
해설 주어가 the award이고 상이 네이마르 선수에게 주어진 것이므로 정답은 (b) was given to이다. 동사 give는 간접목적어가 뒤에 남겨지면 전치사 to와 함께 사용한다.

2
해석 A 마침내 다음 주에 석사 학위를 받을 거야.
B 축하해. 아주 기쁘겠구나.
해설 you가 주어이고 주어의 감정이 매우 기쁜 것이므로 〈be동사+감정 분사 형용사〉를 쓴다. 그런데 조동사 must 뒤에 쓰여야 하므로 be exhilarated가 적절하다. 따라서 정답은 (a)이다.
어휘 exhilarate 아주 기쁘게 만들다

3
해석 A 이 새로운 신발은 너무나 인기가 많은 것 같아.
B 맞아. 그 신발은 저스틴 비버가 신은 것이 목격되면서 너무나 잘 팔려.
해설 형태는 능동태이지만 수동의 의미를 지니고 있는 동사이다. sell은 이미 수동의 의미가 포함된 경우이며, 보통 easily, well과 같은 부사와 자주 사용된다.

4
해석 A 피자를 어디로 배달할까요?
B 저의 직장으로 배달해 주세요.
해설 〈동사 want+목적어+목적격보어〉 형태로서, 피자가 배달되는 것이므로 수동태를 사용해야 한다. 따라서 정답은 (b) delivered이다.

5
해석 A 너의 발표는 내일 아침까지 녹음되어야 하고 나중에는 온라인으로 이용 가능해야 할 것 같아.
B 알아. 일을 빨리 마치려고 최선을 다할 거야.
해설 need 다음에 to be p.p.나 -ing 형태와 결합해서 수동의 의미를 나타낸다. 주어가 your presentation이므로 (a) needs to be recorded가 적절하다.

6
해석 파업이 취소되었고 모든 비행이 스케줄대로 운행되기 시작할 것을 알려 드리게 되어서 저희는 너무 기쁩니다.
해설 주어인 the strike, 즉 파업이 취소가 된 상황이므로 능동이 아닌 수동의 표현으로 사용해야 한다. 따라서 정답은 (b) has been called off이다.
어휘 call off 취소하다

7
해석 도난당한 많은 그림 중에는 백만 유로 이상의 가치가 있는 잭슨 폴록의 작품이 있었다.
해설 많은 그림들이 도난당한 것이므로 수동태의 표현이 적절하다. 따라서 (a) were stolen이 적절하다.

8
해석 고대 중국 예술은 스트레스를 줄이고 숙면을 향상시키는 것과 같은 다양한 건강상의 이로움을 가지고 있다고 전해진다.
해설 '고대 중국 예술은 ~라고 말해진다'라는 뜻이므로 수동 표현이 와야 한다. It is said that ~에서 the ancient Chinese art가 주어로 나와서 만들어진 수동태 문장이다. 따라서 정답은 (c) is said to have이다.

9
해석 A 이 흉터는 어떻게 된 거야? 무릎이 흉터투성이야.
B 야간 산행을 하다가 발을 헛디뎌서 넘어졌어.
A 예방을 위해서 파상풍 주사를 맞는 게 어떠니?
B 그럴 거야. 치료되지 않은 채 남겨지면, 더 악화될 거야.
해설 (d)는 if it is left untreated에서 it is가 생략된 구문이다. '치료되지 않은 채 남겨지면'이라는 의미이므로 수동 표현이 적절하다. leave가 left로 고쳐져야 하므로 정답은 (d)이다.
정답 (d) leave → left

10

해석 (a) 전기 고장으로 인해서 롤러코스터가 가장 윗부분에서 멈췄을 때, 30명의 사람들이 거꾸로 매달려져 있었다. (b) 승객들은 30분 동안 50피트에서 꼼짝 못한 채로 있었다. (c) 놀이공원 담당자는 승객들이 단단히 묶여 있었고 위험한 상황은 아니라고 했다. (d) 많은 사람들이 티켓 값을 모든 승객들에게 되돌려줘야 한다고 동의했다.

해설 해석하면서 주어와 동사의 관계를 제대로 파악해야 하는 문제이다. 승객들이 놀이기구를 탔을 때 단단히 묶였기 때문에 과거완료 수동형을 사용해야 한다. 따라서 (c)의 had firmly locked in이 had been firmly locked in으로 수동태가 되어야 한다.

정답 (c) had firmly locked in
→ had been firmly locked in

Unit 06 다양한 때를 나타내는 중요 시제들

Exercise p.67

1 will have saved
2 had planned
3 will increase
4 tied the knot
5 have been thinking
6 arrive
7 have decreased
8 won
9 had been
10 will have been teaching

1

해석 우리는 내년이면 더 큰 집을 살 수 있을 만큼 충분한 돈을 모으게 될 것이다.

해설 특정한 시점에 시작되어 by next year라는 미래의 시점에 완료되는 동작은 미래완료 시제 will have saved를 사용해야 한다.

2

해석 그녀와 그녀의 데이트 상대는 놀이공원을 가려고 계획했었지만, 눈이 왔다.

해설 눈이 온 시점 이전에 놀이공원을 가려고 계획한 사실을 나타내기 위해서 과거완료 시제 had planned를 쓴다.

어휘 date 데이트 상대   amusement park 놀이공원

3

해석 그 집주인은 세입자들에게 보증금이 내년에 오를 것이라고 말했다.

해설 주절이 과거 시제(told)이더라도, 이 문장이 언급되고 있는 현재 시점 이후(next year)에 가격이 상승할 예정이라면 미래 시제(will increase)가 쓰일 수 있다. by next year과 같이 〈by+미래 표시 어구〉가 나오면 미래완료 시제를 사용할 수 있다.

어휘 landlord 주인, 임대주   tenant 세입자   deposit 보증금

4

해석 10년 동안 사귄 후 지난 겨울에 약혼을 했던 톰과 그의 여자친구는 토요일 저녁에 캘리포니아에서 결혼을 했다.

해설 명확한 과거를 나타내고 있는 Saturday night이 있기 때문에 정답은 과거 시제 tied the knot이다.

어휘 tie the knot 결혼을 하다

5
해석 나는 지난 10월 이래로 대학 학업을 중단하는 것에 대해서 생각해 왔다.

해설 학업 중단을 10월부터 현재까지 생각하고 있는 중임을 나타내고 있다. 이처럼 과거의 어느 시점부터 현재까지 일어나고 있는 반복적인 동작은 현재완료 진행 시제 have been thinking을 쓴다.

6
해석 그 소방관들이 화재 현장에 도착할 쯤, 그 갤러리는 타서 재가 될 것이다.

해설 By the time은 미래를 의미하는 시간 부사절을 이끌므로 현재 시제 arrive를 사용해야 한다.

7
해석 가격이 급상승한 결과로 에어컨 판매가 지난 6개월 동안 30퍼센트 감소하였다.

해설 for the past six months가 단서로, '지난 6개월 동안'이므로 기간의 개념이다. 따라서 현재완료 시제를 써야 한다.

8
해석 그 다큐멘터리 영화가 작년에 선댄스 영화제에서 최고 작품상을 받은 것은 놀랍지도 않다.

해설 last year가 있는 것으로 보아, 과거에 열린 그 영화제에서 상을 받았다는 문맥을 만드는 과거 시제가 빈칸에 필요하다. 따라서 과거 시제 won이 정답이다.

9
해석 그가 딸을 보육원에서 데리러 갔을 때, 자신이 떠난 후 딸이 계속 울었다는 것을 알고 속상했다.

해설 since는 완료시제와 함께 쓰이는데, 주절의 시제가 과거이므로 빈칸에 들어갈 수 있는 것은 대과거부터 과거까지 행동이 지속된 것을 나타내는 had been이 정답이다.

10
해석 런던으로 떠날 때쯤이면 피오나는 대학에서 5년을 가르친 셈이 된다.

해설 미래의 어느 시점까지 계속 진행되는 상황은 미래완료 진행형을 써야 하므로 will have been teaching이 정답이다.

Practice Test p.68

1 (b) 2 (a) 3 (d) 4 (b)
5 (c) 6 (b) 7 (a) 8 (b)
9 (c) has already started
→ will have already started
10 (a) didn't sign up
→ have not signed up

1
해석 A 어제 병문안을 갔을 때 케리는 어땠니?
B 그녀는 병이 완치될 수 있는 척하려고 노력했지만 울고 있었다는 것을 알 수 있었어.

해설 노력하는 것(tried to pretend)보다 더 이전에 이미 울고 있었으므로 과거완료 진행 시제 (b) had been crying이 가장 알맞다.

2
해석 A 안녕, 톰. 얘기할 만한 시간 좀 있니?
B 미안해. 때가 좋지 않을 때 만났구나. 나 지금 정말 바빠.

해설 두 사람이 대화를 나누는 시점에서 A가 B에게 얘기하자고 말한 것은 이미 과거의 일이므로 과거 시제를 쓴 (a)가 정답이다.

3
해석 A 에드바르트 뭉크의 전시는 어땠어요?
B 환상적이었어요! 지금까지 그의 그림을 미술 박물관에서 직접 본 적이 없었거든요.

해설 '이전에'를 의미하는 before가 있으므로 과거부터 현재까지 전시를 본 적이 없다고 말하는 현재완료 형태가 알맞으므로 (d)가 정답이다.

4
해석 A 아일랜드에 가 본 적 있니?
B 응, 2016년에 가족과 함께 더블린에 가 봤어.

해설 현재완료로 물었지만 특정 과거 시점을 나타내는 부사 in 2016가 있으므로 과거 시제를 써야 한다.

5

해석 A 에바가 대학을 중퇴한 후에 뭘 하는지 궁금해.
B 내가 듣기로는 여러 가지 일을 하다가 요즘에는 유모를 하고 있대.

해설 완료 시제와 현재/현재진행 시제가 모두 나오므로 까다로워 보이지만 and now가 뒤에 나오므로 이와 대조되는 과거 시제가 필요하다.

6

해석 제시카와 그녀의 동료들은 마라톤 완주를 마쳤었기 때문에 집으로 돌아갔을 때쯤 완전히 지쳐버렸다.

해설 마라톤을 완주한 것은 집에 돌아올 무렵보다 앞선 일이므로 대과거 had finished를 쓴다.

어휘 be dead on one's feet 녹초가 되어 있다

7

해석 한국 경제 연구기관에 따르면 상류층 소득 수준은 다음 분기까지 증가할 것이다.

해설 by the next quarter는 미래 시점이며 그 시점까지 계속 증가하는 것이므로 미래완료 시제를 써야 한다.

8

해석 켈빈이 기차역에 도착하고 나서야 그가 집에 휴대전화를 두고 왔다는 것을 깨달았다.

해설 부정어 not과 until after가 이끄는 부사절이 문두로 나가면서 주어와 동사가 도치된 문장이다. 문맥상 휴대전화기를 집에 두고 온 것이 기차역에 도착한 것보다 앞서서 일어났으므로 빈칸에는 과거완료가 들어가야 한다. 주어 leave와 his cell phone은 능동관계이므로 (b)가 적절하다.

9

해석 A 뮤지컬이 8시에 시작하는데 벌써 7시 40분이나 되었어!
B 택시 대신에 지하철을 탔어야 했어.
A 맞아. 극장에 도착할 때쯤이면 이미 영화는 시작했을 거야.
B 지금 서두르면 우리는 처음 몇 분만 놓칠 거야.

해설 미래 특정 시점에 완료되는 일을 나타낼 때는 미래완료 시제를 쓰므로 (c) has already started는 will have already started로 고쳐야 한다.

정답 (c) has already started
→ will have already started

10

해석 (a) 당신이 2017년 1월 이후로 어떤 수업에도 등록하지 않은 것을 저희가 알게 되었습니다. (b) 제프리 교수님께서 당신이 이번 학기에 어떠한 수업도 등록하지 않았다고 확인하셨습니다. (c) 이번 여름학기를 위한 재등록을 여전히 희망하는지를 저희에게 알려 주면 좋을 것 같습니다. (d) 우리가 이 정보를 받을 때까지 당신이 등록했다는 편지를 써 줄 수는 없습니다.

해설 since January 2017과 같은 계속적인 표현이 있는 경우에는 현재완료가 와야 한다. 따라서 have not signed up이 문맥상 가장 적절하다.

정답 (a) didn't sign up → have not signed up

Unit 07 틀리기 쉬운 조동사

Exercise   p.73

1 than	2 couldn't
3 need not	4 could have gone
5 wouldn't have been	6 should
7 might	8 Need
9 may well	10 cannot be

1
해석 빈둥거릴 바에야 나는 나의 일을 하겠다.
해설 would rather A than B는 관용적인 표현으로 'B하는 것보다 차라리 A하는 것이 더 낫다'라는 의미이다.

2
해석 너는 주차장에서 내 차를 보았을 리가 없어. 그건 정비소에 있거든.
해설 차가 정비소에 있다는 근거가 나오므로 강한 부정적 추측을 의미하는 couldn't have p.p.가 자연스럽다.

3
해석 학생들은 어제 기말 리포트 마감 기한을 지켰기 때문에 꾸물거림에 대해 죄책감을 느낄 필요가 없다.
해설 need와 dare 모두 부정문이나 의문문에서 조동사로 사용이 가능하며, 조동사로 쓰일 경우에는 뒤에 항상 동사원형이 온다. 여기서는 문맥상 '~할 필요가 없다'는 의미의 need not이 알맞다.
어휘 procrastination 꾸물거림, 지연

4
해석 그녀는 케임브리지 대학에 갈 수도 있었지만 미국의 브라운 대학을 선호했다.
해설 could have p.p.는 자주 출제되는 〈조동사+have p.p.〉의 형태로서 '~할 수도 있었다(실제로는 하지 않았다)'라는 의미로 문맥상 가장 잘 어울린다.

5
해석 많은 사람들의 도움이 없었다면 이 책은 출간되지 않았을 것이다.
해설 '~하지 않았을 수도 있다'라는 의미를 지니고 있으며 without 구절과 함께 쓰이면서 가정법의 주절에 나오는 〈would+현재완료〉 형태로 사용되었다.

6
해석 흉터를 빨리 제거하고 싶다면, 하루에 두 번씩 연고를 바르는 것이 좋습니다.
해설 '~하는 것이 좋다'라는 조언을 나타내는 경우에는 조동사 should가 적절하다.
어휘 ointment 연고

7
해석 밤새 휴대폰으로 음악을 재생한 것이 배터리를 더 빨리 닳게 했을지도 모른다.
해설 배터리를 닳게 했을지도 모른다는 추측의 문맥이므로 불확실한 추측을 나타내는 조동사 might가 정답이다.
어휘 run out 다 소진되다

8
해석 제가 물리학 수업이나 수학 수업을 내일까지 취소해야 하나요?
해설 need는 의문문에서는 그 자체가 조동사로 사용될 수 있다. 주어 뒤에 동사원형이 나오므로 be동사인 Am은 적절하지 않다.

9
해석 나의 엄격한 식단과 운동이 매우 성공적이어서 친구들이 나를 알아보지 못하는 것도 당연하다.
해설 조동사의 관용적 표현으로 '~하는 것도 당연하다'라는 의미의 may well이 문맥상 자연스럽다. may as well은 '~하는 편이 낫다'라는 의미이다.

10
해석 박물관에서 시끄럽고 불쾌하게 구는 것은 아무리 심하게 비판을 받아도 지나치지 않는다.
해설 문맥상 문장 끝의 enough로 보아 '아무리 ~해도 지나치지 않다'라는 뜻이 되어야 하므로 cannot be가 정답이다.
어휘 obnoxious 아주 불쾌한 harshly 엄격히, 엄하게

Practice Test p.74

1 (a) 2 (a) 3 (d) 4 (b)
5 (c) 6 (a) 7 (b) 8 (a)
9 (b) wouldn't → shouldn't
10 (b) must have sacrificed → must sacrifice

1
해석 A 냉장고에 있는 우유팩에 쓰여 있는 유통 기한 날짜를 확인했어?
B 아니. 확인했어야 하는데.
해설 유통 기한 날짜를 확인했냐고 물었을 때 No라고 대답한 후 확인하지 않은 행동에 대한 후회가 오는 것이 자연스러우므로 should have가 정답이다. should have 뒤에 동사 checked가 생략되었다.
어휘 milk carton 우유팩

2
해석 A 나는 너와 미술관에 갈 수 없어. 그런데 멜리사는 가능해.
B 멜리사랑 갈 바에야 예약을 취소하는 것이 더 나을 것 같아.
해설 would rather A than B는 'B보다는 A가 낫다'라는 의미이므로 문맥상 (a)가 적절하다.

3
해석 A 올리비아가 자동차 사고 소송에서 승소한 것이 틀림없어요.
B 맞아요. 판사가 손해 배상금으로 2만 달러를 그녀에게 지급하라고 판결했어요.
해설 배상금으로 2만 달러를 지급하라는 판결이 있었다고 하므로 그녀가 소송에서 이겼다고 확신하는 내용이 적절하다. 그러므로 '~했음이 틀림없다'라는 뜻의 must have p.p.가 가장 자연스럽다.
어휘 lawsuit 소송 damages 손해 배상금

4
해석 A 사무실에 내 서류들을 찾을 수가 없어. 본 적이 있니?
B 네가 실수로 그것들을 내 차에 두었을지도 몰라.
해설 could have p.p.는 '~했을지도 모른다, ~했을 수도 있다'라는 뜻으로 실제로 행위가 이루어지지 않은 경우나 행위가 이루어졌는지 여부가 불명확한 경우에 사용한다. 뒤에 by mistake로 보아 문맥상 가장 적절한 것은 (b)이다.

5
해석 A 우리는 바르셀로나에서 축구 경기 표를 구할 수 없었어.
B 너는 온라인으로 예약했어야 했어.
해설 과거에 했어야 했는데 하지 않아서 매우 아쉽다는 의미이므로 문맥상 '~했어야 했다'를 의미하는 (c)가 정답이다.

6
해석 A 데이터를 살펴보느라 한숨도 못 잤어.
B 오, 그럴 필요가 없었는데. 안드레아가 우리의 데이터를 분석하고 컴퓨터에 저장해 두었어.
해설 need not have p.p.는 '~할 필요가 없었는데 (그렇게 해서 매우 유감이다)'라는 의미로, 과거 사실에 대한 유감을 표현할 때 사용한다.
어휘 not sleep a wink 한숨도 자지 않다 sort through ~을 자세히 살펴보다 retain 보유하다

7
해석 온전한 정신을 위해 균형 잡힌 신체를 유지하는 것의 중요성은 아무리 강조해도 지나치지 않다.
해설 조동사의 관용적인 표현인 cannot ... enough[too]는 '아무리 ~해도 지나치지 않다'라는 의미로, enough를 통해 cannot을 쉽게 선택할 수 있다.
어휘 emphasize 강조하다 well-balanced 균형이 잡힌

8
해석 사라진 비행기에 대한 새로운 이론은 비행기가 납치나 조종권을 장악하기 위해 휴대폰을 이용한 방해였을 수 있다는 것이다.
해설 어떤 이론은 가능성을 이야기하는 것이므로 비행기의 납치 등의 상황을 추측하는 맥락이 적절하다. 따라서 '~였을 수 있다'는 약한 추측을 나타내는 (a)이다.
어휘 hijack 납치하다 sabotage 방해하다 take over 인계받다, 탈취하다

9

해석
A 이번 주말에 오키나와로 여행할 계획이야.
B 그러면 안 돼. 여행 일정을 바꾸는 것이 낫겠어.
A 왜? 이미 호텔과 비행기 표를 다 예약해 버렸어.
B 기상청에서 태풍이 이번 주 오키나와를 강타할 거라고 경고했어.

해설 섬에 태풍이 올 예정이므로 여행 일정을 바꾸는 것이 낫겠다고 충고하고 있으므로 wouldn't가 아니라 '~하면 안 된다'는 의미의 shouldn't가 적절하다.

어휘 itinerary 여행 일정표

정답 (b) wouldn't → shouldn't

10

해석 (a) 각기 다른 경제학 이론이 경제 위기에 대한 다양하고 가능한 해결책을 제시할 수 있다. (b) 그러나 그 과정에서 거의 매번 누군가는 어느 시점에 무엇인가를 희생해야만 한다. (c) 분명히 개인적인 손실을 기꺼이 감수하는 사람은 아무도 없고, 민주주의는 우리로 하여금 다른 사람에게 이 짐을 억지로 짊어지게 하는 것을 금지한다. (d) 사람들은 위기에 대한 올바른 해결책에 대해 의견이 다를 수 있기 때문에 경제 정책을 제안하는 것이 때로는 꽤 어려울 수 있다.

해설 (b)의 must have p.p.는 과거에 대한 확신에 찬 추측을 말할 때 쓰이는데, 이 문장에서는 과거에 대한 추측이 아니라 '~해야 한다'라는 강한 의무의 뜻으로 쓰이므로 must have sacrificed는 must sacrifice로 고쳐야 한다.

어휘 crisis 위기 suffer 견디다, 괴로워하다 democracy 민주주의 forbid A from -ing A가 ~하는 것을 금지하다 force 강요하다, 억지로 ~하게 하다 shoulder 짊어지다, 떠맡다 burden 부담, 짐 come up with 제안하다

정답 (b) must have sacrificed → must sacrifice

Unit 08 가정법 시제 및 if 이외의 가정법 표현

Exercise p.80

1. would
2. visited
3. do
4. had not saved
5. wouldn't answer
6. had been
7. would have made
8. be
9. had studied
10. be evacuated

1
해석 네가 우리에게 한 가지 충고를 줘야 한다면, 어떤 것일까?
해설 현재 사실의 반대를 의미하는 가정법 과거 문제로, if절에 과거 시제 동사가 왔으므로 주절에는 would가 알맞다.

2
해석 나는 그들이 시내의 박물관에 갔으면 더 좋겠다.
해설 〈would rather (that)+주어+동사의 과거형〉은 '~하는 편이 낫겠다'라는 의미이다.

3
해석 의사는 그의 환자들이 매일 다양한 종류의 신체활동을 할 것을 제안했다.
해설 제안을 나타내는 동사 suggest 다음에는 〈that+주어+(should)+동사원형〉의 형태가 나와야 한다. 이때 should는 생략 가능하므로 동사원형 do가 정답이다.

4
해석 그 당시에 저축하지 않았으면, 지금도 여전히 빚더미 속에 있을 거야.
해설 if절에 과거완료, 주절에 과거 시제를 쓰는 혼합가정법 문제이다. if절에 있는 at that time과 주절에 있는 now가 힌트이다. if절과 주절의 시제도 차이가 있어야 한다. if절이 가정법 과거완료이므로 주절은 가정법 과거이다. 그러므로 정답은 had not saved이다.

5
해석 내 상사가 전화해도, 나는 주말에는 받지 않을 것이다.
해설 가정법 미래 문제이다. if절에 were to가 있는 것으로 보아 가능성이 희박한 가정에 대한 내용이다. 따라서 정답은 〈would+동사원형〉 형태의 wouldn't answer이다.

6
해석 조시는 마치 나와 오랫동안 가까운 동료로 지내온 것처럼 말했다.

해설 가정법을 사용하는 또 하나의 표현이 있는데, as if로 '마치 ~인 것처럼'이라는 의미이다. 〈as if+가정법 과거완료〉로서 과거의 반대를 가정하고 있다.

7
해석 구급차가 일찍 도착했었다면, 자동차 사고 희생자는 살았을 것이다.

해설 과거 사실에 대한 가정이므로 과거완료를 사용해야 한다. if절에 had arrived가 있으므로 가정법 과거완료의 문장이다. 따라서 종속절에는 would have made가 와야 한다.

8
해석 힌두 카스트제도의 계급적 성질은 낮은 계층의 사람들에게 몇몇 특권을 기꺼이 희생할 것을 요구했다.

해설 요구를 의미하는 demand 동사 다음에 that절이 나오면 그 안의 시제는 〈(should)+동사원형〉을 쓴다.

어휘 hierarchical 계급[계층]에 따른   privilege 특전, 특권

9
해석 내가 대학에서 법을 공부했더라면 지금 훨씬 돈을 많이 벌 텐데.

해설 if절에 가정법 과거완료 시제가 올지 과거 시제가 올지를 묻는 문제이다. 의미상 대학에서 공부를 해 온 과거의 일이 현재에 영향을 주는 것이므로 과거완료 시제가 알맞다. 주절에 과거 시제가 왔다고 해서 studied를 고르면 안 되며, now 등의 단서를 통해 혼합가정법 문제임을 파악하도록 한다.

10
해석 만약 태풍에 대한 경고 시스템이 있다면, 지역주민들이 제때 피난할 수 있을 텐데.

해설 if절의 were로 보아 가정법 과거 문장이므로 주절에는 〈could+동사원형〉이 와야 한다. 따라서 정답은 be evacuated이다.

어휘 evacuate 피난시키다

Practice Test   p.81

1 (c)   2 (b)   3 (a)   4 (a)
5 (b)   6 (b)   7 (a)   8 (c)
9 (c) summits → (should) summit
10 (d) paid → had paid

1
해석 A 에바는 주말에 희재의 송별파티에 오니?
B 그러면 좋겠는데 오늘 밤 알래스카로 떠나.

해설 현재나 미래에 대한 이룰 수 없는 소망을 나타내고 있으므로 wish 다음에 가정법 과거를 써서 I wish she could로 표현해야 한다.

2
해석 A 히터를 꺼도 될까요?
B 끄지 않는 것이 낫겠어요.

해설 〈would rather+주어+동사의 과거형〉의 어순을 묻는 문제이다. 과거 시제가 오지만 현재 사실에 대한 반대를 의미한다는 점을 알아 둔다.

3
해석 A 아직도 보고서를 못 끝냈니?
B 아직 못했어. 오늘 더 일찍 시작했더라면, 지금쯤 테니스를 치고 있을 텐데.

해설 혼합가정법 문제이다. 과거의 일(earlier today)에 대한 가정이기 때문에 가정법 과거완료가 와야 한다.

4
해석 A 회의에 뭐 입을 거야?
B 회색 양복을 입고 싶지만 양복을 드라이해서 다림질을 하는 게 필요해. 지난주에 드라이 클리닝점에 갔었더라면 좋았을 텐데.

해설 wish 가정법 문제이다. last week에서 과거 시점을 명시하고 있으므로 가정법 과거완료 형태를 써야 한다.

20

5
해석 자세한 조사가 없었더라면, 그 사건은 결코 해결되지 못했을 것이다.
해설 If가 생략되어서 도치가 된 가정법 과거완료의 형태를 찾는 문제이다. 종속절에 would never have been solved가 왔으므로 If it had not been for가 와야 하는데 If가 생략되고 〈주어 + 동사〉가 도치된 (b)가 정답이다.

6
해석 보험을 해약했었다면, 지금도 치료비로 빚더미 속에 있을 거야.
해설 had canceled가 과거완료이므로 가정법 과거완료를 써야 하지만 주절에 now라는 시간부사가 있으므로 혼합가정법 문제라는 것을 알 수 있다. 따라서 (b) would be가 정답이다.

7
해석 모든 학생이 동일한 문화와 교육 기회를 가지는 것이 중요하다.
해설 이성적 판단을 나타내는 형용사(crucial) 뒤에는 〈that+주어+should+동사원형〉을 사용해야 한다. 여기서 should는 생략될 수 있으므로 동사원형 (a) have가 정답이다.

8
해석 이 호텔에서 서비스에 대한 어떤 궁금한 사항이 있으시면, 주저하지 마시고 우리에게 연락하세요.
해설 가정법 미래 구문 If you should have에서 If가 생략되었고 주어와 동사가 도치되어 Should you have 어순이 되어야 한다.

9
해석
A 왜 요셉은 그 지원서를 쓰는 데 그렇게 오래 걸리니?
B 그는 제출하기 전에 수정하는 중인 것 같아.
A 지원서를 5시까지 온라인으로 제출하는 것이 필수야.
B 알았어. 제시간에 맞추라고 그에게 꼭 상기시켜 줄게.
해설 의무를 나타내는 이성적 판단 형용사 imperative가 나왔으므로, 종속절에는 〈should+동사원형〉이 와야 한다. 따라서 summits를 (should) summit으로 바꾸어야 한다.
어휘 application form 지원서 remind 상기시키다 imperative 필수적인
정답 (c) summits → (should) summit

10
해석 지난 6개월 동안 K-마트에서 일하는 10명의 판매직원들이 하지정맥 증상으로 치료를 받아 왔다. 그들은 서 있는 시간을 줄이고 충분한 휴식시간과 같은 좀 더 나은 직업 환경을 위해서 목소리를 높여 왔으나 경영진에 의해서 거절당했다. 노조는 서서 일하는 시간을 요구하는 직업들이 하지정맥 발병의 위험을 증가시킬 수 있다고 말하고 있다. 또한, 그들은 회사가 직원들에게 건강에 대해서 좀 더 주의 깊은 관심을 가졌었더라면, 오늘날 직원 부족 현상을 경험하지는 않았을 거라고 말하고 있다.
해설 (d)의 if절은 문맥상 과거의 일을 나타내므로 과거완료 시제가 와야 한다. 주절의 today는 일종의 함정으로, 현재의 경험의 내용을 말하고 있으므로 혼합가정법 문장이라는 것을 알 수 있다. 따라서 if절을 가정법 과거완료로 사용하여 if the company had paid로 써야 한다.
어휘 varicose vein 하지정맥 labor union 노조
정답 (d) paid → had paid

Unit 09 주의해야 할 분사와 분사구문

Exercise   p.86

1. Accused
2. injured
3. With his eyes closed
4. depriving
5. comforting
6. offered
7. related
8. There being
9. All things considered
10. fixed

1
해석 ABC 가게에서 2개의 핸드폰을 훔친 혐의로, 그 노숙자는 어젯밤에 체포되었다.
해설 체포되기 전에 혐의가 제기된 것이므로 Having been accused가 가장 적절하다. 분사구문에서 Having been은 문두에 왔을 때, 생략할 수 있으므로 정답은 Accused이다.
어휘 accuse 고발하다, 혐의를 제기하다   arrest 체포하다

2
해석 그 공격은 10명의 사람들을 죽게 했고 5명의 사람들을 다치게 했다.
해설 5명의 사람들이 다친 것이므로 수동의 의미인 과거분사 injured가 적절하다.

3
해석 눈을 감고, 그는 어떻게 어머니의 마음을 바꿀 지 생각했다.
해설 〈with+(대)명사+분사〉 표현이다. 눈이 감겨지는 것이므로 분사 자리에 과거분사 closed를 사용해야 한다.

4
해석 뇌졸중은 산소를 빼앗아 가면서, 뇌로 가는 피의 흐름이 차단될 때 일어난다.
해설 쉼표 뒤에는 동시 상황을 보여 주는 분사구문이 와야 하므로 and it deprives로 표현하거나 접속사와 주어를 생략한 후 동사 뒤에 -ing를 사용한 depriving이 정답이다.

5
해석 그의 현재 회사에서 머물려는 그의 결정은 그의 부인에게는 매우 편안한 것이었다.
해설 그가 내린 결정(his decision)이 주어이고 결정 자체가 부인에게는 매우 안심하도록 만드는 상황이었으므로 능동형인 comforting이 적절하다.

6
해석 그에게 제공되는 모든 충고는 그가 들으려 하지 않기 때문에 무시되었다.
해설 주체가 All the advice이므로 수동 의미의 과거분사를 사용한다. 여기서 문장의 동사는 was ignored이므로 All the advice를 꾸며주는 offered의 형태가 가장 적절하다.

7
해석 수를 계산하는 것뿐만 아니라, 컴퓨터는 일반적으로 인간의 의사 결정과 관련된 몇몇 일들을 할 수 있다.
해설 문맥상 주어인 컴퓨터가 '관련된' 일들을 할 수 있다는 내용이 자연스러우므로 과거분사 형태인 related with가 적절하다.

8
해석 교실에는 앉을 자리가 없기 때문에, 나는 강의 내내 줄곧 서 있어야 했다.
해설 Because there is no seats에서 접속사를 생략한 형태이며, 주어가 다르기 때문에 There는 남아 있다. 또한, 시제가 같으므로 be동사는 그대로 남아 현재분사 -ing로 표현한다. 따라서 정답은 There being이다.

9
해석 모든 일들을 고려해 봤을 때, 나는 겨울에 인도를 여행하는 것이 낫다.
해설 All things considered는 '모든 것을 고려해 봤을 때'라는 의미의 관용적인 표현이므로 꼭 기억해 둔다. considering이 아닌 considered가 쓰이는 것이 중요하다.

10
해석 A 내 알람이 울리지 않아.
B 너무 걱정하지 마. 내가 내일까지 고쳐 줄 수 있어.
해설 alarm이 고쳐지는 것이므로 과거분사를 사용해야 한다. 따라서 fixed가 정답이다.

Practice Test

p.87

1 (b) 2 (a) 3 (b) 4 (a)
5 (b) 6 (a) 7 (d) 8 (b)
9 (d) Having had not → Not having had
10 (a) cross → crossed

1
해석 A 나는 그를 이해할 수가 없어. 그는 우리가 시간이 많지 않다는 것을 알아. 그런데 그는 절대로 일들을 서두르지 않아.
B 그가 프로젝트를 꼼꼼히 처리한다는 것을 인정하더라고 다른 동료들에 대한 배려가 너무 없어.
해설 granting[granted] that은 '~을 인정하더라도'라는 의미의 관용 표현이다.

2
해석 A 와, 정말 아름다운 거실이구나!
B 거실이 너무 지저분해서, 3시간 동안 청소를 했어.
해설 As it was as messy as could be를 분사구문으로 바꾼 문장인데 접속사는 생략이 가능하고 주절과 주어가 다르므로 거실을 나타내는 it은 그대로 사용해야 한다.
어휘 messy 지저분한

3
해석 A 이번 주말에 스터디 그룹에 참여하는 게 어때?
B 내성적이라서, 저는 혼자 공부하는 것이 그룹으로 공부하는 것보다 더 나아요.
해설 Because I am introverted이므로 접속사를 생략하고 주절과 같은 주어 I도 생략이 가능하다. 따라서 정답은 (b) Being이다.
어휘 introverted 내성적인

4
해석 A 그녀는 영어가 모국어인 사람이니?
B 그녀의 악센트로 판단하건대, 그녀는 영국인이야.
해설 분사구문의 관용적인 표현 중 하나인 judging from '~으로 판단하건대'가 쓰였으므로 정답은 (a)이다.

5
해석 A 노스 애틀랜틱 항공사가 아이슬란드 택배 회사를 인수할 거라는 것이 사실이야?
B 맞아. 두 회사가 합병되면 이익이 있을 거야.
해설 Once they are merged에서 접속사 Once는 문장에서 생략하지 않았고 두 절의 주어가 일치해서 they are는 자연스럽게 생략이 가능하므로 정답은 (b) merged이다.
어휘 merge 합병하다 take over 인수[합병]하다

6
해석 매우 최근에 세워졌지만, 그 쇼핑몰은 붕괴될 위험이 있다.
해설 주절의 주어가 the shopping mall이므로 스스로 짓는 것이 아니라 지어진 것이다. 따라서 수동의 의미를 가진 분사구문인 (a) Built가 정답이다.
어휘 collapse 붕괴되다, 무너지다

7
해석 다중 충돌 사고가 50번 고속도로에서 일어났고, 많은 사람들이 몇 시간 동안 교통체증으로 갇히게 되었다.
해설 그 충돌 사고는 많은 사람들을 갇혀 두게 했으므로 현재분사 causing이 적절한 형태이다.
어휘 multi-vehicle collision 다중 자동차 충돌

8
해석 최종 취업 인터뷰를 망쳐버렸기 때문에 그녀는 채용된다는 희망을 포기했다.
해설 인터뷰를 망친 것은 그녀가 채용된다는 희망을 포기한 것보다 더 이전의 시제이므로 완료분사구문을 사용해야 한다. 따라서 Having screwed up이 적절하다.
어휘 screw up (일을) 망치다

9

해석 A 친구들과 여행을 떠날 수 없을 때는 무엇을 했었니?
B 여행사를 이용했어. 그들은 솔로 여행객들에게 여행 동반자를 제공해.
A 정말? 비슷한 생각을 가지고 있는 여행객들과 함께 짝을 지어주는 건 정말 좋은 생각이구나!
B 맞아. 혼자 인도에 방문해 본 경험이 없어서, 나는 그들에게 그러한 사람을 요청했어.

해설 분사구문의 부정형을 쓸 때는 분사 앞에 not을 사용한다. 아직 인도에 가 본 경험이 없었던 시점이 더 이전이므로 분사구문의 완료형 having p.p.가 쓰였다.

정답 (d) Having had not → Not having had

10

해석 (a) 사람들이 많은 시간 다리를 꼰 채로 앉아 있으면 혈액순환 감소, 정맥류, 요통과 고혈압과 같은 건강 문제를 일으킬 수 있다. (b) 만성적으로 다리를 꼬는 사람들은 아마도 앉아 있는 사무직이거나 운동 부족일 수 있다. (c) 특히, 다리를 꼬는 것은 등의 근육에 균형이 맞지 않은 긴장을 준다. (d) 그리고 배근을 긴장시키는 동안 복근을 세게 잡아당겨서 후에 더 많은 문제를 야기할 수 있다.

해설 (a)의 sitting with your legs cross에서 다리는 동작을 받는 수동의 입장이므로 과거분사 crossed로 표현되는 것이 맞다. 〈with+명사+분사〉는 '~한 상태로', '~하면서'라는 의미로 부대 상황을 나타낼 때 사용하는 표현이다.

어휘 circulation (혈액) 순환 varicose veins 정맥류
chronic 만성적인 sedentary 주로 앉아서 하는
disproportionate 균형이 안 맞는 lumbar 요추의
back muscle 배근 abdominal muscles 복근
down the road 장래에

정답 (a) cross → crossed

Unit 10 동명사와 to부정사 비교

Exercise p.93

1 to help
2 never to take a nap
3 having spent
4 confess to having
5 considering
6 not to take
7 to endure
8 to hit
9 to use
10 making

1
해석 여배우는 학교 점심 값을 지불할 수 없는 학생들에게 약 백만 달러를 기부함으로써 도와주겠다고 했다.
해설 offer는 to부정사를 목적어로 취하는 동사로 '~하겠다고 제의하다'라는 의미이다.

2
해석 나는 학기 중에 낮잠을 자지 않는 것을 규칙으로 삼았다.
해설 〈make it a rule to+동사원형〉은 '~하기로 정하다'라는 의미이며, 부정어는 to부정사 앞에 붙는다.

3
해석 주식과 펀드에 그 많은 돈을 다 투자해 버렸던 것이 후회스럽다.
해설 이미 돈을 써 버렸으므로 문장의 시제보다 동명사의 시제가 더 이전일 경우에 사용하는 완료형 동명사 표현 having p.p.가 와야 한다.

4
해석 그 전과자는 범죄를 저지른 사실을 자백하기를 거부했다.
해설 confess to 뒤에는 동명사가 오며, '~을 고백하다'라는 의미이다.
어휘 ex-convict 전과자

5
해석 우리는 〈뉴욕 타임즈〉를 정기 구독할까 고려하고 있다.
해설 consider는 동명사를 목적어로 취하므로 전치사 of는 쓰지 않는다.
어휘 subscribe to ~을 정기 구독하다

6
해석 고심 끝에 앨리사는 런던 마라톤에 참가하지 않기로 했다.
해설 decide는 to부정사를 목적어로 취하는 동사이다. 또 to부정사를 부정할 때는 to부정사 앞에 not이나 never를 붙인다.

7
해석 남성 중심의 사회에서는 여성이 견뎌야 할 많은 어려움들이 있다.
해설 명사를 수식하는 to부정사의 형용사적 용법이다. 직역하면 '여성이 견뎌야 하는 어려움'을 뜻하기 때문에 to부정사가 쓰였다.
어휘 hardship 어려움 endure 견디다 male-dominated 남성 주도[우위]의

8
해석 거센 바람과 폭우가 주말까지 런던과 브라이튼을 강타할 것으로 예상된다.
해설 〈expect+목적어+to부정사〉의 수동태는 〈주어(목적어)+be expected+to부정사〉의 형태이다.

9
해석 정형외과 의사는 나에게 인체 공학적으로 디자인된 의자를 사용하라고 조언했다.
해설 동사 advise는 〈advise+목적어+to부정사〉의 형태로 쓰이므로 to use가 정답이다.
어휘 orthopedist 정형외과 의사 ergonomically 인체 공학적으로

10
해석 박 선생님은 새로운 사람을 만날 때마다 부끄러움을 느끼고 대화를 피한다.
해설 avoids는 동명사를 목적어로 취하는데, 완료 동명사인 having made는 술어 동사보다 이전 시제를 의미한다. 이 경우 avoids와 같은 시제를 의미하므로 making이 정답이다.

Practice Test   p.94

1 (b)   2 (a)   3 (a)   4 (d)
5 (d)   6 (a)   7 (b)   8 (a)
9 (b) of buying → to buy
10 (d) to be implementing
  → to be implemented

1
해석 A 약 상자 가져왔니?
B 이런. 챙기는 걸 잊었네. 깜박했어.
해설 forget은 목적어로 동명사가 올 때와 to부정사가 올 때의 의미가 다른 동사이므로 해석을 통해 빈칸에 적절한 것을 골라야 한다. '할 일을 잊고 하지 않았다'는 내용이므로 to부정사가 정답이다. 시제가 다를 이유가 없으므로 완료형 to부정사인 (a)는 옳지 않다.
어휘 slip one's mind 잊어버리다

2
해석 A 우리는 이번 겨울 런던에 갈 거예요. 조언할 게 있나요?
B 자연사 박물관에 가는 것을 강력히 추천해요. 볼 것이 아주 많거든요.
해설 recommend는 동명사를 목적어로 취하는 동사이며, 뒤에 that절이 올 경우 주어와 동사가 모두 갖추어져야 한다. (d)는 과거 시제이므로 적절하지 않다.

3
해석 A 내가 SAT 시험에서 가장 높은 점수를 받은 것 같아.
B 이봐. 그 일이 발생할 가능성은 거의 없어.
해설 there is chance of -ing의 관용적인 표현의 어순을 묻는 문제이다. 동명사 happening의 의미상의 주어 that은 happening 앞에 온다.

4
해석 A 테리가 내일 기말시험에서 어떨 것 같아?
B 그는 쉽게 통과할 거라 예상하고 있지만 난 회의적이야.
해설 동사 expect는 다른 동사를 목적어로 할 경우 to부정사 형태로 취한다. 빈칸 뒤에 pass의 목적어인 it이 있으므로 능동태가 되어야 한다.

5
해석 A 음. 칠레는 최상위인 스페인과의 월드컵 예선전에서 최선을 다했어요.
B 이미 질 거라고 예상은 했지만 이렇게 큰 차이로 패할 줄은 몰랐어요.
해설 anticipate는 목적어로 동명사를 취한다.
어휘 qualifier 예선전　anticipate 예상하다

6
해석 일부에서는 스케일링이 치아를 약하게 한다고 주장하지만, 대부분의 치과 의사들은 충치 예방을 위해 스케일링을 권장한다.
해설 문맥상 '충치 예방을 위해서'라는 의미가 되어야 하므로 목적을 나타내는 부사적 용법으로 쓰인 to부정사구가 적절하다.
어휘 scaling 스케일링　tooth decay 충치

7
해석 중요한 정보들이 빠져 있기 때문에 제프리는 제안된 합병과 인수 건에 대한 그의 발표를 연기할 수밖에 없었다.
해설 to부정사의 관용적 표현 〈have no choice but+to부정사〉를 묻는 문제이다. 문맥상 '~할 수밖에 없었다'라는 의미로, but 뒤에 동명사가 아닌 to부정사가 와야 한다.
어휘 merger 합병　acquisition 인수

8
해석 앤드류는 제니에게 데이트를 신청하는 것을 망설였는데, 그녀가 남에게 자기 얘기를 너무 안 하는 사람처럼 보였기 때문이다.
해설 hesitate는 뒤에 to부정사를 취하는 동사이며, 주어인 앤드류가 제니에게 데이트를 신청하는 것이므로 수동형은 적절하지 않다.
어휘 ask ~ out ~에게 데이트를 신청하다　private 남에게 자기 얘기를 잘 안 하는

9
해석 A 오늘 밤 벽에 페인트칠을 시작할 수 있을까요?
B 할 수 있어요. 페인트 붓이랑 롤러 사는 것 잊지 않았지요?
A 그럼요. 이미 페인트칠을 위한 모든 것을 준비했어요.
B 고마워요. 이제 물을 타서 페인트를 묽게 만들자고요.
해설 〈remember+to부정사〉는 '(앞으로) ~할 것을 기억하다'이고 〈remember+-ing〉는 '(과거에) ~했던 것을 기억하다'라는 뜻이다. 문맥상 붓과 롤러를 살 것을 기억했는지(잊지 않고 사왔는지) 묻는 것이므로 remember to buy가 적절하다.
어휘 thin down 묽게 하다
정답 (b) of buying → to buy

10
해석 (a) 동대문 쇼핑 단지는 현대적인 디자인과 최첨단 기술을 서울에 가져다주었다. (b) 그 혁신적인 프로젝트는 세계적으로 유명한 도시 건축가 알 자하라에 의해 설계되었다. (c) 이런 웅장한 계획을 위한 건설비는 거의 4,900억 원에 이르렀다. (d) 또한, 관광객을 끌기 위해서 24시간 내내 이용하기 쉬운 대중교통 시행이 요구되었다.
해설 to부정사의 형태가 틀린 문장을 찾는 문제이다. 문맥상 편리한 대중교통이 '시행되는' 것이 요구되었다는 의미가 알맞으므로 to부정사의 수동형을 사용해야 한다.
어휘 cutting-edge 최첨단의　landscape architect 조경사　scheme 계획　implement 시행하다　around the clock 24시간 내내
정답 (d) to be implementing → to be implemented

Unit 11 비교 구문

Exercise   p.101

1 much
2 cities
3 no more than
4 by far
5 as rigorously as
6 are much more likely to
7 all the Brazil politicians
8 my
9 drinks
10 the second largest

1
해석 아침을 먹는 사람들은 일반적으로 그들의 체중을 통제하기가 쉽고, 아침을 먹지 않은 사람들보다 훨씬 날씬한 경향이 있다.
해설 빈칸 뒤에 비교급이 나오므로 비교급을 강조하는 표현을 고르는 문제이다. 비교급 강조 부사는 much이며 very는 원급을 강조한다.

2
해석 세계에서 가장 역동적인 도시들 중 하나인 홍콩은 고대와 근대가 잘 혼합된 스타일로도 알려져 있다.
해설 〈one of the+최상급+복수 명사〉 형태로 쓰이는 최상급 표현이다.
어휘 blend 섞다

3
해석 일주일에 한 번 붉은 고기를 500그램만 섭취하고 가공된 고기는 완전히 피하세요.
해설 비교급의 관용적 표현을 묻는 문제이다. no more than은 only와 같은 의미로 '단지'라는 뜻이다.
어휘 processed 가공된

4
해석 이것은 나에게 일어났던 일들 중에서 가장 벗진 경험이다.
해설 최상급을 표현하는 부사이다. 최상급은 by far/much/quite 등을 써서 강조할 수 있다.

5
해석 제시카는 패션 산업의 어느 모델보다도 최신 유행을 엄격하게 따랐다.
해설 as ... as 사이에 들어가는 형용사 또는 부사를 선택하는 문제이다. 일반동사 follow를 뒤에서 수식하는 것은 부사만 가능하다.
어휘 fad 유행   rigorously 엄격히

6
해석 젊은 여자와 결혼하는 나이 많은 남자가 더 오래 살 가능성이 높다는 새로운 연구가 나왔다.
해설 비교급을 사용한 어순을 묻는 문제이다. be likely to는 '~할 가능성이 있다'라는 의미이다. 〈be likely to+동사원형〉에 much more가 들어가는 위치를 주의해야 한다.

7
해석 룰라 다 실바는 종종 브라질의 모든 정치인들 중에서 가장 훌륭한 인물로 간주된다.
해설 〈최상급+of all the+복수 명사〉의 관용적 표현을 묻는 문제이다. politician이 복수형이 되어야 한다는 것에 주의한다.

8
해석 우크라이나의 피난민에 대해서 보도한 것이 기자로서 나의 가장 큰 성취였다.
해설 최상급 앞에 정관사 the를 붙이지 않은 관용적 표현을 묻는 문장이며, the 대신 소유격을 쓴 my가 적절하다.
어휘 cover 취재[보도]하다   refugee 난민

9
해석 이 맛있는 차는 독특한 건강 혜택 덕분에 사람들이 가장 많이 찾는 음료 중 하나이다.
해설 〈one of the most+복수 명사〉 형태이므로 drinks가 정답이다.
어휘 sought-after 수요가 많은, 인기 있는

10
해석 남아프리카 공화국은 국내 총생산 3,500억 달러인, 아프리카에서 2위의 경제 대국으로 남아 있다.
해설 〈the+서수+최상급〉은 '~번째로 가장 …한'이라는 의미의 관용 표현이다.
어휘 GDP 국내 총생산

Practice Test   p.102

1 (b) 2 (a) 3 (a) 4 (c)
5 (d) 6 (c) 7 (a) 8 (c)
9 (c) greater → the greater
10 (d) the quite slowest route
   → quite the slowest route

1
해석 A 어제 송년회 재미있었니?
B 오, 작년에 매우 재미있었는데, 올해는 훨씬 더 재미있었어.
해설 빈칸 앞에 even이 힌트이다. even은 비교급을 수식한다.

2
해석 A 보통 몇 시에 당신의 사무실에 복귀하나요?
B 늦어도 12시까지는 도착합니다.
해설 no later than은 '늦어도 ~까지는, ~보다 결코 늦지 않게'라는 의미로, 빈칸에는 (a)가 가장 적절하다.

3
해석 A 필리핀의 경제 상황은 어때요?
B 다른 나라들과 마찬가지로 좋지 않아요.
해설 the same을 수식하는 부사는 much이다. '~와 같은'을 나타내는 원급 표현은 the same as를 사용한다.
어휘 in bad shape 불황인

4
해석 A 크리스티나가 어젯밤에 보궐 선거에 이겼다는 소식 들었어?
B 응. 나는 그녀가 다른 후보자들보다 더 자격이 있다고 생각해 왔어.
해설 비교급을 이용한 최상급 표현으로, 〈비교급+than any other+단수 명사〉 형태이다. 따라서 candidate는 복수형이 아닌 단수형이 되어야 한다.
어휘 assembly 의회 by-election 보궐 선거

5
해석 A 네 새 차는 얼마니?
B 네 차보다 거의 2배가 더 비싸.
해설 형용사나 부사의 원급을 꾸며 주는 표현으로는 nearly/almost/just가 있다. 빈칸 뒤에 than이 왔으므로 빈칸에는 〈배수사+비교급+than〉의 형태가 와야 한다.

6
해석 말레이시아 항공의 비행사들은 다른 항공사보다 훨씬 더 많은 임금 인상을 요구하고 있다.
해설 비교하는 대상이 있을 때 비교급과 함께 than을 쓴다. 또 much는 비교급을 강조해 주는 표현으로 비교급 앞에 온다.
어휘 pay raise 임금 인상

7
해석 최근 연구에 의하면, 전보다 더 많은 사람들이 아시아에서 취업 기회를 찾고 있다.
해설 than ever before는 '이전보다 더'라는 의미로 비교급과 함께 사용되는 표현이다.

8
해석 대출금이 빨리 상환될수록, 당신의 신용 등급은 향상될 겁니다.
해설 〈the+비교급+주어+동사, the+비교급+주어+동사〉는 '~하면 할수록 더욱 …하다'라는 의미로, 〈the+비교급〉이 있어야 〈the+비교급+주어+동사〉 형식이 완성된다.
어휘 credit rating 신용 등급

9
해석 A 내 쌍둥이 자매 클레어와 제니는 수학과 물리에서 좋은 점수를 받았어요.
B 잘 됐어요! 그들이 시험에서 열심히 했다고 들었어요.
A 물론이죠. 둘 중에서 클레어의 점수가 더 훌륭해요. 다음 학기에 부분 장학금도 받을 거예요.
B 당신 가족에게 정말 좋은 소식이네요.
해설 비교급에서 the를 쓰는 경우에 관한 문제이다. of the two처럼 두 대상을 비교할 경우에는 비교급 앞에 the를 쓴다.
정답 (c) greater → the greater

10

해석 (a) 스페인 기차 네트워크는 유럽에서 가장 크고 현대적이며 지속적으로 확장하고 있다. (b) 초고속 서비스인 AVE 기차는 3시간 이내로 마드리드와 스페인의 모든 주요 도시들을 연결해 주는데, 이로 인해 점심은 발렌시아에서 먹고 다시 오페라를 보기 위해서 마드리드로 돌아오기 쉽게 한다. (c) 열정적인 여행자들은 스페인 기차 카드를 사고 싶어 할 것인데, 이 카드로 스페인에 거주하지 않는 사람들은 한 달 안에 10번 이상 전국을 갈 수 있다. (d) AVE 기차는 당신을 스페인의 주요 도시에 들를 수 있게 하지만, 당신은 가장 느린 경로를 선택하고 운행 중에 자주 멈추는 것을 선택할 수도 있다.

해설 최상급을 강조하는 quite는 〈the+최상급〉 앞에 온다.

어휘 avid 열심인   non-resident 비영주권자, 거주하지 않는 사람   hop around 팔짝팔짝 뛰다

정답 (d) the quite slowest route → quite the slowest route

Unit 12 관계대명사와 관계부사

Exercise p.108

1 which
2 which
3 what
4 to whom
5 many of which
6 of which
7 where
8 whoever
9 for which
10 that

1
해석 사장은 탄력 근무를 시행했고, 그것이 좀 더 책임감 있고 자기주도적인 근무 환경을 가져올 것이라고 믿었다.

해설 he believes는 삽입된 절이고, 뒤에 동사 will result in이 이어지므로 주어가 없는 불완전한 절이다. 따라서 관계대명사 which가 적절하다.

어휘 implement 시행하다   flexible 신축성 있는   autonomous 자치의, 자율적인

2
해석 자코비는 포르투갈어와 스페인어를 구사할 수 있는데, 이는 그가 남미에서 온 외국인 고객들과 일할 때 좋은 이점이 된다.

해설 선행사 뒤에 콤마(,)가 나오는 계속적 용법의 관계대명사 문제이다. 관계대명사 뒤에 동사 are로 시작하는 불완전한 절이 오므로 관계대명사 which가 정답이다.

어휘 Portuguese 포르투갈어

3
해석 많은 아파트 단지 건설로 인해 내가 사는 지역은 예전 같지가 않다.

해설 빈칸 앞에 선행사가 없으므로 선행사를 포함하는 관계대명사 what(=the thing which)을 써야 한다.

어휘 apartment complex 아파트 단지

4
해석 그는 소포가 발송된 고객에게 전화를 할 것이다.

해설 〈전치사+관계대명사〉 형태이다. be delivered to는 '~에게 배달되다, 발송되다'라는 의미이므로 to가 관계대명사 앞으로 이동한 to whom이 정답이다.

어휘 patron 후원자, 고객

5
해석 런던은 수백 개의 아름다운 공원이 있는데, 그것들 중 다수는 북쪽 지역에 위치하고 있다.
해설 문맥상 many of는 선행사인 hundreds of beautiful parks를 수식한다. 수식어가 수량 표현(many of)이므로 빈칸에 that은 올 수 없다. 따라서 정답은 many of which이다.
어휘 district 지역, 구역

6
해석 이해하기 힘든 낯선 단어들을 접할 때마다 원어민들에게 질문해라.
해설 You don't understand the meanings of any unfamiliar words에서 선행사와 같은 any unfamiliar words가 관계대명사 which로 바뀌고 전치사 of가 함께 절 앞으로 나간 형태인 of which가 정답이다.
어휘 unfamiliar 낯선

7
해석 루이스가 속해 있는 브라질 산토스 클럽은 매우 인기 있는 축구팀이다.
해설 Brazilian club Santos를 선행사로 하는 관계부사를 고르는 문제이다. 관계절이 Luise belongs이므로 to which 또는 전치사 to를 포함한 관계부사 where가 정답이다.

8
해석 헌혈하는 모든 분에게 무료 극장 표가 제공될 것입니다.
해설 문맥상 '헌혈하는 모든 분에게'가 적절하므로 사람을 가리키는 복합관계대명사 whoever가 정답이다.
어휘 complimentary 무료의

9
해석 대학생들은 그들의 능력과 기술이 자신들이 지원하는 인턴십 프로그램에 어울리는지 확실히 해야 한다.
해설 동사 apply는 for와 함께 쓰여 '~에 지원하다'라는 뜻으로 쓰이며 이 문장에서 전치사 for가 관계대명사 which 앞으로 이동한다.

10
해석 사임하고 싶어 하는 어느 대표든 위원회에게 한 달 전에 통보해 주어야 한다.
해설 선행사 delegate는 '대표'라는 의미이고 사람을 뜻하므로 사람/사물/동물 모두 올 수 있는 관계대명사 that이 적절하다.
어휘 delegate 대표   resign 사임하다

Practice Test   p.109

| 1 (a) | 2 (b) | 3 (d) | 4 (d) |
| 5 (a) | 6 (c) | 7 (d) | 8 (a) |

9 (b) which → during which
10 (b) which → where

1
해석 A 너 물리학을 망쳤다며.
B 그래. 하지만 이 과목만 망친 것이 아니야.
해설 선행사가 the only의 수식을 받는 경우 관계대명사 that만 올 수 있다.
어휘 flunk 낙제하다   screw up 망치다

2
해석 A 나는 이거 포기할래. 더 이상 견딜 수가 없어.
B 너무 좌절하지 마. 다 그렇지 뭐.
해설 방법을 나타내는 관계부사 문제이다. the way나 how는 함께 쓰지 않고, 둘 중 하나를 생략한다. That's the way it goes로 표현할 수도 있다.

3
해석 A 저는 매우 관심이 있는 것에 몰두해요.
B 저도 그래요.
해설 빈칸 앞에 선행사가 없으므로 선행사를 포함하는 관계대명사로서 what이 필요한 자리이다.
어휘 absorbed 몰두한

4
해석 A 수인이가 일하는 사무실에 들르는 게 어떨까?
B 알았어. 거기서 만나서 어디로 갈지 정하자.
해설 빈칸 뒤가 완전하므로 관계부사가 있어야 한다. 선행사인 the office가 장소이므로 관계부사 where가 적절하다.

5
해석 영국의 그래머 스쿨은 11~18세 학생들을 가르치는 까다로운 사립 학교이다.
해설 선행사가 a selective private school이고 빈칸 뒤의 절이 불완전하기 때문에 관계대명사 which가 정답이다.
어휘 selective 까다로운

6
해석 네가 말하는 사람은 우리 부서의 새로운 보좌관이야.
해설 〈전치사+관계대명사〉 문제이다. 동사 refer는 전치사 to와 함께 쓰며 '~에 대해 언급하다'라는 뜻이다. 관계대명사절을 이끄는 whom 앞으로 to가 이동한 경우이다.
어휘 executive assistant 비서, 보좌관

7
해석 백화점에 새 프린트와 잉크 카트리지를 구입했는데, 그 둘 다 할인 중이었다.
해설 계속적 용법으로 사용되는 〈수량 표현+of+관계대명사〉를 찾는 문제이다. 앞에서 언급한 두 개의 사물 모두를 가리키므로 (d) both of which가 정답이다. and both of them으로도 표현할 수 있다.

8
해석 프랑스와 독일에는 이민자 수가 많고, 그들의 출신 국가들도 훨씬 다양하다.
해설 〈전치사+관계대명사〉 문제로, 관계대명사절의 come은 전치사 from과 짝을 이루어서 '~의 출신이다'라는 뜻으로 쓰인다. 따라서 전치사 from이 관계대명사 앞에 온 (a)가 정답이다.

9
해석 A 너 요즘 우울해 보여. 방콕으로 출장 갈 때 같이 가자.
B 좋은 생각이야. 너는 일주일 내내 일하는 데에만 집중할 수 있고, 그동안 나는 쇼핑하고 스파 치료를 즐길 거야.
A 좋아. 네가 스트레스와 우울한 기분을 풀 수 있는 완벽한 시간이 될 거야.
B 함께 가고 싶어. 당장 짐을 싸야겠어.
해설 (b)의 선행사 all week와 뒤의 형용사절의 관계를 볼 때, I will go shopping and enjoy spa treatment during all week가 되므로 전치사 during이 which 앞에 와야 한다.
정답 (b) which → during which

10
해석 (a) 과학자들은 주어진 지역의 식물이나 동물들의 수를 파악하기 위해 다른 기술들을 사용한다. (b) 뉴멕시코의 칼스배드 카번스에 서식하는 꼬리 없는 박쥐의 수를 측정하기 위해 과학자들은 거대한 거주지에서 그들이 보금자리로 삼는 한 동굴로부터 밖으로 날아 나오는 박쥐들을 비디오로 촬영했다. (c) 그런 다음 과학자들은 그 비디오의 각 프레임에 나오는 박쥐를 셌다. (d) 때때로 그들은 수를 알기 위해 눈을 사용하기도 한다.
해설 관계대명사 which는 불완전한 문장을 이끌기 때문에, (b)에서 완전한 문장 they root in large colonies 앞의 which는 관계부사를 쓰거나 which 앞에 전치사가 와야 한다. 선행사가 장소이므로 관계부사 where가 알맞다.
어휘 estimate 추정하다 cave 동굴 root 정착하다 determine 단정하다
정답 (b) which → where

Unit 13 가산 명사와 불가산 명사

Exercise
p.114

1 letters
2 is
3 postage and packing
4 small change
5 a dinner
6 garlic
7 a legacy
8 some mail
9 a great success
10 three hundred people

1
해석 소설가인 에릭 오르세나는 그가 살던 시대에서 가장 뛰어난 문인들 중의 한 사람이었다.
해설 letter가 복수형 letters로 쓰이면 '문학'이라는 의미이다.
어휘 distinguished 유명한, 성공한

2
해석 귀하께서 3일 전에 주문한 가구가 오늘 배달될 예정입니다.
해설 furniture는 셀 수 없는 명사이므로 단수 동사 is가 와야 한다.

3
해석 이 가격에는 운송료와 포장료가 포함되어 있지 않습니다.
해설 '운송료와 포장료'라는 의미의 postage and packing은 단수로 쓴다.

4
해석 그녀가 동전 주머니에서 잔돈을 한 움큼 꺼내자 점원은 잔돈을 받는 것을 꺼려했다.
해설 change가 '잔돈, 거스름돈'을 뜻할 때에는 셀 수 없는 명사이기 때문에 부정관사나 복수형을 쓰지 않는다. 따라서 정답은 small change이다.
어휘 fistful 한 움큼 reluctant to ~을 주저하는

5
해석 그 교수가 대학에서 25년간 일한 후 퇴직했을 때 그를 축하하기 위한 공식 만찬 행사가 열렸다.
해설 '저녁 식사'를 뜻할 때는 관사를 붙이지 않지만, '공식 만찬'을 의미할 때는 a dinner를 쓴다. 문맥상 교수의 퇴직을 위한 공식 만찬이 열리는 것이므로 정답은 a dinner이다.
어휘 in one's honor ~을 기념하여, ~을 축하하여

6
해석 매일 마늘을 먹는 사람이 암에 걸릴 가능성이 더 적다는 연구 결과가 밝혀졌다.
해설 garlic은 불가산 명사이므로 부정관사 a(n)와 함께 쓰지 않고 복수형으로도 쓰지 않는다.
어휘 reveal 밝히다

7
해석 그들은 우리 할아버지의 유언장에 따라 십만 달러의 유산을 물려받았다.
해설 legacy는 셀 수 있는 명사이므로 a legacy 또는 legacies로 쓸 수 있다.
어휘 bequeath 후세에 남기다 legacy 유산 will 유언(장)

8
해석 모든 선발된 학생들은 교육 기관으로부터 우편물을 받았다.
해설 명사 mail은 '우편물'을 의미하는 불가산 명사이므로 정답은 some mail이다. 한정사 some은 가산 명사와 불가산 명사 앞에 모두 사용할 수 있다.

9
해석 그 자선 콘서트는 기부 목표에 도달하며 큰 성공을 거두었다.
해설 추상명사가 형용사의 수식을 받으면서 구체적인 사례가 되는 맥락일 경우 부정관사가 붙어 보통명사처럼 쓰인다.

10
해석 약 300명의 사람들이 세미나에 참석했다.
해설 hundred는 앞에 특정 숫자가 있으면 단수형, 없으면 복수형을 쓴다.

Practice Test
p.115

1 (d)   2 (c)   3 (a)   4 (a)
5 (a)   6 (b)   7 (c)   8 (c)
9 (a) good flight → a good flight
10 (c) mean → means

1
해석 A 톰의 기숙사는 엉망이고 쓰레기로 가득해.
B 바로 그게 그가 어떤 룸메이트와도 살 수 없는 이유야.
해설 trash는 셀 수 없는 명사이므로 부정관사와 함께 사용할 수 없고 복수형도 만들 수 없다.

2
해석 A 주말에 손님방을 제공해 주지 못해서 너무 미안해요.
B 손님이 있는 줄을 몰랐네요.
해설 company가 '손님'이라는 뜻으로 쓰일 때 불가산 명사가 된다.

3
해석 A 에밀리, 너에게 좋은 소식이 있어!
B 뭔데? 그 프로그램 신청에 관한 거야?
해설 news는 -s로 끝나지만, 셀 수 없는 명사이다. few / a few는 모두 셀 수 있는 명사 앞에 붙는다.

4
해석 A 그 뺑소니 사고는 어떻게 되었어요?
B 손해 배상금을 받기 위해 성공적으로 그 사람을 고발했어요.
해설 damage는 단수형으로 쓰일 때와 복수형으로 쓰일 때 뜻이 달라지는 명사이다. 복수형 damages로 쓰일 때는 '손해 배상금'이라는 의미이므로 문맥상 (a)가 알맞다.
어휘 hit-and-run 뺑소니의   sue 고소하다

5
해석 A 거리에 큰 규모의 시위가 있어서 차가 막히네요.
B 알고 있어요. 수천 명의 시위자들이 시장이 나타나기를 기다리고 있는 중이에요.
해설 thousands of protesters나 a thousand protesters의 형태로 써야 한다.
어휘 rally 집회   be backed up 꽉 막히다   protester 시위자

6
해석 의사들은 새로운 약을 처방받은 대로 복용하지 않으면, 부작용이 있을 수 있다고 말한다.
해설 side effect는 가산 명사이므로, 앞에 부정관사가 오거나 복수형으로 쓸 수 있다. 부작용이 이전에 언급된 특정 부작용을 의미하지 않고, 불특정 부작용을 말하므로, 관사가 붙지 않은 side effects가 정답이다.

7
해석 모든 직원이 올해 판매에 뛰어난 성과를 이뤘다.
해설 '(전체) 직원'을 뜻하는 명사 personnel은 -s를 붙이지는 않지만 all / both처럼 수량을 표현하는 수식어와 함께 쓰일 수 있고 복수 취급한다.

8
해석 항공사 규정에 의하면 당신의 손상된 수하물에 대하여 천 달러까지 보상을 청구할 수 있다.
해설 baggage는 복수로 쓰거나 앞에 부정관사를 쓸 수 없는 명사이다. the를 쓸 수는 있으나 앞에 소유격 your가 오므로 정답은 (c)이다.
어휘 file a claim 청구하다

9
해석 A 비행기 여행은 좋았어요?
B 환상적이었어요. 하늘에서 가장 사치스러운 생활 공간이었어요.
A 장거리 여행이 즐거웠다니 다행이에요.
B 기대했던 것보다 서비스가 훨씬 좋았어요. 비할 데 없는 편안함이었어요.
해설 flight는 '여행 항공편, 날기'라는 의미이다. 한 번의 좋은 비행 경험을 말할 때는 a good flight라고 하므로 (a)의 good flight를 a good flight로 바꿔야 한다.
어휘 long-haul 장거리의   unparalleled 견줄 데 없는
정답 (a) good flight → a good flight

10
해석 (a) 침술은 약 3,500년 동안 중국에서 시술되어 왔다. (b) 그러나 서양에서는 전통적인 마취의 대체물로서 침술의 사용에 대한 언론 보도가 돌풍을 일으켰을 때인 1970년대가 되어서야 널리 알려지게 되었다. (c) 의사들은 고통 완화의 수단으로서 살균한 날카로운 바늘을 몸의 특정 부분에 삽입한다. (d) 현재 가장 알려지고 가장 널리 받아지고 있는 동양의 치료법들 중 하나인 침술은 적절 서양의 의사들에 의해서 좀 더 간소화된 형태로 실행되고 있다.
해설 '평균, 중용'을 의미하는 단수 mean이 복수형으로 '수단', '방법'이라는 의미가 된다. 문맥상 '고통 완화의 수단으로서'가 적절하므로 복수형이 되어야 한다. as a means of를 '~의 수단으로서'로 암기해 두도록 한다.
어휘 acupuncture 침술   alternative 대안   anesthesia 마취   press coverage 언론 보도   sterile 살균 소독한   practitioner 의사   simplified 간소화한
정답 (c) mean → means

Unit 14 명사와 관사

Exercise p.121

1 were
2 The Netherlands
3 such a surprise
4 A high proportion
5 a small change
6 stand a good chance of
7 in a pickle
8 the greatest
9 a migraine headache
10 the only cause

1
해석 지난겨울에 나는 그의 수업을 들었다. 그의 수업들 대부분은 이해하기가 어려웠다.
해설 his는 his lectures를 받는 소유격 대명사이므로 복수형인 were가 와야 한다.

2
해석 네덜란드는 공식적인 국가명이고 홀란드는 단지 한 지방의 이름이다.
해설 일반적으로 국가의 이름에는 the를 사용하지 않는다. 그러나 여러 주가 모여서 연방국가 또는 군도로 구성되는 네덜란드와 같은 경우에는 the를 붙인다.
어휘 province 주, 지방

3
해석 강의실에서 세계적으로 유명한 배우를 보게 되어서 너무 놀랍다.
해설 surprise는 불가산 명사이지만 such a surprise to ~는 '~하게 되어 매우 놀라운'이라는 뜻의 관용적인 표현이다.

4
해석 높은 비율의 당뇨병 환자들이 지나치게 갈증을 느끼고 소변을 자주 본다.
해설 proportion은 주로 단수로 쓰이는데 a proportion of가 복수 명사와 결합할 경우에는 복수 동사가 올 수 있다. 여기서 동사 show가 복수형이므로 A high proportion이 알맞다.
어휘 diabetic 당뇨병의 excessive 지나친, 과도한 urination 배뇨

5
해석 계절의 변화와 함께 공기에 약간의 변화가 있었다.
해설 change는 '잔돈, 거스름돈'이라는 의미로 쓰일 때 셀 수 없는 명사이며, '변화'라는 의미일 때는 셀 수 있는 명사로 쓰인다. 문맥상 부정관사 a와 함께 쓰여야 한다.

6
해석 어떤 팀과 싸우든 간에 글래스고 팀이 이길 가능성은 충분할 것이다.
해설 stand a good chance of는 '~을 할 가능성이 충분하다'라는 의미이다.

7
해석 당신의 극단적이고 공격적인 행동 때문에 나는 곤란한 입장에 있다.
해설 in a pickle은 '곤란한 상황에 처한'이라는 뜻의 관용적 표현이다.
어휘 drastic 격렬한 aggressive 공격적인

8
해석 약초 치료 중에서, 민들레가 가장 약효가 뛰어난 것으로 여겨진다.
해설 among herbal remedies라는 한정하는 구문이 왔으므로 최상급이 와야 의미가 자연스럽다. 최상급 앞에는 정관사 the가 온다.
어휘 dandelion 민들레

9
해석 편두통이 있다면 다운로드할 가치가 있는 몇 개의 좋은 앱이 있다.
해설 일반적으로 질병 앞에는 관사를 사용하지 않는다. 그러나 headache/toothache와 같이 -ache로 끝나는 가벼운 병명에는 부정관사를 쓴다. cancer와 같은 병은 관사를 쓰지 않는다.
어휘 migraine headache 편두통

10
해석 TV 폭력이 어린이들의 공격성에 대한 유일한 원인은 아니지만, 부추기는 한 가지 요인이다.
해설 only가 명사를 수식할 때는 정관사 the와 함께 사용한다.
어휘 aggression 폭력성 contributing 기여하는

Practice Test
p.122

1 (d) 2 (a) 3 (c) 4 (c)
5 (b) 6 (b) 7 (a) 8 (a)
9 (a) during weekend → during the weekend
10 (b) some jargons → some jargon

1
해석 A 이번 주말에 뭐 할 거야?
B 공원에 가서 가볍게 점심 먹을 거야.
해설 식사명 앞에는 원칙적으로 관사를 쓰지 않지만, 식사명 앞에 형용사가 올 때는 부정관사를 사용한다. 여기서는 light라는 수식어가 붙어 부정관사가 쓰일 수 있다.

2
해석 A 그 회사와의 1년 연장 계약에 사인을 해야 할까?
B 응. 그게 옳은 선택인 것 같아.
해설 choice는 가산 명사로서 관사와 같은 한정사가 필요하다. 여기서는 재계약에 다시 사인을 하는 것이 옳은 결정(선택)이라고 생각하므로 '그' 선택에 알맞은 정관사 the와 함께 사용한다.
어휘 contract extension 계약 연장

3
해석 A 대학 교육은 여전히 시간과 돈을 들일 가치가 있는 것일까?
B 그럼. 여전히 삶에서 귀중한 자산이야.
해설 education은 학교 교육이나 경험을 뜻할 때 셀 수 있는 명사가 된다. university는 철자가 u로 시작될지라도 발음은 자음으로 시작하므로 a를 써야 한다.
어휘 asset 자산

4
해석 A 지금 우리 애들은 전부 어디에 있어요?
B 캠핑장에서 당신이 도착하기를 기다리고 있습니다.
해설 〈all of+한정사〉가 오고 명사가 이어진다. 한정사로는 the/its/his/her/their 등이 있다.

5
해석 A 이 버스는 서울역으로 가나요?
B 아니요. 종로 3가에서 버스를 갈아타셔야 해요.
해설 버스를 갈아타야 하므로 이전 버스와 갈아탈 버스 두 대가 필요하므로 복수형을 쓴다. 특정한 대상을 가리키는 것이 아니므로 관사 없이 복수형만 쓴다.

6
해석 이 기관에서 공부하는 학생들 중 거의 절반은 캐나다와 미국 출신이다.
해설 〈수량 표현 + of〉 뒤에는 한정사가 나와야 한다.
어휘 hail from ~의 출신이다

7
해석 그 변호사는 주급으로 받곤 했다. 그러나 지금은 연봉으로 급여를 받는다.
해설 단위를 나타낼 때는 by the를 사용하므로 (a)가 정답이다. 〈by the+무게 단위 또는 시간 단위〉 형태를 익혀 둔다.

8
해석 그녀는 이전처럼 대단한 음악가는 아니다. 아마도 그녀는 전성기를 지난 것 같다.
해설 same의 용법을 묻는 문제이다. same은 보통 정관사 the와 함께 쓰인다.
어휘 be past one's prime 전성기를 지나다

9
해석 A 주말에 숙박하면 게스트룸의 가격이 얼마인가요?
B 주말 요금은 1박에 100달러입니다.
A 알겠습니다. 편의 시설에 수영장과 세탁 시설이 포함되어 있다고 들었어요.
B 네. 저희는 모든 투숙객들에게 그것들을 제공합니다.
해설 during은 특정 기간을 나타내는 전치사로, 뒤에 the와 같은 한정사 없이 weekend가 오면 틀린 문장이 된다.
어휘 rate 요금   amenities 편의 시설
정답 (a) during weekend → during the weekend

10

해석 (a) 거의 모든 환자들이 의학적 조언을 이해하기 어려워하는데, 이는 그런 조언이 그들에게 이해하기 힘든 것인 이유가 크다. (b) 많은 공중 보건 전문가들은 조언할 때 약간의 전문 용어와 복잡한 의학적 표현을 쓴다. (c) 그것은 환자와 의사의 잘못된 의사소통을 유발하고, 결과적으로 효과적이지 못한 의학 치료를 야기한다. (d) 공무원들은 이제 의사들에게 환자와 소통할 때 좀 더 단순한 말을 쓸 것을 매우 권고하고 있다.

해설 jargon은 불가산 명사이다. 따라서 some jargons를 some jargon으로 바꿔야 한다. some은 가산 명사 및 불가산 명사 앞에 모두 사용한다.

어휘 incomprehensible 이해할 수 없는   jargon 전문 용어

정답 (b) some jargons → some jargon

Unit 15 접속사와 전치사의 구별

Exercise   p.127

1	unless	2	despite
3	over	4	even if
5	albeit	6	throughout
7	within	8	behind
9	while	10	Though

1

해석 미납인 상태의 연체료를 지불하지 않는다면, 도서관 열람 카드와 계좌를 다시 회복할 수 없다.

해설 문맥상 '~하지 않는다면'이라는 조건을 나타내는 접속사 unless가 적절하다.

어휘 reinstate 복귀시키다, 회복시키다   outstanding 미결제의

2

해석 그 남자는 그의 유죄를 보여 주는 증거가 충분히 있었음에도 불구하고 무죄를 선고받았다.

해설 양보의 뜻을 가진 전치사와 접속사를 구분하는 문제이다. 뒤에 명사 the fact와 동격의 that절이 나오므로 despite가 적절하다.

어휘 acquit 무죄를 선고하다

3

해석 전체 서울 공공 도서관 시스템이 주말 내내 정지될 것이다.

해설 over the weekend는 '주말 동안'이라는 의미이다. 사이에 들어간 entire는 weekend를 꾸며 주는 형용사이므로 앞에 오는 전치사에 영향을 미치지 않는다.

4

해석 비록 당신이 수분크림을 바를지라도 당신의 피부가 겨울에는 건조하고 각질이 일어나는 것이 느껴질 것이다.

해설 문맥상 '비록 ~일지라도'를 의미하는 접속사 even if가 적절하다.

어휘 flaky 얇게 벗겨지는

5

해설 albeit는 접속사로서 '비록 ~일지라도'라는 의미이다. '졸업생의 연설이 비록 다른 사람들과 비교해서 형편없을지라도'라는 의미가 자연스러우므로 정답은 albeit이다. albeit it was poor in comparison with ~에서 〈주어+be동사〉인 it was가 생략되었다.

해석 그 졸업생 대표의 연설은 다른 연설가들에 비해 너무 서툴렀지만, 박수와 환호를 이끌어 냈다.

어휘 valedictorian 졸업생 대표   elicit 끌어내다

6

해설 하기스는 스코틀랜드 전역에서 인기 있고 전통적인 음식이다.

해설 의미상 '스코틀랜드 전역에'가 자연스러우므로 throughout이 알맞다. '~을 통해', '~ 내내'라는 의미의 전치사 through와의 차이점을 분명히 알아야 한다.

7

해설 연구자들은 이전에 위협적이지 않던 화산들이 몇 달 안 있어 불안해지다가 활화산이 될 수 있다고 추정한다.

해설 within a matter of months는 '몇 달 안 있어'라는 의미로 암기해 둔다.

어휘 non-threatening 위협적이지 않은   volatile 불안정한

8

해설 지연된 공사로 인해 우리는 일정보다 늦게 새 아파트로 이사를 왔다.

해설 공사가 지연됐다고 하므로 문맥상 behind가 알맞다. behind schedule은 '일정보다 늦게'라는 의미이다.

9

해설 서아프리카에서 환자들을 치료하는 동안 에볼라 바이러스에 걸린 미국인이 지난주에 치료를 위해서 미국으로 돌아왔다.

해설 접속사 while과 전치사 during은 '~하는 동안'이라는 같은 의미이다. while he was treating patients in West Africa에서 〈주어+be동사〉가 생략되어 접속사 while이 남고, 분사 treating이 쓰였다. 따라서 정답은 while이다.

어휘 contract (병에) 걸리다

10

해설 사우디아라비아에서는 여전히 여성의 사회 활동을 막을지라도, 여성들은 매우 엄격한 이슬람의 남성 지배적인 사회에서 좀 더 역할을 가지기 시작했다.

해설 '비록 ~일지라도'를 의미하는 접속사 though와 전치사 despite를 구분하는 문제이다. despite 뒤에는 명사(구)가 오고, though는 〈주어+동사〉로 된 절을 이끈다. 뒤에 〈주어+동사〉 형식의 Saudi Arabia still prohibits ~가 있으므로 접속사가 와야 한다.

어휘 prohibit 금지하다

Practice Test   p.128

1 (b)	2 (a)	3 (c)	4 (b)
5 (b)	6 (b)	7 (b)	8 (a)

9 (b) now that → in case that
10 (b) because → because of / due to

1

해석 A 조희야, 루비 레니라는 이름의 남자를 아니?
B 솔직히 그 이름을 들어 본 적 없어.

해설 특정 표현에 쓰이는 전치사를 고르는 문제이다. '~라는 이름으로'는 by the name of로 표현한다.

2

해석 A 무슨 일로 웃고 있어?
B 기말고사에서 전 과목 A를 받았어.

해설 시험에서 어떤 성적을 받았다고 하는 경우에는 on the test/on the exam을 관용적으로 사용하므로 정답은 (a)이다.

3

해석 A 앨리스가 아이큐 검사에서 160이 나왔다는 걸 믿을 수 없어.
B 맞아. 그녀는 나이에 비해서 정말 지능이 좋은 아이야.

해설 '나이에 비해서'라는 의미의 for one's age는 관용적 표현이므로 꼭 알아 두자.

4
해석 A 빨간 드레스에 이 하얀 벨트가 어울리나요?
B 드레스와 대조되어 너무 눈에 띄네요.

해설 벨트가 드레스와 색깔이 대조되어서 눈에 띈다는 내용이므로 '~와 대조하여'라는 의미의 (b)가 자연스럽다.

어휘 stand out against ~을 바탕으로 눈에 잘 띄다

5
해석 A 의료 보험 개혁 법안을 찬성하는 투표를 했나요?
B 네, 세금이 오르지 않는다면 저는 찬성이에요.

해설 문맥상 빈칸에는 조건을 나타내는 '~하는 한'이라는 뜻의 접속사가 필요하므로 as long as가 가장 적절하다.

어휘 reform 개정, 개혁

6
해석 그들이 유효한 신분증을 제시한다면 직원 식당은 무료 음식과 음료수를 제공할 수 있다.

해설 유효한 신분증을 제시하는 조건이면 무료 제공이 가능하므로, 조건을 나타내는 접속사인 (b)가 정답이다.

어휘 valid 유효한

7
해석 모든 요가 및 명상 수업은 별다른 지시가 없는 한 아침 8~10시에 열릴 예정입니다.

해설 별도의 표시가 없다면 예정대로 진행이 된다는 문맥으로 '별도의 ~가 없으면'을 뜻하는 unless ~ otherwise가 필요하다. 따라서 정답은 (b)이다.

어휘 meditation 명상

8
해석 탈세 혐의를 받고 있는 와중에 그 여배우는 여행과 새로운 차 구입에 돈을 물 쓰듯이 썼다.

해설 문맥상 '탈세의 혐의를 받고 있는 가운데'가 적절하기 때문에 빈칸은 어떤 상황이 일어나고 있는 '가운데, 와중에' 또 다른 일이 발생했다는 의미의 전치사 (a) amid가 와야 한다.

어휘 splurge on ~에 돈을 펑펑 쓰다   tax evasion 탈세

9
해석 A 허리케인 지젤을 준비하고 있어요?
B 네, 전기가 나갈 것을 대비해서 생수를 샀어요.
A 많은 슈퍼마켓의 선반대가 싹 비워졌다는 얘길 들었어요.
B 음, 너무 걱정하지 맙시다. 예보에서는 이번 주 금요일 늦게 다소 약해질 거라고 했어요.

해설 태풍으로 인해 전기가 나갈 것을 대비해서 물을 산 것이므로 조건절 in case that이 알맞다. now that은 이유를 의미하는 접속사이다.

정답 (b) now that → in case that

10
해석 (a) 지난 몇 년간 대학들은 학생들의 쓰기 능력의 급격한 저하를 인식해 왔다. (b) 이는 오늘날의 젊은이들이 비격식적이고 짧은 문자로 소통하는 데 익숙하기 때문이다. (c) 결과적으로 많은 대학에서 학생들이 에세이 쓰기 수업을 필수 교육 과정으로 등록해야 한다는 규정을 만들었다. (d) 이 새 정책은 학생들이 쓰기 능력을 향상시키는 데 도움이 될 것이다.

해설 (b)의 the fact that ~으로 이루어진 명사구 앞에 접속사 because가 쓰였다. 명사구 앞에는 전치사만 올 수 있으므로 because를 because of나 due to 등으로 바꿔야 한다.

어휘 drastic 급격한

정답 (b) because → because of / due to

ACTUAL TEST 1

p.132

Part I

01 (c)	02 (d)	03 (a)	04 (c)	05 (b)
06 (a)	07 (d)	08 (a)	09 (d)	10 (c)

Part II

11 (d)	12 (a)	13 (a)	14 (d)	15 (d)
16 (d)	17 (a)	18 (a)	19 (d)	20 (c)
21 (b)	22 (b)	23 (a)	24 (d)	25 (a)

Part III

26 (c)	27 (b)	28 (d)	29 (d)	30 (d)

1

해석 A 점심으로 스파게티 어떠세요?
B 좋아요. 사실, 저도 조금 전에 그 생각을 하고 있었거든요.

해설 문맥상 적절한 시제를 찾는 문제이다. A가 How about ~ for lunch?라는 표현을 사용해 점심 메뉴를 스파게티로 제안하자, B가 이에 대해 동의하는 맥락이다. 따라서 '저도 방금 전에 그 생각을 하고 있었어요'라는 과거 진행을 쓰면서 이에 동의하는 부분과 자연스럽게 이어진다. 참고로 think는 '(~라고) 여기다'라는 의미의 상태 동사로 진행형이 불가하며, think of는 '(~에 대해) 고민하다, (~할지 말지) 생각해 보다'라는 의미의 동작 동사로 진행형이 가능하다.

정답 (c)

2

해석 A 하와이로의 출장은 어땠나요?
B 성공적이었어요. 그리고 미팅이 끝나고 나서, 상사와 저는 섬을 투어했어요.

해설 빈칸의 성격을 살펴보면, 주절인 my boss and I toured the island 앞에 빈칸이 있고, 문맥상 '끝나고 나서'의 순차적 개념이므로 접속사 after가 생략된 분사구문이 빈칸에 들어가야 한다. 또한 목적어를 취하는 능동형이고, 주절보다 분사구문이 발생한 시점이 먼저(회의 끝나고 투어)인 점을 보았을 때, 완료형 능동 분사구문인 having finished가 적절한 형태가 된다.

정답 (d)

3

해석 A 내 카페를 열어볼까 생각 중이야.
B 글쎄, 그걸 결정하기 전에 시장이 얼마나 경쟁이 치열한지 고려해 보는 것이 나을 거야.

해설 주어진 빈칸은 타동사 consider의 목적어 자리이므로 간접의문문의 어순이 되어야 한다. 즉, 〈의문사+주어+동사〉의 어순이고, 얼마나 경쟁적인지가 의문의 대상이므로 how competitive가 붙어야 한다. 따라서 how competitive the market is의 어순이 된다.

정답 (a)

4

해석 A 그 영화는 매우 감동적이었어.
B 그래, 가진 게 거의 없으면서도 그걸 가난한 이들에게 주는 그 남자는 성인 같더라.

해설 '~가 …하는 것의 적지만 전부'의 개념을 나타내는 관계대명사 what little / few의 관용 표현에 대한 문제이다. 이는 〈what little / few+명사+주어+동사〉의 어순이므로 정답은 what little money가 된다.

어휘 touching 감동적인   saint 성인, 성인군자

정답 (c)

5

해석 A 그 회사는 보수 작업을 끝냈나요?
B 아니요, 폭우 때문에 약속한 시간까지 끝내는 것이 불가능해졌어요.

해설 주어진 문장이 '폭우가 / 끝내는 것을 / 불가능하게 / 만들었다'라는 5형식의 의미 구조를 갖고 있음을 파악해야 한다. 하지만 5형식에서 to부정사가 목적어인 경우, 〈make(동사)+it(가목적어)+impossible(형용사)+to부정사(진목적어)〉의 구조를 가져야 하고, 빈칸은 진목적어 자리에 있으므로 정답은 to부정사 형태가 되어야 한다. 또한 부정사 뒤에 목적어를 취하는 능동의 개념이므로 to be completed가 아닌 to complete의 형태가 되어야 한다.

정답 (b)

6

해석 A 당신이 필리핀에서 묵었던 호텔은 얼마였나요?
B 가격이 합리적이었어요. 1박에 50달러면 상당히 저렴하죠.

해설 주어진 빈칸은 동사 자리이고, 50달러는 저렴한 가격이라는 뜻이므로 be동사가 와야 한다. 또한 주어 동사의 수 일치를 따져보면, 주어가 fifty dollars로 복수처럼 보이기는 하지만, 금액, 무게, 시간, 길이 등의 양적인 개념은 복수형 s가 붙는다고 하더라도 의미는 하나로 취급되어 복수가 될 수 없고, 항상 단수 취급을 하므로 정답은 is가 된다.

정답 (a)

7

해석 A 언제 일이 다 끝날 것 같나요?
B 다음 주 당신이 회의에서 돌아올 때에는 다 끝나 있을 거예요.

해설 〈by the time+주어+동사(미래 대신 사용하는 현재 시제)〉절과 함께 나오는 주절에 빈칸이 있다. 이 주절은 주어진 시간(by the time 절: 기준 시점)까지는 어떤 행위가 이루어질 것을 나타낸다(by the time이라는 접속사가 이미 이러한 시간적 의미를 내포). 따라서 미래완료 시제(will have p.p.)를 써야 하며 주어가 the work를 받는 it으로 일을 하는 것이 아니고 '된다'는 수동의 개념이라서 정답은 will have been done의 미래완료 수동형이 된다.

정답 (d)

8

해석 A 그 소년은 엄청난 잠재력을 가지고 있는 것 같아요.
B 완전 공감해요. 그는 발전의 여지가 많이 있어요.

해설 lots of 뒤에는 관사가 올 수 없고, room은 '방'의 의미를 나타내는 경우는 셀 수 있는 명사이나, '여지, 공간'의 의미를 나타내는 경우에는 셀 수 없는 명사이므로 복수 형태를 쓰지 못한다. 따라서 정답은 무관사, 무복수 형태인 room이 된다.

어휘 potential 잠재력

정답 (a)

9

해석 A TV에 재미있는 프로그램 하는 거 있니?
B 응. 〈X-팩터〉 할 시간이야.

해설 복수 동사 Are가 쓰였으므로 가산 명사 program은 복수형이 되어야 한다. any는 복수 명사 앞에 쓰일 수 있고 부정문, 의문문에서 쓰이므로 (d)가 가장 적절하다.

어휘 air 방송하다

정답 (d)

10

해석 A 이 보고서 검토해 주실 수 있나요?
B 그럼요. 끝내자마자 제가 제출도 해 드릴게요.

해설 사역동사 〈have+목적어+목적격보어〉 형태를 묻고 있다. it은 this report를 가리키므로 it과 submit은 수동 관계에 있다. 따라서 목적격보어 자리에는 과거분사인 (c)가 들어가야 한다.

어휘 go through 검토하다

정답 (c)

11

해석 수정된 줄거리는 원 버전의 줄거리와는 상당히 달랐는데, 많은 등장인물들이 더해졌기 때문이다.

해설 동사의 적절한 형태를 묻는 문제이다. 주어의 형태를 보면 〈a number of+복수 명사〉인데, 이 표현에서 a number of는 묶여서 형용사 역할을 하고, 주어는 복수 명사가 되므로 동사도 복수형이 되어야 한다. 또한 등장인물들이 더하는 능동의 개념이 아니고, 더해지는 수동의 개념이므로, were added가 정답이 된다.

정답 (d)

12

해석 요크 도서관은 바넷 도서관보다 두 배 많은 책을 소장하고 있어서 나는 후자가 아니라 전자로 다닌다.

해설 '~보다 몇 배 …한'의 의미를 표현하는 적절한 것을 고르는 문제이다. 이 표현은 두 가지로 가능한데, 첫째는 〈배수사+as+원급+as〉이고, 둘째는 〈배수사+비교급+than〉이다. 빈칸 뒤에 as가 나와 있으므로 적절한 형태를 골라보면 twice as many books가 정답이 된다.

어휘 house 보관하다, 살 곳을 주다 former 전자 latter 후자

정답 (a)

13

해석 전쟁이 발발한 날짜는 매우 중요했으므로 선생님은 학생들이 그것을 기억해야 한다고 요구하였다.

해설 ask(요구하다)처럼 요구, 주장, 제안, 명령 등을 나타내는 동사의 목적어에 해당하는 that절에는 〈주어+should+동사원형〉의 형식으로 쓰며 이때 조동사 should는 생략 가능하므로, 동사원형만 남을 수 있다. 따라서 정답은 remember가 된다.

어휘 break out 전쟁 등이 발발하다

정답 (a)

14

해석 봉투에 동봉된 편지에서는 〈헬시 라이프〉 수취인들에게 현재의 건강보험 개혁안이 입법화되면, 그들의 수혜가 줄어들 것이라고 설득하려 한다.

해설 주어진 빈칸은 letter를 수식해 주는 수식어구의 자리이다. 그런데 해석을 해 보면, '동봉된'이란 수동의 개념으로 수식해야 하므로 과거분사인 enclosed가 정답이 된다. 참고로 to be enclosed의 수동 형태는 문법적으로만 판단하면 정답의 가능성이 있지만, to부정사는 '동봉되어야 할'이란 미래의 의미가 되므로 문맥상 적절하지 못하다.

어휘 recipient 수취인, 수령인 current 현재의 enact 법을 제정하다

정답 (d)

15

해석 그 소녀는 비행기를 타기 위해 서둘렀으나, 그녀가 공항에 도착했을 때 이미 이륙한 뒤였다.

해설 '비행기가 이륙하다'라는 의미인 take off는 자동사이므로 수동의 형태로는 불가능하고 능동의 형태가 정답이 된다. 또한 시제를 살펴보면, 그녀가 도착했을 때, '(과거 시점을 기준으로) 이미 이륙했다'는 의미이므로, 과거보다 이전을 나타내는 had taken off가 정답이 된다.

어휘 take off 비행기가 이륙하다, 옷 등을 벗다

정답 (d)

16

해석 당신은 가장 깊은 계곡에 가 볼 때만이 가장 높은 산에 오르는 것이 얼마나 장관인지를 알게 된다.

해설 문맥상 적절한 접속사를 찾는 문제이다. 해석을 해 보면 빈칸 뒤의 문장이 조건을 표현하는 것을 알 수 있는데, 따라서 '오직 ~할 때에만'이라는 의미를 나타내는 only if 접속사가 정답이 된다. 참고로 in case는 '~일 경우를 대비하여'라는 뜻이다.

정답 (d)

17

해석 앨리는 그렇게나 끔찍한 것들을 목격했으나, 다행히도, 그녀가 외상 후 스트레스 장애를 호소하는 경우는 없었다.

해설 두 번째 절 시작 부분에서 at no time이라는 부정어가 포함된 부사구가 나와 있으므로, 이후에는 〈동사+주어〉의 의문문 어순으로 도치되어야 한다. 또한 시제는 앞 문장에 이어서 과거로 하면 되므로 정답은 did she complain이 된다.

어휘 witness 목격하다 post-traumatic stress 외상 후 스트레스

정답 (a)

18

해석 어렸을 때 나는 아버지가 톰 삼촌과 이야기하는 것을 그저 지켜보고는 했는데, 왜냐하면 아버지가 톰에게 말하고 있는 것은 내가 이해할 수 없는 것이었기 때문이다.

해설 문맥상 적절한 조동사를 고르는 문제이다. 전체적인 문장의 해석상 '(과거에) ~하고는 했다'라는 의미를 나타내는 조동사가 들어가야 하므로 would가 정답이 된다.

정답 (a)

19

해석 그들은 매우 빠르게 저녁을 준비해야 해서 집에 도착하자마자, 그들은 식사 준비를 하기 위해 부엌으로 달려갔다.

해설 문맥상 적절한 접속사를 고르는 문제이다. 해석해 보면 '그들이 도착해서 바로 달려갔다'라는 의미가 되므로 '~하자마자'인 as soon as가 정답이 된다. 참고로 as long as는 '~하는 한, ~한다면'이라는 뜻이다.

어휘 fix 음식을 준비하다 dash 서둘러 가다

정답 (d)

20

해석 데이비드 보위 콘서트장에서의 환호를 통해 그가 얼마나 인기 있는 가수인지 확실히 알 수 있었다.

해설 빈칸에는 '그가 얼마나 인기 있는 가수인지'라는 감탄문이 들어가야 한다. how 감탄문의 어순은 〈how+형용사+a(n)+명사+주어+동사〉이다. 반면 what 감탄문은 〈what+a(n)+형용사+명사+주어+동사〉이다.

정답 (c)

21
해석 초록색으로 칠해져서, 그 집의 지붕은 이전보다 더 전원적으로 보인다.

해설 완전한 문장 앞에 부가적으로 붙을 수 있는 어구를 묻고 있으므로 정답은 분사 혹은 to부정사가 된다. 그런데 해석해 보면 '~해서'라는 이유를 나타내고 있으므로 분사구문을 쓴다. 또한 주절의 주어와 분사의 관계를 따져 보면, 지붕이 스스로를 칠하는 능동의 개념이 아니고, 지붕이 칠해지는 수동의 개념이므로 과거분사(Painted)가 정답이 된다. 참고로 Having painted는 주절보다 먼저 발생했음을 나타내고, 능동의 개념임에 유의하자.

어휘 idyllic 전원적인, 목가적인

정답 (b)

22
해석 이 웹사이트는 출발 시간표, 버스 정류장의 위치와 막판 할인 혜택을 포함한 풍부한 정보를 담고 있다.

해설 a wealth of는 '풍부한, 많은'의 의미로, 가산 명사와 불가산 명사 앞에 모두 사용한다. information은 대표적인 셀 수 없는 불가산 명사로, 이외에 불가산 명사로 equipment, furniture, advice, luggage, baggage, scenery 등이 있다.

어휘 last minute 최후의 순간, 마지막

정답 (b)

23
해석 재미 삼아 요리하는 것과 식당을 여는 것은 별개의 일이다.

해설 부정 대명사의 쓰임을 묻는 문제이다. 'A와 B는 별개이다'라는 뜻으로 A is one thing, B is another 구문을 쓴다. A와 B는 같은 구조로서 문제에서는 to부정사가 주어로 왔다.

정답 (a)

24
해석 미국의 몇몇 고위 지도자들은 더 강력한 군 관계를 구축하기 위해서 중국에 모였다.

해설 주어인 '몇몇 미국의 고위 지도자들'이 군 관계를 구축하기 위해서 모여드는 것이므로 수동이 아닌 능동 형태가 와야 한다.

어휘 converge 모여들다, 만나다   forge 구축하다, 위조하다

정답 (d)

25
해석 아무 연체 기록이 없다면, 당신은 학생 등록금 대출을 무이자로 4년 동안 받을 수 있다.

해설 전치사 barring은 '~가 아니라면'이라는 뜻으로 ⟨unless + 주어 + 동사⟩와 같은 의미이다. 빈칸 뒤에 명사구 any overdue record가 왔으므로 명사 또는 명사구와 함께 쓰이는 (a) Barring이 적절하다. Granted는 '~을 인정하더라도, ~이므로'라는 의미의 접속사이다.

어휘 student loan 학생 대출

정답 (a)

26
해석 A 릭에게 무슨 일이 있었는지 소식 들었니?
B 아니, 오늘은 들은 바가 없는데. 무슨 일이 있었는데?
A 그가 탑승하고 있던 배가 부딪쳐서 바다에서 가라앉았대. 그가 구조될 당시에 거의 익사할 뻔했대.
B 세상에, 어떤 누구도 다치지 않았길.

해설 ⟨be close to + 동명사⟩는 '거의 ~할 뻔하다'라는 의미이다. 따라서 주어진 문장에서처럼 동사원형(drown: 익사하다)이 아니고, 동명사 형태인 drowning을 써야 한다.

어휘 on board 탑승 중인   sink 가라앉다   rescue 구조하다

정답 (c) drown → drowning

27
해석 A 매우 지쳐 보이네요. 오늘 힘들었어요?
B 집으로 오는 길에 버스에 탔을 때, 하루 종일 직장에서 서 있었기 때문에 자리에 좀 앉고 싶었거든요.
A 그래서, 결국 앉을 수 있었나요?
B 아니요, 그래서 더 지쳤네요.

해설 문맥상 적절한 시제를 고르는 문제이다. since 이하의 문장은 내가 버스를 탑승한 '과거 시점 이전에' 하루 종일 서 있었다는 의미이므로, '(과거 ... 이전에 계속) ~했다'는 시제인 had been -ing가 와야 한다. 참고로 have been -ing는 '(지금까지 계속) ~해 왔다'의 맥락에서 쓴다.

어휘 worn out 매우 지친

정답 (b) have been standing → had been standing

28
해석 (a) 알제리의 작가인 타오스 암루슈는 유어마인드 서점에서 이번 8월에 사인회를 가질 것이다. (b) 이 행사는 그녀의 최근 회고록을 홍보하는 전국적 행사의 일환이 될 것이다. (c) 이 책은 알제리의 정치 혁명이라는 격변기 동안 암루슈가 성인이 되어 가는 이야기를 서술한다. (d) 소설가 이외에도, 암루슈는 문학에 대한 세미나와 워크숍을 하는 것으로도 널리 알려져 있다.

해설 정확한 형용사와 부사의 쓰임을 묻는 문제이다. 마지막 문장에서 wide는 known이라는 과거분사를 수식하는 역할을 하고 있다. 이는 명사를 수식하는 것이 아니므로 형용사 wide가 아니라, 부사인 widely가 쓰여야 한다.

어휘 nationwide 전국적인 memoir 회고록 turbulent 격변의 literature 문학

정답 (d) wide → widely

29

해설 (a) 미네소타 의과대학이 의학박사인 오스틴 윌슨의 지도 하에 1950년 개교한 이래로, 우리 교수진과 교직원들은 사람들을 교육하고 폭넓은 지식을 제공하고자 하는 우리의 임무를 수행하는 데 있어서 훌륭히 해 왔습니다. (b) 어떠한 학장도 이러한 임무를 혼자 수행하지는 않았습니다. (c) 현재 학장인 의학박사 빌 마틴은 2018년 7월 1일에 임명되었습니다. (d) 그는 학교 운영 위원회의 일원인 헌신적인 교원들과 학교를 이끌어 나가는 책임을 공유하였습니다.

해설 (d) 문장의 sit 이하는 명사 faculty를 수식하는 수식어구로서의 역할을 하고 있다. 따라서 동사가 아니라 분사의 형태로 사용되어야 하는데, 이 경우 명사와 분사의 의미 관계가 능동이면 -ing 형태를, 수동이면 p.p. 형태를 사용해야 한다. sit는 자동사이므로 능동으로만 쓸 수 있고 이 경우 sit가 아닌, 능동의 분사인 sitting의 형태여야 한다.

어휘 faculty 교수진 excel 뛰어나다 fulfillment 실현, 수행 spectrum 범위, 영역 comprehensive 포괄적인 dean 학과장 sit (위원회의) 일원이다

정답 (d) sit → sitting

30

해설 (a) 새로운 아이디어를 거절하는 것은 정상적이라고 여겨진다. (b) 하지만 이렇게 함으로써 당신은 상대방의 자존심을 상하게 하고 그래서 그들은 방어적으로 대응하게 된다. (c) 이것을 예방하기 위해서 상대방의 새로운 아이디어에 대해 부정적으로 말하기 전에 좋은 점을 먼저 말하도록 하라. (d) 당신의 지지하는 말이 비판하는 말보다 더 크다면, 상대방은 당신의 말을 더 잘 받아들일 것이다.

해설 대명사 those는 앞에 언급한 사람이나 사물을 대신해 쓸 수 있지만, 형용사나 관사와 함께 쓰이지 않는다. 반면에 one과 ones는 앞에 언급한 셀 수 있는 명사를 대신하여 〈관사+형용사+one(s)〉의 형태로 쓸 수 있다. 따라서 (d)의 those를 ones로 바꿔야 한다.

어휘 step on 해치다 ego 자존심 defensively 방어적으로 remark 말 critical 비판하는 receptive 수용적인

정답 (d) those → ones

ACTUAL TEST 2
p.138

Part I
01 (a) 02 (c) 03 (a) 04 (a) 05 (a)
06 (b) 07 (c) 08 (c) 09 (c) 10 (b)

Part II
11 (b) 12 (b) 13 (c) 14 (a) 15 (a)
16 (b) 17 (c) 18 (b) 19 (c) 20 (d)
21 (c) 22 (c) 23 (c) 24 (b) 25 (c)

Part III
26 (a) 27 (d) 28 (d) 29 (b) 30 (d)

1

해설 A 이 보고서는 재차 확인이 필요할 것 같아요.
B 알아요. 그 속의 통계 자료들이 상당히 부정확해요.

해설 statistics이 '통계학'이라는 학문명의 의미일 때에는 단수 취급하며, '통계 자료, 통계표'의 의미로 쓰일 때에는 복수 취급을 한다. 대화에서는 보고서에 나오는 통계 자료를 뜻하며, 일반적인 사실에 대해 말하고 있으므로 단순현재 시제인 (a)가 정답이다.

정답 (a)

2

해설 A 이 두 세미나 중에서 결정을 못하겠어요.
B 어느 쪽을 선택해도 분명 최고의 경험을 하게 될 거예요.

해설 빈칸은 부사절을 이끄는 복합관계대명사가 필요한 자리로 '~라고 할지라도'의 양보의 의미를 나타낸다. 문맥상 두 개의 세미나 중에서 하나를 선택하는 것이므로 제한된 범위에서 선택을 나타내는 whichever가 적절하다.

정답 (c)

3

해석 A 우유 잊지 않고 사 왔니?
B 미안해. 금방 사다 줄게.

해설 B의 말로 보아 A는 우유를 사야 할 것을 기억했는지 묻는 것이므로 〈remember+to부정사〉 형태가 알맞다. 그러므로 정답은 to get이다. 과거에 사 왔다는 사실을 기억하는 것은 〈remember+동명사〉를 쓴다. 주절의 시제와 불일치하는 경우가 아니므로 to have p.p.는 적절하지 않다.

정답 (a)

4

해석 A 그 다국적 기업에서 일하기 위한 자격 조건이 무엇인가요?
B 그 기업은 SNS에 익숙한 기술적으로 능숙한 전문가들을 찾고 있습니다.

해설 3형식으로 〈주어+find+목적어(tech-savvy experts)〉로 이루어져 있다. 목적어 뒤의 familiar with SNS는 목적어를 수식하는 것으로 who are(주격 관계대명사+be동사)가 생략된 것이다.

어휘 requirement 필요조건   multinational corporation 다국적 기업   tech-savvy 기술적으로 정통한

정답 (a)

5

해석 A 어디에 있었어요? 회의에 못 들어갈 뻔했잖아요.
B 죄송합니다. 조던이 저에게 상기시켜 주기 전까지 잊고 있었어요.

해설 동사 forget의 적절한 시제를 묻는 문제이다. 회의에 대해 잊고 있었던 시점은 조던이 나에게 상기시킨 시점보다 더 과거 상황이므로 특정한 과거 시점 이전에 발생한 일을 표현하는 과거완료 시제인 (a)가 정답이다.

어휘 remind 상기시키다

정답 (a)

6

해석 A 너나 네 룸메이트는 학교 행사에 적극적으로 참여하니?
B 아니. 우리 둘 다 그런 일을 하면서 시간 보내는 것을 좋아하지 않아.

해설 주어-동사 수 일치 문제이다. neither of는 뒤에 복수 명사가 오고 동사는 3인칭 단수가 온다. like는 대표적인 상태 동사로 진행형으로 쓰이지 않는다. 따라서 정답은 (b)이다.

정답 (b)

7

해석 A 화성에 대한 리포트를 썼어. 읽어 봐 주겠니?
B 물론이지. 나는 지난주에 리포트를 제출해서 읽을 시간이 충분해.

해설 관사 및 명사에 관한 문제이다. 명사 paper가 '종이'를 의미할 때는 셀 수 없는 명사지만 '과제물, 신문'을 나타낼 때는 셀 수 있는 명사로 쓰인다. 문제에서는 '하나의 과제물'을 의미하므로 (c)가 정답이다.

어휘 turn in 제출하다

정답 (c)

8

해석 A 메리, 저널리스트로 얼마나 오랫동안 일해 왔나요?
B 다음 달이면 10년이 돼요.

해설 미래의 특정 시점 무렵의 일을 나타내는 By next month로 보아 미래완료 시제 will have p.p. 형태인 (c)가 정답이다. 미래완료 시제는 주로 by the time 또는 〈by+미래 시간〉과 함께 사용된다.

정답 (c)

9

해석 A 오늘 셰익스피어 연극은 좋았어.
B 남동생도 오늘 왔으면 좋았을 텐데.

해설 I wish는 현재나 과거에 이루어지지 못한 일에 대해서 '~하면 좋을 텐데'라는 뒤늦은 소망을 나타내는 표현으로 현재에 이루어지지 못한 일이라면 가정법 과거를, 과거에 이루어지지 못한 일이라면 가정법 과거완료를 쓴다. 문장의 의미는 현재이므로 가정법 과거, 즉 과거 동사를 써야 한다. 단, 3인칭 단수 주어에 맞게 was를 쓰는 것이 아니라 가정법에서 be동사는 were를 쓰므로 정답은 (c)이다.

정답 (c)

10

해석 A 어젯밤 카를로의 연주는 어땠어요?
B 좋았어요. 지금까지 중에서 최고였어요.

해설 최상급 the best를 강조하는 표현을 묻는 문제이다. (a)와 (c)는 비교급을 강조하는 부사이고 (d)는 원급을 강조하는데, (d)가 최상급을 강조하려면 the very best의 형태라야 한다. 최상급을 강조하는 (b) by far가 정답이다.

정답 (b)

11
해석 불편한 점이 있으시면, 호텔 안내 데스크에 통지해 주시기 바랍니다.

해설 should가 앞으로 나오는 가정법 미래의 도치 구문을 묻는 문제이다. 즉, 〈if+주어+should+동사원형〉에서 if가 생략되면 주어와 should의 자리가 도치되어 〈should+주어〉의 어순이 되므로 (b)가 정답이다. 이런 경우 주절은 대부분 동사의 원형으로 시작하는 명령문이다.

어휘 concierge desk 안내 데스크

정답 (b)

12
해석 우리는 예측하지 못한 폭풍이 다가오고 있어서 산을 가야 할지 망설이고 있다.

해설 〈with+목적어+분사(형용사)〉 구조를 묻는 문제이다. (a)와 (d)는 의미상 어색하며, (c)는 하나의 절로서 앞에 적절한 접속사가 필요하다. 예기치 않은 폭풍이 다가오는 것이므로 능동태를 사용하는 것이 문맥상 가장 적절하다.

어휘 hesitate 망설이다   unpredictable 예측할 수 없는

정답 (b)

13
해석 세인트루이스 인구의 3분의 2가 흑인이지만 그럼에도 불구하고 시장은 백인이다.

해설 뒤에 절이 나오므로 접속사가 와야 한다. 문맥상 '그럼에도 불구하고'를 뜻하는 and yet이 가장 적절하다. (a) in spite of는 전치사구이므로 뒤에 명사(구)가 오는 것이 적절하다.

정답 (c)

14
해석 조나단은 신입 회원으로 그룹에 합류를 했고, 모든 구성원들이 한동안 완벽한 공연을 위해 고군분투했었다는 것을 알게 되었다.

해설 for some time을 통해서 과거에 조나단이 새 멤버로 합류하기 전부터 이미 그들은 공연을 위해 노력하고 있었음을 알 수 있으므로 빈칸에는 과거완료진행 시제인 (a)가 적절하다.

정답 (a)

15
해석 많은 교환 학생들은 한국어로 그들의 과제를 제출하고 싶지 않다고 말했다.

해설 〈would rather+동사원형〉은 '~하고 싶다'라는 의미로 부정어가 첨가되는 경우, 〈would rather not+동사원형〉을 쓴다. 여러 가지 다른 경우보다 한 가지를 더 좋아할 때 사용하는 표현이기도 하다.

어휘 exchange student 교환 학생

정답 (a)

16
해석 학부모·교사 회의에서 교장 선생님은 성별이나 인종 때문에 차별받는 학생들이 전혀 없다고 주장했다.

해설 빈칸 뒤에 차별을 받는 이유를 나타내는 명사가 나오므로 문맥상 '~ 때문에'를 의미하는 on account of가 적절하다. on behalf of(~를 대신해서), on the heels of(~ 후 즉시), on the brink of(~의 직전에)도 함께 알아 두자.

어휘 maintain 주장하다   discriminate 차별하다
gender 성별   race 인종

정답 (b)

17
해석 과거의 관계에서 당했던 많은 배신으로 정신적인 충격을 받은 탓에 그녀는 정상적인 학교생활로 돌아가는 것이 매우 힘들다고 느꼈다.

해설 깨닫기 이전에 이미 그녀는 정신적인 충격을 받았기 때문에 한 단계 이전 시제를 나타내는 대과거 have p.p.의 분사구문이어야 한다. 타동사 traumatize 뒤의 전치사 by로 보아 수동태인 (c)가 적절하다.

어휘 traumatize ~에게 정신적인 충격을 주다   betrayal 배신

정답 (c)

18
해석 그 주주는 회의에서 회사 간부들에게 고함을 칠 정도로 무척 화가 나 있었다.

해설 The stockholder was so furious가 제대로 도치된 문장을 찾는 문제이다. 보어 역할을 하는 so furious가 문두에 나오면서, 주어와 동사가 도치된 (b)가 정답이다.

어휘 furious 화가 난   stockholder 주주   roar 고함을 치다   executive 간부

정답 (b)

19
해석 날이 너무 좋아서 김 씨 부부는 일을 건너뛰고 즐기기로 했다.

해설 전체적인 구조를 보면 so ~ that 구문, 즉 '너무 …해서 그 결과 ~하다'의 구조를 갖는다. 주어진 빈칸은 so를 포함한 부분을 묻고 있는데, so 부사의 경우, 이후의 관사, 명사가 일반적인 어순인 〈관사+부사+형용사+명사〉를 따르지 않고, 〈so+형용사+a(n)+명사〉로 쓰게 되므로, 정답은 so beautiful a day가 된다. 참고로 so와 같은 어순을 쓰는 부사로는 as, too가 있다.

정답 (c)

20
해석 7월 5일에 데스밸리는 섭씨 54도까지 올라갈 것으로 예상되는데, 이것은 지금까지의 최고 기록보다 겨우 1도 낮은 것이다.

해설 빈칸은 '지금까지의 기록 중에서 가장 높은 기록'이란 의미로 최상급을 강조할 수 있는 표현(지금까지 중에서 단연)을 묻고 있으므로 ever가 가장 적절하다.

정답 (d)

21
해석 그 시스템들을 판매하는 데 있어서 장애물들 중 한 가지는 특히 그런 시스템들의 보안에 대한 사용자 신뢰의 부재이다.

해설 빈칸은 동사 자리인데, 빈칸 뒤의 명사와의 의미를 따져보면 뒤의 명사가 목적어가 아니라 '~이다'라는 보어의 개념이므로 be동사가 들어가야 한다. 또한 〈one of+복수명사〉에서 주어는 one(단수 주어)이므로 단수 동사인 is가 정답이 된다.

어휘 obstacle 장애

정답 (c)

22
해석 반드시 어떤 변경이 있는지 꾸준하게 모든 새로운 정보를 확인하세요.

해설 문맥상 '반드시 ~하라'는 의미를 갖는 〈be sure to+동사원형〉의 형태를 물어보는 문제이다. be sure까지 주어졌으므로 정답은 to check가 된다.

어휘 constantly 끊임없이

정답 (c)

23
해석 변호사는 그의 사형 선고가 감형되기 위해서는 그 범죄를 저질렀음을 인정해야 한다고 피고를 설득하였다.

해설 '~를 인정하다'는 맥락에서 〈admit to+동명사〉를 묻는 문제이다. 또한 동명사의 수동/능동을 따질 때, 빈칸 뒤 동명사의 목적어를 보는 순간, 능동형 동명사가 필요함을 알 수 있다. 따라서 정답은 committing이 된다.

어휘 the accused 피고   commute 감형하다

정답 (c)

24
해석 그 센터는 바르셀로나의 오래된 시골집에 기반을 두고 있는데 일부는 200년도 넘었고 몇몇 귀신들의 집이 되었다고 한다.

해설 빈칸 뒤에 명사구가 왔기 때문에 선택지 끝의 전치사만 보면 모두 그럴듯하게 보이지만, 빈칸 앞의 and로 보아 주어는 parts of which임을 알 수 있다. 따라서 수 일치에 어긋나는 (a)와 (d)는 우선 소거한다. (c)는 분사구문의 모습처럼 보이지만 it이 가리키는 것이 무엇인지 알 수 없다. 따라서 〈주어+be동사〉가 생략되고 바로 〈said+to부정사〉가 이어지는 (b)가 가장 적절하다.

정답 (b)

25
해석 이사회는 천 명의 직원들을 안전한 작업 환경으로 이동시켜야 한다고 결론지었다.

해설 수 표현을 묻는 문제이다. '수천 명'은 thousands of, '천 명'은 a thousand로 쓴다. thousands of는 뒤에 복수 명사가 오므로 (b)는 답이 될 수 없고, '천 명'이라고 한다면 a thousand를 쓰고 뒤에 전치사 없이 바로 명사의 복수형을 쓰면 되므로 (c)가 정답이다.

어휘 board of directors 이사회   conclude 결론을 내다   relocate 이전시키다

정답 (C)

26

해석 A 부모님을 마지막으로 뵌 지 얼마나 되었죠?
　　　B 생각해 보니, 부모님을 6개월 넘게 못 뵈었군요.
　　　A 그래요? 부모님이 많이 그립겠군요.
　　　B 네, 하지만 일주일 정도 후에는 집으로 돌아갈 거예요.

해설 '~한 이후로 이제까지 ~했다'라고 할 때 주절은 현재완료 시제이며 since가 이끄는 종속절은 단순 과거 시제가 된다. 따라서 since you had last seen을 단순 과거 시제인 since you last saw로 바꿔야 한다. since 절은 과거의 한 시점의 일을 나타내므로 완료 시제로 쓰지 않도록 주의한다.

어휘 come to think of it 생각해 보니　head ~로 향하다

정답 (a) since you had last seen
　　　→ since you last saw

27

해석 A 여기 봐. 또 다른 궁궐이 있어. 저기도 들르자.
　　　B 또 궁궐이야? 우리가 또 가야 해?
　　　A 흠… 가이드북을 보니까 이 궁궐은 200년이 되었대!
　　　B 테마파크 같이 좀 더 현대적인 곳에 가면 안 될까?

해설 동사 visit는 타동사이므로, 뒤에 전치사 없이 방문하는 대상이나 장소를 나타내는 명사가 바로 온다. 참고로, visit 뒤에 전치사 to가 온다면 visit이 동사가 아니라 명사일 경우이다. 따라서 (d)의 visit to에서 to가 삭제되어야 한다.

어휘 palace 궁궐　modern 현대의　theme 테마, 주제

정답 (d) visit to → visit

28

해석 (a) 암 진단을 받는 것은 매우 심각한 일이다. (b) 당신은 아마 다른 의사의 진단을 받기를 원할지도 모른다. (c) 그러나 두 진단이 비슷하다면 더 이상 다른 전문가들에게 진찰을 받으러 갈 필요는 없다. 그들 또한 똑같은 것을 당신에게 말해 줄 것이기 때문이다. (d) 최대한 빨리 치료를 시작하는 것이 좋다.

해설 권고를 나타내는 형용사 advisable 뒤 that절에는 〈should+동사원형〉이 나온다. should는 생략할 수 있으므로 동사원형으로 고쳐야 한다. advisable 이외에도 이성적 판단을 나타내는 형용사 natural, important, crucial, desirable, necessary, essential을 알아두자.

어휘 diagnose 진단하다　specialist 전문가　advisable 바람직한

정답 (d) would start → (should) start

29

해석 (a) 몇몇 IT 회사들은 장기간의 기금 모금 행사들을 조직하여 적극적으로 지원하고 있다. (b) 컴퓨터와 네트워크 시설 획득을 돕기 위한 그 기금들은 IT 기업들의 후원 아래 많은 비영리 기관들에 할당될 것이다. (c) 또한, 그 기금들은 시골 지역에 있는 초등학교에 컴퓨터 시설들을 세우는 데에도 배분될 것이다. (d) 기금들은 많은 학교 구역들과 비영리 기관들에 1년 동안 할당될 것이다.

해설 intending to ~ acquisition은 문장의 주어 The fund를 수식하는 삽입구로서, 컴퓨터와 네트워크 시설 획득을 돕기 위해 '의도된' 기금들이므로 과거분사 intended를 써야 한다.

어휘 acquisition 습득　distribute 나누어 주다
　　　nonprofit organization 비영리 기관　auspices 원조　apportion 배분하다　allocate 할당하다

정답 (b) intending → intended

30

해석 (a) 영국의 가장 규모가 큰 다섯 소수 민족들은 매우 빨리 증가하고 있어서, 2040년까지 전체 영국 인구의 5분의 1 이상을 차지할 수 있다. (b) 다섯 소수 민족들은 인도와 파키스탄, 방글라데시, 아프리카계 흑인, 캐리비안 흑인이다. (c) 현재 영국의 인구의 14퍼센트가 소수 민족 출신이라고 한다. (d) 또한, 백인이 아닌 영국인들의 대다수가 자신들을 '진정한 영국인'이라고 말한다.

해설 describe oneself as …는 '자칭 ~라고 하다'를 뜻한다. 주어가 a majority of non-white Britons이므로 동사는 수동태가 아닌 능동태가 되어야 한다.

어휘 ethnic minority 소수 민족　constitute ~을 구성하다　describe 말하다

정답 (d) are described → described

ACTUAL TEST 3

p.144

Part I
01 (b)　02 (a)　03 (d)　04 (b)　05 (b)
06 (d)　07 (c)　08 (b)　09 (b)　10 (b)

Part II
11 (a)　12 (d)　13 (c)　14 (d)　15 (c)
16 (a)　17 (d)　18 (d)　19 (a)　20 (b)
21 (c)　22 (a)　23 (b)　24 (c)　25 (b)

Part III
26 (d)　27 (d)　28 (d)　29 (c)　30 (b)

1
해석 A 학생들이 어제 시험을 통과했나요?
B 절반의 학생들이 독해 영역에서 향상되지 못했더군요.

해설 '~하지 못하다, ~하는 데 실패하다'는 뜻의 〈fail+to부정사〉를 묻는 문제로 정답은 (b)이다.

어휘 section 영역, 분야

정답 (b)

2
해석 A 학생들이 그 프로그램들을 많이 쓰나요?
B 아니요. 실제로는 거기서 몇 개만 써요.

해설 문장 구조로 보아 선택지의 which와 that은 모두 관계대명사이다. 관계대명사 that은 전치사와 함께 쓸 수 없으므로 (c), (d)는 일단 제외한다. 그 다음은 문맥으로 판단한다. 문맥상 프로그램들 중 몇 개만을 나타내므로 전치사 of와 함께 쓴 (a)가 정답이다.

정답 (a)

3
해석 A 네 여동생은 오늘 밤 파티에 초대되지 않았어?
B 파티에 초대받았지만 그럼에도 불구하고 가지 않기로 했어.

해설 빈칸 뒤에 절이 나온다는 것에 유의한다. 선택지에 주어가 없으므로 알맞은 분사구문을 고르는 문제인 것을 바로 파악해야 한다. 주절과 동일한 주어 she가 생략되고, 초대받은 것은 더 이전 시점이므로 완료형 분사를 쓰면 된다. 단, she는 초대를 한 것이 아니라 초대를 받은 것이므로 수동의 (d)가 정답이 된다.

어휘 nonetheless 그렇기는 하지만

정답 (d)

4
해석 A 네가 우리를 보러 올 때야!
B 맞아. 오랫동안 고향에 가지 못했어.

해설 관용 표현 〈It is (about / high) time+(that)+주어+동사〉에 관한 문제이다. 이때 동사는 과거형을 쓴다. 따라서 you만 보고 말하는 시제가 현재라서 come을 고르거나 행동이 실제 이루어지는 시점이 미래라서 will come을 고르지 않도록 주의한다. 정답은 과거 시제인 (b)이다.

정답 (b)

5
해석 A 엑스포에 갈 계획인가요?
B 네, 그것은 아주 유익한 행사가 될 거라고 생각해요.

해설 명사 앞에 붙는 한정사에 관한 문제이다. event는 보통명사로 한정사가 필요하다. event는 단수형이므로 부정관사 an이 쓰인 (b)가 정답이다. B가 의도한 뜻은 엑스포는 유익한 행사들 중 하나라는 것이므로 정관사를 쓰는 것은 적절하지 않다.

정답 (b)

6
해석 A 이 동네의 집들이 모두 도둑이 들었나요?
B 그렇지 않아요. 어떤 집에만 도둑이 들었던 것 같아요.

해설 도둑이 든 것 같다고 생각한 것은 지금의 일이기 때문에 seem은 현재 시제이다. 하지만 도둑이 침입한 것은 현재의 일이 아니라 과거의 일이므로 주절의 seem보다 한 시제 더 앞서서 벌어진 일임을 보여 주는 완료형 부정사인 (d)가 정답이다.

어휘 burglarize 강도질하다, 집을 털다　break into 침입하다

정답 (d)

7

해석 A 너는 매우 겁에 질린 것 같아 보여.
B 한 남자가 손에 칼을 든 채로 복도를 따라 걷고 있었어.

해설 주어진 빈칸은 '~가 …하는 채로'라는 의미를 나타내는 구문인 〈with+명사(~)+분사(…)〉의 형태 중 분사 부분을 물어보고 있다. 명사와 분사 사이의 관계가 능동이면 -ing, 수동의 의미 관계이면 p.p.를 사용해야 한다. 손이 칼을 '쥐고 있는' 능동적 개념이므로 정답은 holding이 된다.

정답 (c)

8

해석 A 왜 전화 안 받았니?
B: 미안, 내가 공부하는 동안 전화를 꺼 놓고 있어서 몰랐어.

해설 주어진 문장의 시간적인 맥락을 살펴보면 '(과거에) 전화를 꺼 놓고 있었다+(그동안) 공부를 하고 있었다'인데 이는 과거 시제이고, 빈칸의 경우 while절에 '공부하고 있는 동안'이라는 의미가 들어가야 하므로 정답은 was studying이다.

정답 (b)

9

해석 A 가볍게라도 식사를 할 시간이 없어요.
B 그런 경우라면 그냥 음료수를 마시죠.

해설 meal은 셀 수 있는 명사이므로 관사와 함께 쓰거나 복수의 형태로 써야 한다. light 같은 형용사와 함께 쓰일 경우에는 셀 수 없는 명사인 breakfast, lunch, dinner 등도 부정관사와 함께 사용한다. 따라서 정답은 a light meal이다.

어휘 beverage 음료

정답 (b)

10

해석 A 첫 등산 어땠어?
B 너무 힘들었어. 내가 생각했던 것보다 약간 길기도 했고.

해설 어순과 시제를 동시에 묻는 문제이다. 산에 오른 것은 과거이며, 등산 소요 시간에 대해 자신이 생각했던 때는 과거보다 더 과거의 일이므로 과거완료인 (b)가 적절하다.

정답 (b)

11

해석 도시 지역은 문화적, 기술적인 중심지인데 오래된 지방 도시들부터 쭉쭉 뻗어나가는 대도시까지 다양하다.

해설 빈칸 앞에는 완전한 절이 있으므로 빈칸 이후는 전체 문장의 부가적인 설명이 된다. 따라서 빈칸에는 분사가 오는 것이 적절하다. range from A to B는 '범위가 A부터 B까지 걸치다'라는 의미로 여기서 range는 자동사로 쓰인다. 따라서 정답은 현재분사인 (a)이다.

어휘 epicenter 활동의 중심점 range from A to B A에서 B까지 다양하다 municipality 지방 자치 단체 sprawling 제멋대로 뻗어나가는 megacity 인구 1,000만 이상의 도시

정답 (a)

12

해석 정부는 인도 경제에 미칠 세계 금융 위기의 영향에 관해 걱정해 왔다.

해설 동사 concern은 '~을 걱정스럽게 만들다'라는 뜻이므로 정부가 '걱정한다'는 의미가 되려면 수동태 be concerned여야 한다. (a), (b), (c) 모두 능동태이므로 오답이다. (d)에서는 become이 be동사의 의미로 쓰였으며 have 뒤 과거분사로 들어갔다.

어휘 impact 영향 financial crisis 금융 위기

정답 (d)

13

해석 오늘 주민 센터에서 배우고 있는 것의 대부분은 고전의 전통에 기초를 두고 있다.

해설 ~ at the community center today까지가 주어부이므로 선택지에서는 주어가 될 핵심 명사구를 찾아야 한다. '~한 것의 대다수'를 뜻하는 the majority of와 of 뒤를 완성시킬 what 명사절이 이어지는 (c)가 정답이다. what절의 동사는 현재진행 수동태인 is being taught가 쓰였다.

어휘 majority 다수 community center 주민 센터 be based on ~에 기초를 두다 classical 고전적인

정답 (c)

14

해석 이것은 과학 교육에 보다 많은 참여에 대한 요구가 있는 가운데 교육부에 반가운 소식이 되었다.

해설 내용상 가장 매끄러운 전치사를 고르는 문제이다. amid는 '~ 가운데, ~ 중에'라는 의미로 다른 전치사들만큼 문장에서 자주 만날 수 있지는 않기 때문에 별도로 외워 두는 게 좋다. 전치사 문제는 빈칸 다음에 명사나 동명사가 오기 때문에 빈칸 뒤 단어의 품사나 문장 형식으로 답을 찾기는 어렵고 일일이 대입해서 의미상으로 찾는 것이 안전하다.

어휘 welcome 반가운   Ministry of Education 교육부   participation 참여

정답 (d)

15

해석 많은 새들이 환경 온도가 낮은 높은 고도에서 잘 살아간다.

해설 빈칸의 뒤는 선행사인 high altitudes를 수식하는 관계사절이다. 빈칸 뒤의 문장이 완벽한 절이므로 주어, 목적어, 소유격의 역할을 하는 관계대명사가 아니라 관계부사가 들어가야 한다. 선행사가 장소를 나타내므로 (c)가 정답이다.

어휘 thrive 번성하다   altitude 고도

정답 (c)

16

해석 고대 작가와 현대 작가 모두에게 올빼미 소리는 불길하며 특히 죽음을 암시하는 소리로 받아들여졌다.

해설 alike는 부사로 '똑같이'라는 뜻으로 주로 명사나 형용사 뒤에 쓰이므로 (a)가 정답이다. (c) both는 both A and B의 형태로 앞에 온다. (b) like가 '~와 같이, ~처럼'으로 쓰일 경우는 전치사이기 때문에 바로 뒤에 명사가 이어진다.

어휘 owl 올빼미, 부엉이   ominous 불길한   prophetic 예언의

정답 (a)

17

해석 부사장은 자기가 생각하기에 임무를 수행하는 데 충분히 능숙한 사람이면 누구든 고를 것이다.

해설 선택지가 모두 -ever가 붙은 것으로 보아 알맞은 복합관계사를 고르는 문제이다. choose의 목적어 자리에 오면서 she think is ~로 이어지는 명사절을 이끄는 복합관계대명사가 필요하다. 보어 자리에 온 형용사 competent의 주어로 사람을 가리키는 대명사가 필요하므로 (d)가 적절하다.

어휘 vice-president 부사장   competent 능숙한   accomplish 달성하다

정답 (d)

18

해석 귀하의 내년 계획이 확인되었다면 그것이 승인되었는지 아닌지를 확인하는 이메일을 받게 될 것입니다.

해설 빈칸은 when절의 동사 자리로, 빈칸 바로 앞에 next year가 있다고 해서 섣불리 미래형을 고르지 않도록 한다. 주어인 your plan은 스스로 확인하는 것이 아니라 확인되는 것이므로 수동태인 (d)가 정답이다. 시간 부사절에서 미래 의미는 현재 시제로 나타낸다.

어휘 confirm 확인하다   approve 승인하다

정답 (d)

19

해석 윌킨슨의 첫 책이 이 책들 중에 있는데, 그 책은 사회 진보에 관한 뛰어난 메시지를 담고 있다.

해설 among these books는 주어가 아니라 강조되는 내용으로 문장 앞으로 나오면서 주어와 동사가 도치되었다. 이 문장의 주어는 the first book written by Wilkinson이므로 동사는 3인칭 단수인 (a)가 된다. (c)는 단수 동사이기는 하나 문맥에 적절하지 않다.

어휘 contain 담다   extraordinary 뛰어난   progress 진행, 진전

정답 (a)

20

해석 빌은 복권에 돈을 낭비하면 안 된다는 것을 알았지만, 그는 벼락부자가 되기를 바라며 샀다.

해설 문맥상 '돈을 낭비하면 안 된다'라는 뜻이 되어야 하므로 빈칸에는 (b) shouldn't가 적절하다. ought to는 should와 뜻이 똑같고 부정형은 ought not to로 쓰므로 (d)는 정답이 될 수 없다.

정답 (b)

21

해석 비평가들과 관객들의 지지가 없었더라면 그는 분명히 최고의 감독상을 받지 못했을 것이다.

해설 과거의 사실과 반대되는 상황을 가정하는 가정법 과거완료 문장으로, 문맥상 '~가 없었더라면 …하지 못했을 것이다'의 부정의 의미가 적절하다. 가정법의 주절은 〈조동사의 과거형+have p.p.〉의 형태를 취하며, 주어인 he가 상을 받은 상황이므로 수동태 〈조동사의 과거형+have been p.p.〉의 모습을 갖춘 (c)가 정답이다. without은 시제에 따라 if it had not been for(~이 없었다면) 또는 if it were not for(~이 없다면)을 뜻한다.

어휘 critic 비평가   moviegoer 영화 팬

정답 (c)

22

해석 풀만 출판사는 미국에서 가장 큰 아동도서 출판사이다.

해설 빈칸 앞 by far는 최상급을 수식한다. 최상급 앞에는 the가 붙으므로 정답은 (a)이다.

정답 (a)

23

해석 모든 지원자들은 마감일을 충분히 앞두고 지원 서류들을 우편으로 보낼 것을 권합니다.

해설 demand, recommend, suggest, propose, insist처럼 요구, 주장, 제안 등을 나타내는 동사가 이끄는 that절에서는 〈should+동사원형〉이 온다. 이때 should는 생략할 수 있으므로 정답은 동사원형 mail이다.

정답 (b)

24

해석 2분 정도의 걷기 휴식과 함께 한 번에 30분 이하로 앉아서 활동하면 심장질환을 50퍼센트 줄일 수 있다.

해설 양 또는 정도를 나타내는 전치사는 by이다. '10퍼센트 정도 가격이 오르다' 또는 '심장질환이 50퍼센트 감소되다'의 표현은 정도를 나타내는 전치사 by가 가장 적절하다. 따라서 (c) by가 정답이다.

정답 (c)

25

해석 일단 그가 그의 문제에 대해 말하기 시작하자, 내가 가지고 있던 문제들은 중요한 것 같지 않았다.

해설 seem은 형용사를 보어로 취하는 동사이다. 비록 '~하게'라고 해석된다고 해서 부사를 쓰지 않도록 주의한다. seem처럼 형용사를 보어로 취하는 불완전 자동사로 appear, sound, feel, smell, become, get 등이 있다.

어휘 issue 문제   insignificant 중요하지 않은

정답 (b)

26

해석 A 내일 뭐 할 거니?
B 낚시하러 가고 싶었는데, 그럴 수 있을지 아직 모르겠어.
A 왜? 다른 걸 하느라 바쁜 거야?
B 아니, 곧 업무 마감이 있어서.

해설 내일 할 일을 묻고 있는데 마감이 다가오는 일이 있어서 하고 싶은 일을 할 수 있을지 고민하고 있는 상황이다. 마감이 다가오는 일이 있는 상황은 현재이므로 과거 시제는 문맥에 맞지 않다. 따라서 (d)의 과거 시제는 현재 시제로 바뀌어야 한다.

어휘 be busy with ~하느라 바쁘다   come up 다가오다

정답 (d) had → have

27

해석 A 첫 번째 해외 출장에서 돌아왔군요. 어땠나요?
B 계속 줄지어 있는 회의 준비하고 참석하느라 매우 바빴어요.
A 관광지에 들르지는 않았나요?
B 불행히도 그럴 시간이 거의 없었어요.

해설 '거의 ~가 아니다'라는 의미를 나타낼 때 hardly ~ any의 형태로 쓴다. 그런데 이 문장에서는 hardly ~ no를 사용하고 있으므로 부정어가 두 번 들어가서 오히려 의미는 반대가 되었다. 따라서 no를 any로 바꿔야 한다.

정답 (d) no → any

28

해석 (a) 건강을 유지하기 위해서는 매일 균형 잡힌 식사를 해야 하고 이것은 다양한 과일과 채소를 먹는 것을 의미한다. (b) 그런데 요즘은 아이들뿐만 아니라 성인들도 과일과 채소를 덜 먹고 있고, 이것은 심각한 건강 문제로 이어질 수 있다. (c) 색깔은 어떤 종류의 비타민이 들어 있는지를 보여 주기 때문에 다양한 색깔의 과일과 채소를 먹도록 해라. (d) 전문가들은 하루에 다섯 번은 먹어야 한다고 권한다는 것을 기억하라.

해설 문맥상 전문가들이 권하는 것을 '기억하라, 상기하라'는 의미가 되어야 하므로 수동형 be reminded가 적절하다. remind는 '상기시키다'라는 의미로 remind somebody (that)으로 쓰인다.

어휘 balanced diet 균형 잡힌 식사   a wide variety of 다양한   serving 1인분

정답 (d) remind → be reminded

29

해설 (a) 서기 166년과 266년 사이에 두 번의 전염병이 로마인들을 강타했다. (b) 민간요법으로 병을 치료하는 것이 일반적이었다. (c) 일부 로마인들은 부모와 조부모 때부터 내려오던 오래된 치료법을 사용했다. (d) 이러한 약초 치료가 성공하지 않아 절망적이었던 사람들은 건강의 여신 살루스와 같은 신들에게 의존하기로 결정하기도 했다.

해설 두 절을 연결할 때는 반드시 접속사가 필요하다. (c)의 them은 앞 절의 remedies를 가리키므로 them을 관계대명사 which로 고쳐 두 절을 연결해야 한다.

어휘 plague 전염병   hit hard 심하게 치다, 강타하다   age-old 오래된   remedy 치료법   pass down 전해주다   desperate 절망적인   herbal 약초의   turn to 의존하다

정답 (c) them → which

30

해설 (a) 변종 조류 독감에 대한 연구가 공기 중으로 확산되는 H5N1에 대한 공포를 확산시키고 있다. (b) 그것들이 많은 변종 중 하나의 변종에 모일 수 있을지가 현재의 급박한 문제이다. (c) 이 변종들이 H5N1이 인간에게 전염될 수 있는 메커니즘을 드러낼 것인가? (d) 그리고 만약 그것들이 인간 감염에 직접적으로 관련이 있다면, 그것들은 주된 경로를 나타내는 것인가? 아니면 가능한 여러 경로들 중 한 가지를 보여 주는 것인가?

해설 (b)는 whether 이하의 절이 주어의 역할을 하고 있고, 동사는 are이다. 따라서 주어는 명사절(whether ~ strains)이고, 명사절의 경우 항상 단수 취급을 하므로 동사도 복수인 are가 아니라, 단수 is가 와야 한다.

어휘 mutant 돌연변이의   strain 변종, 종족   airborne 공기로 운반되는   contagious 전염성의   path 길

정답 (b) are → is

ACTUAL TEST 4

p.150

Part I

01 (b)   02 (a)   03 (c)   04 (c)   05 (a)
06 (a)   07 (a)   08 (b)   09 (c)   10 (a)

Part II

11 (b)   12 (a)   13 (b)   14 (b)   15 (b)
16 (b)   17 (d)   18 (b)   19 (b)   20 (c)
21 (a)   22 (a)   23 (d)   24 (c)   25 (a)

Part III

26 (a)   27 (d)   28 (d)   29 (d)   30 (b)

1

해설 A 파티에 갈 때 어떤 드레스를 입어야 할까?
B 검정색 드레스가 네가 가진 것 중 가장 멋진 것 같아.

해설 형용사 stylish의 적절한 형태를 묻는 문제이다. 빈칸 앞에 최상급을 강조하는 by far가 왔고, 문맥상 '검정색 드레스가 가장 멋지다'라는 의미가 자연스러우므로 stylish의 최상급 표현인 (b)가 정답이다.

정답 (b)

2

해설 A 그 책은 언제쯤 나오는 거니?
B 일주일 후에 발매될 거야.

해설 in a week는 미래를 나타내는 표현이므로 가까운 미래를 나타내는 현재진행형 (a) is being released가 가장 적절하다.

어휘 release 발매하다, 개봉하다

정답 (a)

3

해설 A 행사가 제시간에 시작할 수 있을까요?
B 비 때문에 콘서트가 시작할 확률이 거의 없어요.

해설 chance는 '확률, 가능성'이라는 의미의 추상명사이므로 셀 수 없는 명사 앞에 쓰이는 little을 쓴다. many / few / all은 셀 수 있는 명사와 함께 사용한다.

정답 (c)

4

해석 A 그 비어 있는 자리에 대해 결정이 내려졌는지 궁금합니다.
B 저희는 인사과로부터 승인받은 것이 아직 없습니다.

해설 get은 사역동사로서, '결정이 승인되어야 하는'이라는 수동의 의미가 자연스러우므로 (c) get it approved가 적절하다. 〈have yet to+동사원형〉은 '아직 ~하지 못하다'라는 의미이다.

정답 (c)

5

해석 A 실수로 내가 너의 차를 뒤에서 받았어. 표지판을 좀 더 잘 봤어야 하는데.
B 너무 심각하게 받아들이지 마.

해설 알맞은 조동사를 고르는 문제로, 오는 길에 교통 표지판을 제대로 보지 못해서 차를 받았다고 후회하고 있는 상황이므로 과거에 대한 후회 및 유감에 대한 표현인 (a) should have taken이 가장 적절하다.

어휘 rear-end 들이받다, 추돌하다

정답 (a)

6

해석 A 왜 그렇게 많은 사람들이 크리스틴 라가르드를 높이 평가하고 있는지 알고 있니?
B 그녀가 국제통화기금을 이끈 최초의 여성이기 때문이야.

해설 적절한 어순을 묻는 문제이다. 서수 앞에는 항상 정관사 the를 써야 한다. 또한, 명사는 to부정사가 뒤에서 수식할 수 있다. 따라서 올바른 어순은 (a) the first woman to head the IMF이다.

어휘 think highly of ~을 높이 평가하다   IMF 국제통화기금(International Monetary Fund)

정답 (a)

7

해석 A 이 중고차를 산 지 한 달밖에 안 됐는데, 제대로 작동이 안 돼.
B 내 차를 고칠 수 있는 좋은 곳을 알고 있어.

해설 자동차가 수리되는 것이므로 사역동사 have를 사용해서 have it fixed이고, 모든 구성 요소가 갖추어진 완전한 절이므로 관계부사 where가 나와야 한다. 따라서 정답은 where you can have it fixed이다.

어휘 second-hand 중고의

정답 (a)

8

해석 A 어제 골프 경기 어땠어?
B 비가 너무 심하게 와서 취소했어야 했어.

해설 분사구문 문제이며, 주절과 종속절의 주어가 다른 경우이다. 종속절은 원래 Because it rained so hard였는데 접속사 because를 생략하고 주어가 다르기 때문에 it을 그대로 쓰고, 동사 rain을 능동 형태인 raining으로 고쳐서 분사구문을 만든다.

정답 (b)

9

해석 A 미국 기자 한 명이 시리아에서 죽었어.
B 미국이 한 것에 대한 보복이라고 생각하지 않을 수 없어.

해설 〈cannot (help) but+동사원형〉으로 '~하지 않을 수 없다'라는 의미의 관용적인 표현이다. 동일한 표현으로 〈cannot help -ing〉가 있다.

어휘 retaliation 복수

정답 (c)

10

해석 A 제 호텔 예약을 확인할 수 있을까요?
B 호텔 예약 확인서를 받는 즉시 보내 드리지요.

해설 when, before, after, until, as soon as 등이 사용된 시간 부사절은 현재 시제를 써서 미래를 나타내므로 정답은 (a)이다.

어휘 confirmation 확인

정답 (a)

11

해석 그 짐꾼은 짐이 너무 많아서 한꺼번에 들 수 없었다.

해설 baggage는 셀 수 없는 불가산 명사로, 부정관사 a(n)나 복수형을 사용하지 않는다. 따라서 여기서는 many / a few가 아닌 much를 사용한다. baggage와 같은 대표적인 집합명사에는 luggage, equipment, furniture 등이 있다.

정답 (b)

12
해석 여름방학 강의를 등록했던 모든 학생들은 추가 학점이 수여되었다.

해설 동사가 has been이므로 주어는 단수여야 한다. 선택지 중 단수 동사가 올 수 있는 가장 적절한 주어는 (a) Everyone이다. Those나 All은 복수 취급하므로 동사 has와 어울리지 않는다.

어휘 sign up for ~을 등록하다   credit 학점

정답 (a)

13
해석 자넷은 그녀의 남동생을 위한 결혼 연회 요리를 하루 종일 제공한 후에 극도의 피로감을 느꼈다.

해설 과거보다 더 과거에 일어난 일을 나타내는 것이 과거완료이다. 남동생의 결혼 연회 요리를 하루 종일 준비하는 것이 피로를 느끼는 것보다 더 먼저 일어난 일이므로 과거완료 시제를 쓴다. 따라서 정답은 (b) had been catering for이다.

어휘 cater for ~을 제공하다

정답 (b)

14
해석 적절한 알코올 섭취는 감기에 걸리는 것을 막아 줄 수 있다는 증거가 있다.

해설 evidence는 셀 수 없는 명사이므로 단수 명사 형태로 사용되며, 따라서 동사로 is가 왔다. 역으로 동사가 is이므로 뒤의 명사가 단수임을 추론할 수 있다. some은 가산/불가산 명사 앞에 모두 사용 가능하므로 (b)가 답이다.

정답 (b)

15
해석 처방에 제시된 것처럼 수면제를 복용하는 것은 불면증에 도움이 될 수 있지만 일반적으로 그 약은 문제를 더 악화시킨다.

해설 when they are taken as directed에서 〈주어+동사〉인 they are가 생략된 형태를 찾는다. 따라서 올바른 어순은 (b) when taken as directed이다.

정답 (b)

16
해석 심층 인터뷰가 시작되자마자 그녀의 목소리는 두려움으로 떨리기 시작했다.

해설 '~하자마자 …했다'라는 의미의 〈scarcely had+주어+p.p. ~ when[before]+주어+과거 동사〉 구문을 알고 있어야 풀 수 있는 문제이다. when[before] 다음에 과거 시제를 사용하는 것에 주의하자.

어휘 tremble 떨리다

정답 (b)

17
해석 암스테르담에는 100킬로미터 이상의 아름다운 운하들이 있는데, 그것들 중 몇 개는 유네스코 문화유산 목록에 올려져 있다.

해설 수식어가 수량 표현 some of로 시작하고 있기 때문에 (b) that은 빈칸에 올 수 없고, 빈칸 바로 뒤에 whose와 소유 관계를 이루는 명사가 없으므로 (a) 또한 적절하지 않다. 또한, (c) where는 뒤에 완전한 절이 와야 하는데 빈칸 뒤의 절에는 주어가 없으므로 적절하지 않다. 따라서 정답은 (d) which이다.

어휘 gorgeous 멋진

정답 (d)

18
해석 필리핀은 대략적으로 3개의 주요 지리적 지역으로 나뉜 7,000개 이상의 섬으로 구성되어 있다.

해설 여기서 The Philippines는 -s로 끝나서 복수 명사처럼 보이지만 '필리핀'이라는 나라를 의미하므로 단수 취급해야 한다. 따라서 (b) consists가 정답이다. 그 밖에 the Netherlands, the United Stations, the United Nations도 복수 형태의 지명이지만 모두 단수 취급한다.

어휘 geographical 지리학의, 지리적인

정답 (b)

19
해석 경영진은 아무리 많은 시간이 걸리더라도 그 계약이 마무리되어야 한다고 말했다.

해설 〈no matter+의문사〉는 '비록 ~일지라도'라는 의미이며 no matter how 다음에는 〈형용사[부사]+주어+동사〉가 온다는 점에 주의해야 한다. 참고로 no matter how는 however로 바꿔 쓸 수 있다.

정답 (a)

20
해석 정부는 최근 몇 년간 방치되었던 중심 경제 지구에 있는 허물어져 가는 몇 개의 건물을 개축하기로 결정했다.

해설 in recent years를 통해서 건물들이 악화된 시점은 과거에서 현재까지임을 알 수 있다. 따라서 과거에서 현재에 이르기까지 계속되는 일을 표현할 때 쓰는 현재완료 시제가 적절하고, 건물들이 '방치된' 것이므로 수동형인 (c) have been neglected가 정답이다.

어휘 dilapidated 다 허물어져 가는   neglect 방치하다

정답 (c)

21
해석 그 비영리 환경 단체는 개인 지지자들과 재계의 거물들로부터 꽤 많은 기부금을 받았다.

해설 형용사와 부사가 복합적으로 명사를 수식할 때 정상적으로는 〈a(n)＋부사＋형용사＋명사〉의 순서로 쓰이지만 특수한 어순으로 쓰이는 부사인 such, quite 등은 부정관사 앞으로 가서 〈such/quite＋a(n)＋형용사＋명사〉의 순서로 사용된다. 따라서 정답은 (a) quite a large donation이다.

어휘 tycoon (재계의) 거물

정답 (a)

22
해석 대학생들 사이에서의 증가하는 표절은 고등 교육 담당자들에게 큰 걱정거리이다.

해설 추상명사는 구체적인 형태가 없는 추상적인 개념을 칭하는 불가산 명사이다. 여기서는 〈of＋추상명사〉를 사용해서 형용사를 만든 구조로, of와 concern 사이에 들어간 great는 concern을 수식하는 형용사이므로 〈of＋추상명사〉 구조에는 영향을 미치지 않는다. 따라서 정답은 (a) of great concern to이다.

어휘 plagiarism 표절   tertiary 제3의, 고등 교육의

정답 (a)

23
해석 그들이 더 일찍 범죄 현장에 도착하지 못한 것은 너무나 안타까운 일이다. 그렇지 않았다면, 더 많은 희생자들이 구조될 수 있었을 것이다.

해설 앞 문장의 내용을 통해서 그렇지 않았다면(더 빨리 도착했더라면) 희생자들을 구할 수 있었을 것이라는 가정적 상황을 설명하는 문장이므로 가정법 과거 완료가 필요하다. 또한 문장의 주어인 victims가 구조하는 것이 아니라 구조되는 수동의 개념이므로 could have been이 정답이 된다.

정답 (d)

24
해석 항생제의 위험한 남용은 비극적인 결과를 초래한다.

해설 먼저 동사의 수를 결정하는 문장의 주어는 misuse이므로 동사는 3인칭 단수를 써야 한다. 또, 문맥상 동사 lead는 주어와 능동의 관계이므로 수동태를 써야 할 이유가 없다. 따라서 (c)가 정답이다.

어휘 misuse 남용, 오용   antibiotics 항생제   lead to ~로 이어지다   catastrophic 파멸의   consequence 결과

정답 (c)

25
해석 조사하는 동안 외국에 나가 본 적이 없는 참가자들은 그들을 가장 두렵게 하는 것이 무엇인지 질문 받았다.

해설 문맥상 참가자들이 질문을 받는 것이므로 수동태를 쓰는 것이 가장 적절하다. 능동태의 목적어가 수동태의 주어로 바뀌기 때문에 수동태는 목적어가 없다고 착각하기 쉽지만, 4형식 문장의 능동태는 목적어가 두 개이므로 수동태로 바뀌어도 두 개의 목적어 중 하나는 뒤에 그대로 남는다. 따라서 문제를 풀 때 목적어가 있으므로 수동태 문장이 될 수 없다는 생각을 해서는 안 되고 정확한 해석을 통해 파악해야 한다.

어휘 participant 참가자   scare 무섭게 하다

정답 (a)

26
해석
A 너 정신이 딴 데 가 있는 것 같네. 무슨 일이야?
B 그냥, 내 미래와 앞으로 무슨 일을 해야 할지 생각하고 있었어.
A 생각할 게 뭐가 있어? 넌 대학원에 갈 거잖아!
B 그게 문제라고. 내가 정말 원하는 것인지 아직 결정을 못했어.

해설 동사 distract는 '정신을 산란하게 만들다'라는 의미의 타동사이다. 사람이 주어일 때 어떤 일로 정신이 빠져 있고 집중하지 못하고 있다면 주어와 수동의 관계가 된다. seem 뒤에는 바로 형용사가 오거나 〈to be＋형용사〉의 형태가 오는데, 문장에서 seem 다음에 올 형용사는 현재분사 distracting이 아니라 과거분사인 distracted라야 한다.

어휘 distracted 정신이 산만해진   graduate school 대학원

정답 (a) distracting → distracted

27

해석
A 그래서 내 컴퓨터에 무슨 문제가 있다고 생각해?
B 글쎄, 컴퓨터를 오래 사용할수록 더 느려지지. 새로운 것을 하나 사는 것이 낫겠어.
A 말이야 쉽지. 그런데 나는 새 컴퓨터를 살 여유가 없어.
B 그러면, 컴퓨터를 빌리든가 하드웨어만 구입하는 것을 고려해 볼 수 있어.

해설 consider는 동명사를 목적어로 취한다. (d)에서 consider와 동명사 leasing and purchasing이 병렬 구조로 와야 한다. 따라서 to purchase를 purchasing으로 바꿔야 하므로 (d)가 정답이다.

정답 (d) to purchase → purchasing

28

해석 (a) 만약 당신이 긴 비행 시간 동안 움직일 가능성이 매우 적은 비좁은 장소에 갇혀 있다면, 발 마사지 기계가 도움이 된다. (b) 그것은 매우 훌륭한 종아리 마사지를 제공하고, AAA 배터리 2개로 작동하며, 다리를 교체해야 하는 10분이 지나면 꺼진다. (c) 에어짐은 당신의 다리를 움직일 수 있도록 하는 매우 효율적인 운동기구이다. (d) 또한, 긴 비행에서 다리에 생길 수 있는 혈액 응고를 예방할 수 있는 의학 압박 스타킹을 착용할 것을 적극적으로 추천한다.

해설 recommend는 동명사만 목적어로 취하는 동사이므로 (d)의 to wear를 wearing으로 고쳐야 한다.

어휘 cramped 비좁은 massager 마사지 기계 come in handy 도움이 되다 calf 종아리 blood clot 혈전 compression stocking 압박 스타킹

정답 (d) to wear → wearing

29

해석 (a) 비동시적인 공동 쓰기 도구의 잠재적인 사용은 생각의 빠르고 성공적인 성장을 용이하게 할 수 있다. (b) 예를 들면, 학생들은 토론에 참여하고, 아이디어를 나누고, 동료들과 협동하도록 장려된다. (c) 특히, 블로그와 위키의 사용은 학생들이 쉽게 생각을 토론하고, 내용을 추가하고 편집할 수 있도록 해 준다. (d) 그들은 웹상에서 협력적으로 쓰고, 고치고, 저장하고, 출판할 수 있도록 온라인으로 같은 문서에 접근할 수 있다.

해설 일반동사 write를 수식하는 경우에는 형용사가 아닌 부사를 사용해야 하므로 (d)의 collaborative는 collaboratively가 되어야 한다. be동사를 꾸며 줄 때만 형용사를 사용할 수 있다.

어휘 asynchronous 동시에 발생하지 않은 facilitate 가능하게[용이하게] 하다 engage in ~에 관여[참여]하다

정답 (d) collaborative → collaboratively

30

해석 (a) 인생을 살면서 우리 모두는 아버지 혹은 어머니, 아들 혹은 딸, 직원 혹은 사장과 같은 다양한 역할과 직함을 맡게 된다. (b) 이 각각의 역할은 어떤 책임과 의무를 동반한다. (c) 그러나 이러한 역할을 잘 수행하기 위해서 우리는 먼저 안정된 내적 기반이 있는 개인이 되어야 한다. (d) 이러한 내적인 강인함이 없다면 주변 사람들에게 긍정적인 영향을 미칠 수 없다.

해설 수 일치를 묻는 문제이다. 〈each of+복수 명사〉가 주어로 쓰일 경우, 동사의 단수, 복수를 결정하는 하는 것은 복수 명사가 아닌 each이다. 따라서 언제나 단수 동사를 쓴다는 것을 기억하자. (b)의 bring을 brings로 고쳐야 한다.

어휘 take on 역할을 맡다 internal 내적인 foundation 기반 inner 내적인

정답 (b) bring → brings

ACTUAL TEST 5

p.156

Part I
01 (c)　02 (b)　03 (b)　04 (c)　05 (a)
06 (b)　07 (a)　08 (a)　09 (c)　10 (c)

Part II
11 (a)　12 (d)　13 (a)　14 (c)　15 (d)
16 (c)　17 (d)　18 (b)　19 (c)　20 (a)
21 (b)　22 (c)　23 (d)　24 (a)　25 (c)

Part III
26 (c)　27 (b)　28 (b)　29 (d)　30 (d)

1
해석　A 도서관에서 왜 당신에게 전화를 했어요?
　　　B 제가 어제 DVD 하나를 반납했는데, 손상되었다고 하네요.

해설　시제를 묻는 문제에서 반드시 기억해야 할 것이 과거완료 시제이다. 과거보다 더 과거에 일어난 일을 나타낼 때 과거완료인 had p.p.가 사용된다. 이 문제에서 DVD를 돌려준 것보다 손상된 것이 먼저 일어난 일이기 때문에 과거완료 시제를 써야 한다.

정답　(c)

2
해석　A 제가 사 준 책은 다 읽었나요?
　　　B 미안해요. 수백 페이지나 돼서 한참 전에 포기했어요.

해설　give up 다음에 to부정사, 동명사, 동사원형 중 어느 것이 오는지를 묻는 문제이다. '포기하다'라는 의미를 갖는 give up 다음에는 반드시 동명사를 써야 한다. 동명사를 목적어로 갖는 동사와 to부정사를 목적어로 갖는 동사, 그리고 둘 다 목적어로 취할 수 있는 동사를 반드시 익혀 두어야 한다.

어휘　quite a while ago 오래 전에

정답　(b)

3
해석　A 계약서에 대해서 논의해야 해요.
　　　B 이따 4시에 보는 것이 어때요?

해설　문맥상 알맞은 부사를 고르는 문제이다. '이따 4시에 보는 것이 어떠냐'는 내용이므로 later가 가장 적절하다. late는 '늦은, 늦게', lately는 '최근에', latest는 '최신의'라는 의미이다.

정답　(b)

4
해석　A 일주일 동안 보고서를 썼잖아요. 무엇에 관한 건가요?
　　　B 이 도시의 인구가 왜 감소하는지에 관한 거예요.

해설　명사 population 앞의 적절한 관사를 묻는 문제이다. 명사가 수식어구(of this city)로 한정되는 경우, 명사 앞에 정관사를 써야 한다.

어휘　work on 작업하다　population 인구

정답　(c)

5
해석　A 컴퓨터 하는 것 좀 도와줄래요?
　　　B 도와주고 싶지만, 지금 너무 바빠요.

해설　빈칸에는 절과 절을 이어주는 접속사가 들어가야 한다. (b)와 (d)는 전치사로 다음에 명사(구)가 와야 하고, (c)는 접속사로 쓰일 때가 있지만 문장 중간에 쓰이지 문두에서 절을 이끌지 않는다. 따라서 '비록 ~이긴 하지만'이라는 의미를 갖는 접속사 much as가 가장 적절하다.

정답　(a)

6
해석　A 샘과 레슬리 사이에 무슨 일이 있었나요?
　　　B 제가 방에 들어섰을 때 그들이 말다툼을 하고 있었어요.

해설　과거를 나타내는 상황이기 때문에 현재와 관련이 있는 선택지는 답이 될 수 없다. 또한, 과거 시점에서 지속되던 일은 과거 진행형으로, 갑자기 일어난 일은 과거 시제로 표현한다.

어휘　argument 논쟁

정답　(b)

7
해석 A 이 요리를 만드는 데 생각보다 시간이 오래 걸리네요.
B 마늘 껍질이 잘 안 벗겨져서 그래요.

해설 peel은 자동사로 '껍질이 벗겨지다'라는 수동의 의미가 있지만, 수동태로 쓰지 않는다. 이와 같은 동사로 read, sell 등이 있다.

정답 (a)

8
해석 A 적당한 일자리를 아직 못 찾았어요.
B 폴에게 한번 물어봐요. 소문에 따르면 법률 회사에 취직하게 되었대요.

해설 관용 표현을 묻는 문제이다. Rumor has it that ~은 '~라는 소문이 있다'라는 의미이다. It is rumored that ~으로 바꿔 쓸 수 있다는 것도 기억하자.

어휘 decent 괜찮은

정답 (a)

9
해석 A 이 동네에 사는 거 어때요?
B 아주 좋아요. 가장 좋은 점 중 하나는 길 양쪽에 나무들이 있다는 거예요.

해설 명사 앞에 올 수 있는 알맞은 한정사를 고르는 문제이다. (a)와 (b)는 셀 수 있는 명사의 복수형과 함께 쓴다. (d)는 little의 비교급으로 셀 수 없는 명사와 쓰이는데, side는 셀 수 있으므로 답이 될 수 없다. 따라서 셀 수 있는 명사의 단수형과 함께 쓰이는 (c)가 정답이다.

정답 (c)

10
해석 A 어떤 학생이 100미터 달리기에서 이겼어?
B 이안이 둘 중에 더 빠른 것으로 판명이 났어.

해설 비교급에는 정관사가 오지 않지만 둘 중에 어떤 것이 더 나은지를 비교할 때에는 정관사 the를 사용한다. 빈칸은 be동사의 보어가 오는 자리이므로 수식어구와 같은 전치사구는 올 수 없다.

어휘 the 100-meter sprint 100미터 달리기

정답 (c)

11
해석 그의 부모와 의사는 그가 때때로 군것질하는 것이 몸에 해롭다고 여기지 않는다.

해설 동사의 수를 결정하는 문제이다. 주어 자리에 neither A nor B가 올 경우, 동사의 수는 B에 일치시킨다. 따라서 nor 뒤에 나오는 his doctor에 수를 일치시켜 단수 동사를 써야 한다.

어휘 occasional 가끔의 consumption 섭취 junk food 군것질 식품

정답 (a)

12
해석 몇 년이 지나고 나서야 사람들은 그 기술이 사생활 침해라고 비난하기 시작했다.

해설 도치가 일어난 어순을 묻는 문제이다. 부정어와 마찬가지로 〈only+부사(구, 절)〉가 문두로 갈 경우 주어와 동사가 도치된다. 이때 일반동사 자체가 움직이는 것이 아니라 시제와 인칭에 따라 do / does / did를 사용한다.

어휘 criticize 비난하다 invasion 침해 privacy 사생활

정답 (d)

13
해석 그가 체중이 많이 줄고 있었기 때문에 그의 어머니는 그가 더 이상 아침을 걸러선 안 된다고 하셨다.

해설 제안(propose, suggest), 명령(order), 요구(demand), 주장(insist) 등의 동사 다음에 나오는 that 절은 〈should+동사원형〉을 써야 한다. 이때 should는 생략이 가능하기 때문에 동사원형만 남을 수 있다는 것을 알아 둔다. 여기서는 should not skip에서 should가 삭제된 not skip이 정답이다.

어휘 lose weight 체중이 줄다 skip 거르다

정답 (a)

14
해석 어머니께 그녀가 어디에 있는지 말하지 않았기 때문에 로리는 어머니께서 걱정하실 거라는 것을 깨달았다.

해설 로리가 어머니께 그녀가 어디에 있는지 말하지 않은 것이 그녀가 깨달은 것보다 먼저 일어난 일이기 때문에 단순형 분사구문이 아닌 완료형 분사구문 having p.p.를 써야 한다. 분사구문의 부정은 그 앞에 not을 쓰는 것이다.

정답 (c)

15
해석 할 일이 아무리 많다고 하더라도, 스트레스를 받지 않기 위해서 저녁에는 휴식을 취하려고 노력하라.
해설 〈so as to+동사원형〉은 '~하기 위해서'라는 의미이다. 이때 to부정사를 부정하기 위해서는 to부정사 앞에 not을 붙이면 된다.
어휘 get stressed 스트레스를 받다
정답 (d)

16
해석 당신이 치아를 미백할 시간이 없다면 치아를 미백할 정도로 충분한 산을 가지고 있다는 점에서 페퍼민트 같은 천연 대체물도 유용하다고 여겨진다.
해설 빈칸에는 두 개의 완전한 절을 연결하는 등위 접속사 혹은 부사절 종속 접속사가 들어가야 한다. (a)는 전치사이기 때문에 답이 될 수 없다. 빈칸 앞에 선행사가 없기 때문에 〈전치사+관계대명사〉도 답이 될 수 없다. (c) in that은 '~라는 점에서'라는 의미로 문맥상 가장 적절하다.
어휘 whiten 미백하다   alternative 대체물   acid 산
정답 (c)

17
해석 인정을 갈망하는 사람들에게 다른 사람 앞에서 칭찬해 주는 것이 그들의 생산성에 좋은 방향으로 영향을 미친다.
해설 전체 문장의 동사가 들어가야 할 자리이다. who절의 동사 crave가 복수형으로 쓰였지만 people을 수식하는 것이므로 주절의 동사와는 관련이 없고 동명사 Giving이 주어이기 때문에 단수 취급하여 단수 동사를 써야 한다. to부정사, 동명사, 명사절이 주어로 쓰일 경우 단수 취급한다는 것을 기억하자.
어휘 praise 칭찬   crave 갈망[열망]하다   recognition 인정   productivity 생산성
정답 (d)

18
해석 레이첼은 항상 높은 곳을 무서워했기 때문에 다른 조건이 모두 같다면 그녀는 비행기보다 기차를 더 좋아한다.
해설 분사구문을 만들 때 종속절의 주어와 주절의 주어가 일치하지 않을 경우 종속절의 주어를 생략하지 않고 남겨 두어야 한다. 원래 종속절 if all other things are equal에서 접속사만 생략하고, 동사원형에 -ing를 붙인 being으로 바꾼다.
정답 (b)

19
해석 아만다가 지난달에 내 충고를 따랐다면, 그녀는 지금 유럽 여행을 하는 데 어려움을 겪지 않을 텐데.
해설 조건절은 과거 사실에 반대되고, 주절은 그런 과거를 전제로 현재 사실과 다른 상황을 나타낼 때 가정법 과거완료와 가정법 과거를 함께 쓰는 혼합가정법을 사용한다. 조건절의 last month, 주절의 now라는 힌트를 놓치지 말아야 한다.
정답 (c)

20
해석 상관은 앤더슨 씨에게 그 프로젝트를 맡길지 안 맡길지 결정하지 못했다.
해설 문맥상 적절한 접속사를 고르는 문제이다. 우선 decide 동사의 목적어절을 이끄는 접속사이고, '~할지 안 할지'란 의미를 나타내는 것으로 if가 정답이다.
어휘 assign 맡기다, 배정하다
정답 (a)

21
해석 최근에 십 대들이 스타일을 따라하고 싶어 하는 유명 인사들의 사진이 잡지에 많이 실려 있다.
해설 빈칸은 선행사를 수식하는 관계사를 찾는 문제로, 이때 선행사는 빈칸 바로 앞의 magazines가 아니라, 그 전의 celebrities가 된다. 또한 선행사와 관계사 절의 관계를 따져보면, 선행사와 style은 소유 관계이므로 관계대명사가 소유격인 whose가 정답이 된다.
어휘 celebrity 유명 인사
정답 (b)

22
해석 여름에 알래스카에 가는 사람들의 대부분은 기대했던 것보다 더 따뜻한 날씨에 놀라워한다.
해설 most가 무성 형용사로 쓰이면 명사 바로 앞에서 수식하여 most people이 되어야 한다. most가 부정 대명사로 쓰일 경우 〈most of+한정사+명사〉의 형태로 쓰이므로 (c)가 정답이다.
정답 (c)

23
해석 도둑들은 그들이 그런 상황에 있었다면 돈에 손을 대지 않았을 거라고 진술했다.
해설 과거에 일어난 일에 대해 반대의 상황을 가정하고 있으므로 가정법 과거완료 문장임을 알 수 있다. if절에서 〈had been+p.p.〉를 쓰고 있으므로 가정법 주절의 동사가 들어가는 빈칸 부분은 〈조동사의 과거형+have p.p.〉인 (d)가 정답이다.
어휘 thief 도둑   state 진술하다
정답 (d)

24
해석 그의 반항적이고 건방진 행동을 정당화하다가, 저스틴은 인기를 잃어버렸다.
해설 전치사 in이 있고 뒤에는 형용사와 명사가 나오므로 빈칸에 들어가기에 가장 적절한 형태는 동명사이다. 주어인 저스틴이 justify의 주체이므로 능동태인 (a)를 써야 한다.
어휘 rebellious 반항적인   bratty 건방진
정답 (a)

25
해석 수년 동안 우리는 잠자기 직전에 하지만 않는다면 운동은 수면을 향상시켜 준다고 들어왔다. 잠자기 전에 운동을 하는 경우에 운동은 반대의 효과를 가진다.
해설 관계사의 계속적인 용법이며 선행사는 바로 앞 절인 unless가 이끄는 내용이다. 따라서 선행사를 받는 관계사 which가 들어간 (c) in which case가 정답이다.
정답 (c)

26
해석
A 제 새로 산 가방 보세요.
B 비싸 보이네요. 큰돈이 들었겠어요.
A 실은 지난주에 중고 가게에서 샀어요. 60퍼센트 할인 가격에요!
B 많이 절약했네요. 다른 사람이 썼던 거지만 완전 새것 같아요.
해설 현재완료는 과거와 현재와의 연관성을 나타내는 시제이다. 따라서 분명한 과거의 상황에서나 분명한 과거를 나타내는 표현이 있을 때는 현재완료를 사용할 수 없다. (c)의 last week는 명백한 과거를 나타내기 때문에 현재완료 have bought를 과거 시제 bought로 고쳐야 한다.
어휘 cost a fortune 큰돈이 들다   second-hand 중고의   brand-new 새것의
정답 (c) have bought → bought

27
해석
A 이 의자가 새로 산 탁자와 어울리겠어요. 하나에 50달러네요.
B 적당한 것 같아요. 몇 개나 살까요?
A 네 개면 될 거예요. 배송비가 있네요.
B 그래요. 제가 신용 카드로 계산할게요.
해설 be동사는 형용사와 함께 쓰이고, 일반동사는 부사와 함께 쓰인다. 하지만 sound, smell, look, feel과 같은 감각동사는 일반동사이지만 부사가 아닌 형용사와 함께 쓰인다는 사실을 반드시 기억해야 한다. 따라서 (b)의 appropriately를 appropriate로 고쳐야 한다.
어휘 charge 요금을 청구하다   delivery fee 배송비
정답 (b) appropriately → appropriate

28
해석 (a) 트위터, 페이스북, 인스타그램과 같은 소셜 네트워킹 서비스는 한때 관심을 공유하는 사람들을 연결하는 것으로 생각되었다. (b) 그러나 이제 사업을 위해서 필수적인 수단으로서 고려되면서, 그것은 중요한 역할을 하고 있다. (c) 많은 회사들은 진보된 소셜 미디어 기술과 창의력을 요구하고 있다. (d) 소셜 미디어에서 능숙함을 구축하는 것은 가까운 미래에 매우 중요하게 될 것이다.
해설 (b)의 considering as ~ for business는 주절의 주어 it(=social networking service)을 주어로 한다. 따라서 필수적인 수단으로서 '고려하는' 것이 아닌 '고려되는' 것이 적절하므로 과거분사 형태인 considered가 적절하다.
어휘 indispensable 필수적인   proficiency 능숙   drastically 급진적인, 매우   crucial 중요한
정답 (b) considering → considered

29

해석 (a) 1788년 유럽에서 온 정착민들이 호주에 도착했을 때 토착어는 약 270종에 이르렀다. (b) 오늘날 일상적으로 말해지는 토착어는 약 60종뿐이다. (c) 이 중 약 6종의 언어가 어른들로부터 자녀들에게 활발히 전수되고 있다. (d) 이러한 토착어는 불충분하게 기록되기도 했는데, 언어가 가진 특징적인 면에서 종종 일본어 및 라틴어와 비교된다.

해설 (d)의 주어는 aboriginal languages이고 동사는 compare이다. compare A to B는 'A를 B에 비유하다'라는 뜻으로, 문맥상 주어가 A에 해당하므로 수동태인 be compared to의 형태가 되어야 한다. 부사 often은 be동사와 일반동사의 p.p. 사이에 위치한다.

어휘 settler 정착민 aboriginal 원주민의 roughly 대략 inadequately 불충분하게 linguistic 언어(학)의 trait 특성

정답 (d) often compare → are often compared

30

해석 (a) 연구 조사에 따르면, 네 명 중 한 사람은 삶의 어떤 지점에서 불면증으로 고통을 받았다고 합니다. (b) 달리기는 밤에 숙면을 도와줄 뿐만 아니라, 수면의 질을 향상시킵니다. (c) 수면은 몸에서 방출되는 화학적 물질들, 즉 연료를 위해서 당을 태우는 부산물에 의해 발생하므로 더 많이 활동할수록 더 잠을 잘 것입니다. (d) 하버드 대학의 전문가들에 의하면, 이틀에 한 번씩 20~30분 조깅을 하는 것은 수면의 질을 향상시키는 데 도움을 준다고 합니다.

해설 '이틀에 한 번'을 의미하는 표현은 every other day이므로 (d)의 days가 아니라 day가 적절하다. 참고로 〈every+기수+복수 명사〉, 〈every+서수+단수 명사〉 형태로 사용된다는 것을 알아 두자.

어휘 by-product 부산물 snooze 잠깐 잠을 자다

정답 (d) every other days → every other day

MEMO

MEMO

뉴텝스 출제 원리에 철저하게 맞춘 고득점 전략!

NEW TEPS
마스터편 문법

뉴텝스 500+ 목표 대비

- 서울대텝스관리위원회 NEW TEPS 경향 완벽 반영
- 뉴텝스 500점 이상 목표 달성을 위한 최적의 기본서
- 뉴텝스 문법 고득점을 위한 핵심 문제풀이 전략 및 해법
- 뉴텝스 실전 완벽 대비 Actual Test 5회분 수록
- 고득점의 감을 확실하게 잡아 주는 상세한 해설 제공
- 모바일 단어장 및 보카 테스트 등 다양한 부가자료 제공

Grammar

"뉴텝스도 역시 넥서스!"

NEW TEPS 실전 모의고사

3회분

고사장 소음 버전 MP3 제공

뉴텝스 실전 모의고사 베스트셀러

QR코드를 찍어 보세요!

NEW TEPS 실전 모의고사 3회분

김무룡·넥서스 TEPS 연구소 지음 | 9,900원
(정답 및 해설 무료 다운로드)
YES 24 〈국어 외국어 사전〉 베스트셀러 ※ 2018년 5월 기준